Johannes Giesinger
Autonomie und Verletzlichkeit

Johannes Giesinger (Dr. phil.) studierte Philosophie und Pädagogik an der Universität Zürich und beschäftigt sich schwerpunktmäßig mit ethischen Fragen von Erziehung und Bildung.

Johannes Giesinger

Autonomie und Verletzlichkeit

Der moralische Status von Kindern und die Rechtfertigung von Erziehung

[transcript]

Gedruckt mit Unterstützung der Prof. Dr. Fritz-Peter Hager-Stiftung, Zürich.

Bibliografische Information der Deutschen Bibliothek
Die Deutsche Bibliothek verzeichnet diese Publikation in der Deutschen Nationalbibliografie; detaillierte bibliografische Daten sind im Internet über http://dnb.ddb.de abrufbar.

Umschlaggestaltung: Kordula Röckenhaus, Bielefeld
Lektorat & Satz: Johannes Giesinger
Druck: Majuskel Medienproduktion GmbH, Wetzlar
ISBN 978-3-89942-795-0

Gedruckt auf alterungsbeständigem Papier mit chlorfrei gebleichtem Zellstoff.

Besuchen Sie uns im Internet: *http://www.transcript-verlag.de*

Bitte fordern Sie unser Gesamtverzeichnis und andere Broschüren an unter: *info@transcript-verlag.de*

Inhalt

Einleitung

1 Der moralische Status von Kindern und die Rechtfertigung von Erziehung

Drei Fragen stehen im Zentrum der vorliegenden Untersuchung: *Erstens* die Frage nach dem moralischen Status von Kindern, *zweitens* die Frage nach dem angemessenen Verständnis der Begriffe „Kind“ und „Kindheit“, *drittens* die Frage der Rechtfertigung pädagogischer Eingriffe. Diese drei Fragen werden oft gesondert behandelt, sind aber, wie sich im Folgenden herausstellen wird, untereinander eng verknüpft.

Der moralische Status von Kindern

In den siebziger Jahren des vergangenen Jahrhunderts ist die zuvor totgeglaubte praktische Philosophie zu neuem Leben erwacht. In der Folge setzte unter anderem eine intensive Beschäftigung mit Fragen der angewandten Ethik ein. Es wurde darüber gestritten, ob menschliche Embryonen, Föten oder Neugeborene moralische Relevanz besitzen. Auch über die moralische Stellung von Tieren wird bis heute diskutiert. *Kinder* aber, welche den ersten Lebenswochen entwachsen sind, wurden dabei nur am Rande zum Thema. „Die Philosophie hat die Kinder vergessen“[1] – diesen Satz legt der Autor Bernhard Schlink (1995, S. 136) einer seiner Ro-

1 Ähnlich Scarre (1980, S. 117) in seiner Replik auf Schrag (1977): „Recent moral philosophy has been guilty of child neglect. Few philosophers have devoted much attention to the moral status of the child,

manfiguren in den Mund, und er lässt sie fortfahren: „Sie hat sie der Pädagogik überlassen, wo sie schlecht aufgehoben sind". Die Etablierung einer eigenen wissenschaftlichen Disziplin, welche sich für Kinder zuständig fühlt, mag tatsächlich eine Ursache für das Desinteresse der Philosophie sein. Während also Abhandlungen über das „Tier in der Moral" (Ursula Wolf 1990) leicht zu finden sind, fehlt es weitgehend an Untersuchungen zum „Kind in der Moral", das heißt zum Kind als möglichem *Adressaten* moralischen Handelns.[2]

Die Frage nach dem moralischen Status von Kindern kann am besten an Hand des Begriffs der *Gleichheit* erläutert werden, welcher das moralische und politische Denken seit der Zeit der Aufklärung prägt. Die Menschen sind demnach als *moralisch gleich* zu betrachten. Moralische oder normative Gleichheit ist zu unterscheiden von *faktischer oder empirischer Gleichheit. Faktisch* gibt es wohl nicht zwei Menschen, die vollständig gleich sind. Dass es nicht zwei menschliche Individuen geben kann, die *numerisch identisch* sind, die also ein und dasselbe Individuum sind, ist logisch einsichtig. Unsere Erfahrung zeigt aber auch, dass Menschen *qualitativ verschieden* sind, dass sie also unterschiedliche Eigenschaften haben. Nach gängiger Auffassung können zwischen Erwachsenen und Kindern solche qualitative Unterschiede festgestellt werden: Kinder sind nicht nur jünger als Erwachsene, sondern in der Regel auch körperlich kleiner und schwächer, ihre kognitiven Fähigkeiten sind weniger entwickelt als diejenigen Erwachsener und so weiter.

In diesem Sinne also ist die Beziehung zwischen Erwachsenen und Kindern *eine Beziehung zwischen Ungleichen.* Allerdings könnte man jede menschliche Beziehung als Beziehung zwischen Ungleichen bezeichnen. Zwei Bankdirektoren zum Beispiel haben in vielerlei Hinsicht unterschiedliche Eigenschaften. Um diese Beziehung von der Beziehung zwischen Erwachsenen und Kindern unterscheiden zu können, muss eine weitere Unterscheidung gemacht werden: Bestimmte qualitative Ungleichheiten sind ohne oder von geringer Bedeutung für das *Kräfteverhältnis* zwischen

---

and there is a much more substantial literature on the moral status of unborn foetuses than that of children".

2 Deutlich weniger vernachlässigt ist die Frage der Moralerziehung, wo es um die Heranbildung moralischer *Akteure* geht.

zwei Menschen. So ist zum Beispiel die Haarfarbe in kaum einem Fall bestimmend für die Stärke einer Person in einer Beziehung. Die kognitiven, körperlichen oder sozialen Fähigkeiten hingegen sind in dieser Hinsicht relevant. Die Beziehung zwischen Kindern und Erwachsenen ist eine Beziehung, in der die Beteiligten bezüglich gewisser Eigenschaften ungleich sind, die für das Kräfteverhältnis zwischen ihnen relevant sind. Es ist eine Beziehung zwischen „Starken" und „Schwachen". Da es allerdings viele Beziehungen zwischen Erwachsenen gibt, die als Beziehungen zwischen unterschiedlich Starken gesehen werden können, lässt sich auf diese Weise die Erwachsenen-Kind-Beziehung nicht präzis von anderen menschlichen Beziehungen unterscheiden.

Trotz unterschiedlicher Fähigkeiten und unterschiedlicher Stärke, so die Grundaussage der neuzeitlichen Ethik, sind *alle Menschen* in normativer Hinsicht als gleich zu betrachten. Unterschiedliche Intelligenz, Körperkraft oder handwerkliche Geschicklichkeit sind Fakten, die moralisch keine Rolle spielen dürfen. Ein Mensch, der in bestimmter Hinsicht „schwach" ist, verfügt über den *gleichen moralischen Status* wie der Starke, das heißt, er ist moralisch gleich bedeutsam wie dieser. Innerhalb der moralischen Gemeinschaft gibt es, wie etwa Immanuel Kant betont, keine Hierarchisierung. Kant unterscheidet einzig zwischen „relativ wertvollen" *Sachen* und „absolut wertvollen" *Personen*. Alle vernünftigen Personen sind absolut, also *in sich selbst* wertvoll, und stehen damit moralisch auf gleicher Stufe.

Nach gängiger Auffassung sind Kinder bestimmt keine Sachen, mit denen der Eigentümer nach Belieben umspringen kann. Die Auffassung des Philosophen Jan Narveson (1988, S. 273), welcher nicht zögert, Kinder als Eigentum der Eltern zu bezeichnen, dürfte wenig Akzeptanz finden. Aber können Kinder bereits als vollwertige Personen gelten? Wie angedeutet, ist eine Person nach Kant ein *vernünftiges* Wesen. Welcher moralische Status aber kommt Kindern zu, deren rationale Fähigkeiten noch nicht voll entwickelt sind? So gelangt man zur Frage nach dem moralischen Status von Kindern.

Zum einen kann man die Frage stellen, ob Kindern überhaupt ein eigenständiger moralischer Status zukommt. Diese Frage, die sich im Rahmen der Alltagsmoral kaum stellt, drängt sich vor allem in der Beschäftigung mit bestimmten neuzeitlichen Moraltheorien, mit kantianischen und vertragstheoretischen Ansätzen, auf.

Zum andern kann man sich fragen, inwiefern die alltägliche *normative Unterordnung* von Kindern unter Erwachsene moralisch gerechtfertigt ist. Nach alltagsmoralischer Auffassung ist nichts daran auszusetzen, wenn Erwachsene, insbesondere Eltern, Kinder *bevormunden* und *erziehen*.

Von diesem Punkt führt der Weg weiter zu den beiden anderen oben genannten Fragestellungen. Betrachten wir zuerst die *dritte* Frage, die Frage nach der Rechtfertigung von Paternalismus und Erziehung.

Rechtfertigung von Paternalismus und Erziehung

Während Ende des sechziger Jahre des Zwanzigsten Jahrhunderts Formen *antiautoritärer* Erziehung Verbreitung finden, gehen pädagogische Theoretiker in den Siebziger und Achtziger Jahren noch einen Schritt weiter. Antipädagogik und Kinderrechtsbewegung wenden sich mit moralischem Impetus gegen die „Herrschaft" von Erwachsenen über Kinder.

Die Grundidee ist auf den ersten Blick einleuchtend: Alle Menschen sind normativ gleich („haben gleiche Rechte"), Kinder sind Menschen, folglich stehen Kinder moralisch auf der gleichen Stufe und haben die gleichen Rechte wie Erwachsene. Dies heißt insbesondere, dass das kindliche Recht auf Selbstbestimmung nicht beschränkt werden darf, auch nicht mit dem Ziel, das Wohl des Kindes zu fördern.

Das allgemeine Problem, das sich hier andeutet, wird in der angelsächsischen Ethik seit den siebziger Jahren des Zwanzigsten Jahrhunderts, basierend auf den Thesen von John Stewart Mills „On Liberty" (1859), unter dem Stichwort des *Paternalismus* diskutiert. Unter Paternalismus wird normalerweise *die Beschränkung der Freiheit des Gegenübers mit dem Ziel der Förderung von dessen Interessen oder Wohlergehen* verstanden (z.B. Dworkin 1972/1983, S. 20). Es ist wenig überraschend, dass von dieser Debatte auch die Erziehungsphilosophie nicht unberührt blieb. Während gewisse der erziehungsphilosophischen Beiträge, auch unter dem Eindruck der Kinderrechtsbewegung, den von Mill propagierten Antipaternalismus auf Kinder übertragen wollen (z.B. Houlgate 1979;

Palmeri 1980; Aviram 1990 und 1991), bemühen sich andere um eine Rechtfertigung von Paternalismus gegenüber Kindern (z.B. Gutmann 1980; Scarre 1980; Blustein 1982; Purdy 1992).[3]

In jüngster Zeit ist Tamar Schapiro (1999; 2003) mit Beiträgen hervorgetreten, welcher die Bevormundung von Kindern in pointierter Weise rechtfertigen. Darauf hat Sigal Benporath (2003) reagiert. Sie vertritt zwar keinen radikalen Antipaternalismus, stellt aber die Legitimität spezifisch *pädagogischer* Formen von Bevormundung in Frage.

Das vorliegende Buch nimmt die Debatte zwischen Schapiro und Benporath auf. Auf der Basis von argumentativen Modellen aus der Paternalismus-Debatte soll ein eigenes Modell entwickelt werden, welches die Rechtfertigung von Paternalismus gegenüber Kindern, und von *Erziehung* im Besonderen, möglich macht. Dabei sind auch die begrifflichen Beziehungen zwischen „Paternalismus" und „Erziehung" auszuloten. Der Grundgedanke ist, dass Erziehung gerade deshalb moralisch problematisch und rechtfertigungsbedürftig ist, weil es sich um eine Form von Bevormundung handelt.

Dies kann als Erläuterung einer Idee gesehen werden, die von der deutschen Antipädagogik aufgebracht wurde, welche jegliche pädagogische Tätigkeit als moralisch verwerflich einstuft (Braunmühl 1975). Die Blütezeit der Antipädagogik ist längst vorbei. Aber auch wenn heute die radikalen Forderungen der Antipädagogen mehrheitlich belächelt werden, darf der Einfluss des von ihnen propagierten Gedankenguts nicht unterschätzt werden. Wie Jan Masschelein und Norbert Ricken dem englischsprachigen Publikum erläutern, ist der Begriff der Erziehung im Deutschen mehr und mehr zu einem „dirty term" geworden: „In particular, *Erziehung* has been linked with the issue of power and abuse" (Masschelein/Ricken 2003, S. 141; vgl. auch Meyer-Drawe 2001, S. 447).[4] Die Frage der Legitimität von Erziehung steht demnach weiterhin im Raum, auch wenn sie kaum mehr explizit gestellt

3 In der deutschsprachigen Erziehungswissenschaft wird der Begriff des Paternalismus bislang kaum verwendet. Eine Ausnahme bildet Thomas Fuhr (2003). Zum Paternalismus in der Kindererziehung nimmt Fuhr nur kurz Stellung (ebd., S. 389).

4 Wo nicht anders vermerkt, wurden die Hervorhebungen des Originaltextes übernommen.

wird. Ein Ziel dieses Buches ist es, die moralischen Vorbehalte gegenüber Erziehung fassbar zu machen. Wenn die pädagogische Praxis, oder zumindest bedeutende Teile davon, tatsächlich als paternalistisch zu sehen sind, dann sind die Vorbehalte gegen sie verständlich. Denn die Bevormundung *Erwachsener* wird gewöhnlich als moralisch problematisch angesehen. Warum also sollte es legitim sein, *Kinder* zu paternalisieren? Der moralische Legitimationsbedarf entsteht also aus der Sache selbst. Die hier zu entwickelnden Überlegungen sind nicht als direkte Reaktion auf die Antipädagogik zu verstehen, sondern als Reaktion auf eine systematische Problemlage.[5] Der Rückgriff auf die Paternalismus-Debatte und aktuelle Beiträge aus der *Philosophy of Education* ermöglicht es, das Problem der Rechtfertigung jenseits der ideologischen Debatten früherer Jahrzehnte zu bearbeiten.

Damit wende ich mich der *zweiten* der anfangs formulierten Fragen zu.

Eine normative Konzeption von Kindheit

Zuletzt also ist auf eine Debatte hinzuweisen, welche die deutschsprachige Pädagogik ebenfalls in den siebziger Jahren des Zwanzigsten Jahrhunderts erreicht hat. Philippe Ariès stellt in seiner „Geschichte der Kindheit" (1960/1975) die These von der *historischen Bedingtheit* der westlichen Vorstellung von Kindheit auf. Was wir unter einem „Kind" oder unter „Kindheit" verstehen, ist demnach ein „kulturelles Konstrukt". Kindheit hat sich einst entwickelt oder wurde erfunden und ist nach bestimmten Auffassungen bereits wieder am Verschwinden (Postman 1982/1983). Damit verbunden ist dann vermutlich das „Ende der Erziehung" (Giesecke 1986). Dies gilt insofern, als die Praxis der Erziehung an die Möglichkeit einer Differenzierung zwischen pädagogischen Akteuren („Erwachsenen") und Adressaten von Erziehung („Kindern") gebunden ist.

Ariès und die an ihn anknüpfende Kindheitsforschung stellen den Anspruch auf *historische Tatsachenwahrheit*. Dies kann auch von David Archard (1993) gesagt werden, der gegen Ariès die

5 Entsprechend ist von diesem Buch keine direkte Rezeption, keine Darstellung oder Kritik antipädagogischer und kinderrechtlicher Schriften zu erwarten.

These formuliert, die Unterscheidung in Erwachsene und Kinder sei in allen kulturellen Gemeinschaften bekannt. Alle Kulturen verfügen nach Archard über einen Begriff (*concept*) von Kindheit, haben aber unterschiedliche inhaltliche Vorstellungen (*conceptions*) davon, wie sich Kinder von Erwachsenen unterscheiden (ebd., S. 21ff).[6] Archard gibt Ariès Recht darin, dass in früheren Jahrhunderten andere „Konzeptionen" von Kindheit vorherrschend waren, bestreitet aber, dass Kindheit als „Konzept" in manchen kulturellen Kontexten nicht geläufig war.

Den Bereich historischer Tatsachenaussagen verlässt Rolf Nemitz (1996), der sich nicht primär mit dem faktischen Gebrauch der Begriffe „Kind" und „Erwachsener" in unterschiedlichen kulturellen Kontexten befasst, sondern eine These über die *Angemessenheit* des Gebrauchs dieser Begriffe aufstellt. Sein Ziel ist es, die genannte Unterscheidung als *unangemessen* oder *ungerechtfertigt* hinzustellen. Als gerechtfertigt könnte sie nach Nemitz gelten, wenn sie der „Realität" entspräche. Genau das ist aber seiner Ansicht nach nicht der Fall:

> „Der Unterscheidung von Kindern und Erwachsenen entspricht *im Rahmen der Pädagogik* kein wirklicher Sachverhalt. Es handelt sich tatsächlich um ein Konstrukt, aber in einem radikaleren Sinne, als dies bisher angenommen wurde. Erstens ist nicht nur das Kind ein Konstrukt, sondern die Kind-Erwachsenen-Differenz insgesamt. Und zweitens handelt [es] sich nicht nur insofern um eine Konstruktion, als die Prädikate, die Kindern und Erwachsenen im Rahmen der Pädagogik zugeschrieben werden, normativ und interessendeterminiert sind. Darüber hinaus gilt vielmehr: Die mit der Unterscheidung verknüpfte Existenzbehauptung ist eine kontingente Setzung. Die Unterscheidung markiert keinen wirklichen Unterschied. Innerhalb der Pädagogik bezieht sich die Unterscheidung von Kindern und Erwachsenen nicht einmal auf einen Rest von Realität" (ebd., S. 141).

Die „reale Welt", so Nemitz, gibt uns keine Gründe, von bestimmten Menschen als „Erwachsenen" und von anderen als „Kindern" zu sprechen. Diese begriffliche Unterscheidung – und entsprechend das Konzept von Kindheit – entbehrt einer rationalen Grundlage und ist ein reines Konstrukt.

---

6 Die von Archard verwendete Unterscheidung (*concept/conception*) wurde von John Rawls (1971/1979, S. 21ff) eingeführt.

Nemitz äußert sich dazu, wie wir die Welt beschreiben sollen. Seine Motivation für eine „Kritik der pädagogischen Differenz" bliebe aber unverständlich, ginge es nicht um mehr als eine *Beschreibung* zweier Gruppen von Menschen. Gerade innerhalb der Pädagogik werden die Begriffe „Kind" und „Erwachsener" normalerweise nicht als rein deskriptive, sondern als *normative* Begriffe verwendet, als *Wert-* oder *Status-Begriffe*. Die genannten Begriffe markieren eine Differenz der normativen Stellung und der damit verbundenen Handlungsrollen.

Die normative Debatte um die Bedeutung von „Kindheit" und „Erwachsenenalter" wird in der aktuellen deutschsprachigen Pädagogik kaum geführt. Die These wiederum, die Nemitz in radikaler Weise formuliert, scheint nicht wenige Sympathisanten zu haben. Es sind die bereits erwähnten Beiträge von Schapiro und Benporath, welche als Anregung dafür dienen können, wie eine normative Debatte zur Frage der Kindheit zu führen ist. „Was ist ein Kind?" fragt Schapiro ohne Umschweife, und sie stellt den Anspruch, eine kulturunabhängige normative Konzeption von Kindheit formulieren zu können. Benporath wendet sich kritisch gegen Schapiros Thesen, ohne aber in Frage zu stellen, dass eine normative Debatte zu dieser Frage sinnvoll ist.

Die drei Fragen sind eine Frage

Die drei Fragen, die einzeln erläutert wurden, können als Aspekte einer einzigen Fragestellung verstanden werden. Um den moralischen Status von Kindern zu bestimmen, muss man sich die Frage stellen, ob Kinder überhaupt in relevanter Hinsicht von Erwachsenen verschieden sind. Wenn es Kinder (und Erwachsene), wie Nemitz behauptet, „gar nicht gibt", so ist es müßig, sich besondere Gedanken über ihre moralische Relevanz zu machen. Um Aussagen über die moralische Beziehung zwischen Erwachsenen und Kindern machen zu können, müssen wir über eine Antwort auf Schapiros Frage „Was ist ein Kind?" verfügen. Wenn es sich als sinnvoll erweist, Kinder von Erwachsenen begrifflich abzugrenzen, ist damit allerdings der normative Status der beiden Gruppen noch nicht bestimmt. Analog kann es sinnvoll erscheinen, „Männer" von „Frauen" begrifflich zu unterscheiden, ohne dass damit bereits eine Aussage über ihre jeweiligen Handlungsrollen getroffen ist. Traditionell allerdings sind „Mann" und „Frau" durchaus „Statusbegriffe"; wäre dem nicht so, hätte die Geschlechterfrage kaum so hohe Wellen geworfen. Aristoteles (1981, 1252a, 29ff) etwa behauptet einen „natürlichen" Unterschied zwischen den Geschlechtern, wobei der Begriff der Natürlichkeit normativ zu verstehen ist: Die Herrschaft des Mannes über die Frau entspricht der „natürlichen Ordnung", die nicht umgestoßen werden darf. Wenn im vorliegenden Buch über eine normative Konzeption von Kindheit nachgedacht wird, so geht es letztlich um nichts anderes als um den normativen Status der beiden Gruppen in ihrer Relation zueinander. In dieser Weise sind die ersten beiden der erwähnten Fragen verknüpft.

Die dritte Frage wiederum zielt konkreter darauf, wie die Beziehung zwischen Erwachsenen und Kindern – so sie denn wirklich existieren – gestaltet werden sollte. Nehmen Erwachsene gegenüber Kindern eine paternalistische (oder pädagogische) Haltung ein, so stellen sie sich gewissermaßen *über die Kinder*. Dies könnte wohl kaum gerechtfertigt werden, wenn die beiden Gruppen nicht zu unterscheiden wären oder zumindest normativ „auf der gleichen Stufe" stünden.

2 Zum Gang der Argumentation

Der Aufbau

Diese Untersuchung umfasst vier Kapitel. Im *ersten Kapitel* („Autonomie und Verletzlichkeit") werden vier Begriffe von *Verletzlichkeit* unterschieden.[7] Die prominente Verwendung des Begriffs der Verletzlichkeit ist inspiriert von den Überlegungen Benporaths, die allerdings diesen Begriff nicht differenziert. Sie versteht unter Verletzlichkeit primär das, was ich als „Interessen-Verletzlichkeit" bezeichne (Kapitel 1.1). Von dieser Art von Verletzlichkeit ist meines Erachtens die spezifisch moralische Verletzlichkeit zu unter-

7 Die Bezeichnungen für diese vier Begriffe von Verletzlichkeit sind in der ethischen oder pädagogischen Debatte nicht geläufig. Die damit angesprochenen Phänomene jedoch sind, wie sich zeigen wird, altbekannt. Ich verwende die entsprechenden Begriffe erstmals in Giesinger 2006a.

scheiden (Kapitel 1.2). Die Überlegungen zu diesem Typ von Verletzlichkeit führen zur Formulierung eines moraltheoretischen Grundgedankens. Die Beschäftigung mit unterschiedlichen Moraltheorien (Konsequenzialismus, Vertragstheorie, Kantianismus) beginnt bereits in Kapitel 1.1, und die daraus resultierende eigene Moralauffassung wird gegen diese ethischen Konzepte abgegrenzt. Von zentraler Bedeutung ist dabei ein Problem, das sich insbesondere vertragstheoretischen und kantianischen Entwürfen stellt: Diese bekunden Mühe, die moralische Relevanz von Kindern zu begründen. Warum Kinder als moralisch relevant anzusehen sind, wird im letzten Abschnitt von Kapitel 1.2 erläutert.

In Kapitel 1.3 wird der Begriff der Autonomie-Verletzlichkeit geprägt und insbesondere gegen die moralische Verletzlichkeit abgegrenzt. Nicht zuletzt die Beiträge Schapiros sind es, welche eine besondere Beschäftigung mit diesem Begriff anregen. Der Begriff ist, wie sich auch im zweiten und dritten Teil zeigen wird, von besonderer Bedeutung für die Rechtfertigung von Paternalismus und Erziehung, sowie die Differenzierung von Kindern und Erwachsenen.

Zuletzt (Kapitel 1.4) wird eine Art von Verletzlichkeit behandelt, den ich verkürzt als Bildungs-Verletzlichkeit bezeichne. In seinem Bildungsprozess, so die Grundidee, ist das menschliche Selbst in besonderer Weise verletzlich. Diese Idee wird im ersten Abschnitt in unkontroverser Weise erläutert. In den folgenden Abschnitten wird ein Verständnis des Bildungsprozesses entfaltet, welches sich in den theoretischen Rahmen der Kapitel 1.2 und 1.3 einfügt. Dabei wird auch eine Begründung des zuvor vorausgesetzten rationalistischen Menschenbildes versucht.

Damit ist die Grundlage für die Argumentationen des *zweiten Kapitels* („Paternalismus und Erziehung") gelegt, welche eine ethische Rechtfertigung von Erziehung zum Ziel haben. Dreimal wird angesetzt, drei unterschiedliche Gedankengänge werden dargestellt, aber zuletzt erweist sich, dass dabei nur eine einzige Argumentation zur Rechtfertigung von Erziehung formuliert wird. In Kapitel 2.1 wird versucht, Erziehung („pädagogisches Erwarten und Reagieren") als Variante des gewöhnlichen moralischen Erwartens zu rechtfertigen. Dieser Versuch ist, wie sich zeigen wird, zum Scheitern verurteilt. Es wird ein Einwand formuliert, und dabei bietet sich die Gelegenheit zu einer vertieften Beschäftigung mit dem Begriff des Paternalismus. Die oben erwähnte Standardbedeutung dieses Begriffs erfährt eine auch für die folgenden Kapitel relevante Modifikation.

In Kapitel 2.2 soll zunächst der sogenannte *beschützende* Paternalismus als Aspekt fürsorglichen Handelns gerechtfertigt werden. Drei Kriterien zur Beurteilung der moralischen Legitimität dieser Art paternalistischen Handelns werden formuliert. Auf dieser Basis schreitet die Argumentation weiter zur Rechtfertigung von spezifisch pädagogischem Paternalismus, insofern dieser das kindliche Wohl im Blick hat. Die drei Kriterien werden entsprechend angepasst. Eine weitere Anpassung erfahren die Kriterien dadurch, dass das in Kapitel 2.1 aufgegriffene Problem der Moralerziehung erneut zum Thema wird.

Ergänzend dazu wird in Kapitel 2.3 eine Argumentation formuliert, welche die Überlegungen des Kapitels 1.4 zum Problem der Bildungs-Verletzlichkeit fortsetzt. Hier entsteht eine eigenständige Rechtfertigung von Erziehung, welche zuletzt in den Rahmen der bisherigen Argumentationen eingefügt werden kann. Auf dieser Basis wird in Kapitel 2.4 der Begriff des *partizipativen Paternalismus* geprägt.

Das *dritte Kapitel* („Kinder und Erwachsene“) nimmt die Resultate der ersten beiden Teile auf, um die Grundzüge einer normativen Konzeption von Kindheit zu entwickeln. Im *vierten Kapitel* wendet sich der Blick der Eltern-Kind-Beziehung zu. Die Aufgabe, Kinder zu umsorgen, zu bevormunden und zu erziehen, kommt nach gängiger Vorstellung den (sozialen) Eltern zu. Nachdem in Kapitel 4.1 der Begriff der elterlichen Verantwortung erläutert wird, stellt Kapitel 4.2 die Frage, wer verpflichtet und berechtigt ist, diese Art von Verantwortung zu übernehmen. In Kapitel 4.3 wird dem Begriff der elterlichen Verantwortung der Begriff der kindlichen Rechte gegenübergestellt. Es wird geprüft, ob es sinnvoll ist, den Gehalt der elterlichen Verantwortung in der Sprache der Rechte zu formulieren.

Methodologische Bemerkung

Allen drei im zweiten Kapitel präsentierten Überlegungen ist gemeinsam, dass sie an wenig kontroversen Ausgangspunkten ansetzen und von diesen zu den strittigen Punkten fortschreiten. Sie gehen von grundlegenden normativen Überzeugungen aus, denen *intuitiv* die meisten Personen zustimmen dürften. Dieses Ansetzen bei den (moralischen) Alltagseinstellungen („Intuitionen") entspricht derjenigen ethischen Methode, die John Rawls in seiner „Theorie der Gerechtigkeit" (1971/1979, S. 37f) vorgeschlagen hat, und die seither innerhalb der Moralphilosophie weite Verbreitung gefunden hat (z.B. Daniels 1996). Demnach haben ethische Reflexionsprozesse auf ein „Überlegungsgleichgewicht" (*reflective equilibrium*) zu zielen, ein *kohärentes* System normativer Überzeugungen. Catherine Elgin (1996, S. 107) schreibt: „A system is coherent if its constituents are suitably related to one another. Then its statements, strategies, values and priorities form a mutually supportive network, each being reasonable in light of the others and each contributing to the integrity of the whole". Es genügt also nicht, dass die Bestandteile des Systems *konsistent* (widerspruchsfrei) sind, sie müssen zusätzlich einen sinnvollen Gesamtzusammenhang bilden. Die einzelnen Elemente, so Elgin, stehen in wechselseitigen Begründungsverhältnissen.

Elgin räumt ein: „Coherence alone is not enough" (ebd.). Dass einzelne Elemente „gut zusammenpassen", impliziert nicht, dass sie, oder das System als ganzes, Akzeptanz verdienen: „Plainly such a system could be a complete fiction. Aside from the support its constituents lend one another, there may be little reason to endorse any of them" (ebd.). Einzelne theoretische Elemente, so Elgin, müssen deshalb nicht nur untereinander kohärent sein, sondern auch mit Urteilen übereinstimmen, die wir spontan akzeptieren: „Whether or not they are justified, we accept some sentences without reservation" (ebd., S. 101). Solchen Sätzen schreibt Elgin „initial tenability" (ebd.) zu; es sind also Urteile, die uns auf den ersten Blick „haltbar", also akzeptabel erscheinen, die wir aber auch bereit sind aufzugeben, falls wir gute Gründe dafür haben. Elgin fasst zusammen:

> „Independently motivated, initially tenable commitments must underwrite coherence. The components of a system […] must be reasonable in light of one another, and the system as a whole reasonable in light of our initially tenable commitments. […] Coherence provides justification *in* the system; the tie to initially tenable commitments, justification *of* the system" (ebd., S. 107).

Hinzugefügt werden muss, dass die spontanen Anfangsüberzeugungen eine Begründung durch das theoretische System erfahren, falls sie sich im kohärentistischen Prozess als haltbar erweisen. Ein kohärentes System, das auf spontanen Überzeugungen aufruht, befindet sich, wie Elgin mit Rawls sagt, in einem „reflective equilibrium" (ebd.).

Die Argumentationen im zweiten Kapitel sind als *kohärentistisch* zu sehen. Es wird argumentiert, dass gewisse normative Überzeugungen, die umstritten sein mögen, konsequenterweise akzeptiert werden müssen, wenn bestimmte intuitiv akzeptable Überzeugungen ernstgenommen werden.[8] Anders gesagt: Gewisse kontroverse Überzeugungen können ohne Schwierigkeiten in

8 Nach John Rawls (1971/1979, S. 38) und Norman Daniels (1996, S. 22) sind jedoch nicht alle intuitiven Alltagsüberzeugungen als Datenbasis des kohärentistischen Verfahrens geeignet, sondern nur die wohlüberlegten (*considered*). Nur diesen kommt, um es mit Elgin zu sagen, „initial tenability" zu. Wohlüberlegte moralische Urteile sind solche, die wir nicht unter *verzerrenden* Bedingungen fällen. Verzerrende Bedingungen sind etwa Befangenheit durch eigene Interessen, Mangel an Information oder emotionale Aufgewühltheit. Daniels erwähnt in einer Randbemerkung (ebd., S. 41, Fussnote 3; vgl. auch Schaber 1997, S. 117) einen Einwand gegen die letztgenannte Bedingung: „These ‚ideal' conditions might have drawbacks [...]. Sometimes anger or (moral) indignation may lead to morally better actions and judgements than ‚calm'". Daniels spricht hier das von Peter Strawson (1962/1978) hervorgehobene Gefühl der *moralischen Entrüstung* an. Tatsächlich, so scheint mir, kommen unsere tiefsten moralischen Überzeugungen gerade in derartigen moralischen Reaktionen häufig unverfälscht zum Ausdruck (vgl. auch Giesinger 2004a). Sie bringen uns aus der Ruhe und besitzen gerade deshalb eine besonders hohe „initial tenability". Vielen Menschen werde sich zum Beispiel besonders schwer tun, die spontanen Reaktionen zu revidieren, die sie angesichts der Misshandlung oder des Missbrauchs von Kindern haben. Nicht alle unsere moralischen Reaktionen jedoch sind als Datenbasis geeignet, denn unsere Reaktionen können durch bestimmte Bedingungen verzerrt sein. Es sind die gleichen Bedingungen, die Rawls und Daniels angeben. Emotionale Aufgewühltheit, zum Beispiel intensive Trauer oder ein Wutanfall, kann unsere moralischen Gefühle verwirren. Auch Befangenheit durch eigene Interessen oder das Fehlen relevanter Informationen kann zu unangemessenen Reaktionen führen.

einen kohärenten Zusammenhang mit bestimmten unkontroversen Überzeugungen gestellt werden.

Es wurde bereits angedeutet, dass auch diejenigen, welche die Legitimität der Kindererziehung bestreiten, sozusagen kohärentistisch argumentieren. Sie greifen die weit verbreitete Auffassung, wonach Kinder bevormundet und erzogen werden sollen, an, indem sie deren Inkohärenz mit der tief verankerten Überzeugung der moralischen Gleichheit aller Menschen aufzuzeigen versuchen. Die so angegriffene Auffassung wird in diesem Buch verteidigt, indem zwei Dinge aufgezeigt werden: *Erstens* können die Forderung der moralischen Gleichheit und die Befürwortung der paternalistischen Erziehung in einem kohärenten normativen System untergebracht werden. *Zweitens* steht die Praxis des Erziehens in einem kohärenten Verhältnis mit anderen unbestrittenen Alltagspraktiken.

So ist, wie in Kapitel 2.1 (und bereits im ersten Kapitel) gesagt wird, die Angemessenheit der Praxis des moralischen Erwartens unbestritten. Folglich, so die Argumentation, wäre es *inkohärent*, Erziehung als moralisch verwerflich einzustufen. Ähnlich in Kapitel 2.2: Die Angemessenheit der fürsorglichen Haltung gegenüber Kindern wird durch die Alltagsmoral breit gestützt. Wer diese Intuitionen ernstnimmt, kann die Praxis des Erziehens nicht als illegitim betrachten. Auch in Kapitel 2.3 wird argumentiert, dass diejenigen, welche Kinder in ihrer Verletzlichkeit schützen wollen, sie auch erziehen müssen.

Diese Argumentationen, so der Anspruch, stehen in einem kohärenten Verhältnis mit den im ersten Kapitel erarbeiteten Grundlagen. Bereits dort wird die Methode des Überlegungsgleichgewichts in Anspruch genommen, um eine Konzeption der moralischen Beziehung zwischen Erwachsenen und Kindern zu entwickeln. Diese muss insbesondere der Intuition gerecht werden, wonach Kinder eigenständigen moralischen Wert besitzen. Hier stellt sich, wie gesagt, ein Problem für Vertragstheorie und Kantianismus. Sie muss aber auch die alltägliche Praxis des moralischen Reagierens in einem sinnvollen Licht erscheinen lassen. An diesem Problem scheitert, wie sich im folgenden Kapitel zeigen wird, der ethische Konsequenzialismus.

1 Autonomie und Verletzlichkeit

1.1 Interessen-Verletzlichkeit

Verletzlich im Sinne der Interessen-Verletzlichkeit sind nur Wesen, denen Interessen zugesprochen werden können. Anstatt des Begriffs der Interessen könnten auch Begriffe wie *Wohlergehen* oder *gutes Leben* verwendet werden. Verletzlich in diesem Sinne sind demnach Wesen, denen es im Leben gut oder schlecht gehen kann.

Dies ruft die Frage hervor, ob auch Pflanzen in diesem Sinne verletzlich sein können. Schließlich ist es nicht abwegig zu sagen, dass es einem Baum „schlecht geht", wenn er im Frühling nicht mehr blüht. Die Aristotelikerin Philippa Foot (2001/2004, S. 44ff) schreibt Bäumen, wie Menschen, natürliche Zwecke zu, die ihrer jeweiligen Lebensform inhärent sind. Verfehlen sie diese Zwecke, so verfehlen sie sozusagen ihr Gutes. Foot ist sich im Klaren darüber, dass Bäume, im Gegensatz zu Menschen, unfähig sind, sich einen Zweck „zu eigen" zu machen und die entsprechenden *Intentionen* zu entwickeln. Und sie geht wohl davon aus, dass Bäume nicht darunter leiden, wenn sie ihre natürlichen Zwecke - Selbsterhaltung und Fortpflanzung - verfehlen.

Man kann ihnen ein Wohl zuschreiben, möglicherweise sogar *Interessen*, die sich aus den ihnen vorgegebenen Zwecken ergeben. Aber es scheint fraglich, ob es sinnvoll ist, sie als *verletzlich* zu bezeichnen. Um als verletzlich zu gelten, so meine ich, muss ein Lebewesen Zugang zu seinem eigenen Wohl haben. Es muss ihm etwas ausmachen, ob es ihm gut oder schlecht geht. Dazu ist aber

Empfindungsfähigkeit vonnöten, eine Fähigkeit, welche Pflanzen vermutlich abgeht. Nur wer positive und negative Empfindungen haben kann, leidet unter einer Verletzung seiner Interessen und genießt es, wenn es ihm gut geht. Den Begriff der Interessen-Verletzlichkeit beschränke ich deshalb auf diejenigen Wesen, welche, wie man auch sagen kann, über ein *subjektives Wohl* verfügen.[1]

Viele Tierarten sind fähig, Schmerz zu empfinden, und menschliche Wesen entwickeln Empfindungsfähigkeit bereits deutlich vor der Geburt. Damit ist klar, dass Kindern Interessen-Verletzlichkeit zugeschrieben werden kann. Diese Art von Verletzlichkeit hat Benporath denn auch im Blick, wenn sie schreibt: „The single most relevant trait of childhood [...] is vulnerability during these years – the vulnerability of children's lives and of their well-being" (Benporath 2003, S. 127). Nach Benporath können zwar auch Erwachsene als verletzlich bezeichnet werden, auf Kinder jedoch trifft dies in weit höherem Maße zu. Damit ist der Begriff der Verletzlichkeit ihrer Ansicht nach geeignet, Kinder von Erwachsenen zu unterscheiden, ohne dass damit eine scharfe Grenze zwischen beiden Gruppen markiert wird.

Die besondere Verletzlichkeit von Kindern ergibt sich nach Benporath daraus, dass sie in verschiedenen Hinsichten *schwächer* sind als Erwachsene (ebd., S. 135). Diese Schwäche im körperlichen und kognitiven Bereich macht sie *abhängig* von Erwachsenen. Auf Grund dieser Abhängigkeit sind Kinder in besonderem Maße der Misshandlung, dem Missbrauch und der Vernachlässigung durch ihnen überlegene Personen ausgeliefert. Zur Erläuterung der kindlichen Schwäche und Verletzlichkeit kann auch der Begriff der *Unselbständigkeit* herangezogen werden. Obwohl in der pädagogischen Alltagssprache verankert, spielen die Begriffe

1 Eine Alternative würde darin bestehen, die *Fähigkeit zu wünschen* als grundlegend anzunehmen. Nur wer Wünsche hat oder haben kann, könnte demnach auch *Interessen* haben. Es ist unbestritten, dass Kinder Wünsche haben. Strittig ist allenfalls, ob dies auch für Säuglinge gilt. Die Fähigkeit zu wünschen, so könnte man sagen, setzt begriffliche oder sprachliche Fähigkeiten voraus. Nur wer die Überzeugung haben kann, „dass p der Fall ist", kann den entsprechenden Wunsch, „dass p der Fall sein soll" hervorbringen. Allerdings sprechen sprachliche Intuitionen gegen diese Sichtweise des Wünschens. Es erscheint sprachlich nicht inkorrekt zu sagen, ein Neugeborenes habe „den Wunsch nach Nähe".

Selbständigkeit und Unselbständigkeit in der pädagogischen Theorie eine untergeordnete Rolle. Von Unselbständigkeit - anstatt von mangelnder Autonomie oder Mündigkeit - zu sprechen, erlaubt es, die Lage von Kindern umfassend in den Blick zu nehmen. Unter Unselbständigkeit verstehe ich die Unfähigkeit (allenfalls auch den mangelnden Willen), gewisse Tätigkeiten, welche in sich wertvoll sind oder zur Erlangung bestimmter Güter dienen, selbst, also ohne fremde Hilfe, auszuführen.

Ins Auge springt insbesondere die körperliche Unselbständigkeit von Kindern: Neugeborene können weder den Kopf heben, noch sich von einer Seite auf die andere drehen. Bereits im Laufe des ersten Lebensjahres erhöht sich die körperliche Selbständigkeit von Kindern stark. Trotzdem hängt ihr körperliches Gedeihen noch jahrelang vom fürsorglichen Handeln ihrer Bezugspersonen ab. „This vulnerability", so Benporath, „creates immanent inequality between children and adults" (ebd., S. 127). Gemeint ist die *faktische* Ungleichheit zwischen den beiden Gruppen, also die faktische Unterlegenheit der Kinder gegenüber den meisten Erwachsenen. In *moralischer Hinsicht* jedoch betrachtet Benporath die beiden Gruppen ohne Zweifel als gleich: Kinder und Erwachsene sollen in ihrer jeweiligen Verletzlichkeit moralisch berücksichtigt werden.

Benporaths Ansatz lässt sich kaum einer der gängigen Theoriegruppen innerhalb der Moralphilosophie zuordnen. Das Phänomen der Interessen-Verletzlichkeit allerdings spielt in verschiedenen Moraltheorien eine bedeutende Rolle, so etwa in der Mitleidsethik, der Fürsorgeethik oder im Konsequenzialismus. Der zuletzt genannten ethischen Theorie wende ich mich zu, nachdem ich mich mit dem besonders interessanten Fall der Vertragstheorie beschäftigt habe.

Interessen-Verletzlichkeit und Vertragstheorie

Die Grundgedanken der Vertragstheorie gehen auf Thomas Hobbes zurück. Was bei Hobbes den Kern einer Philosophie des Staates darstellt, wurde in den vergangenen Jahrzehnten auch für die Moraltheorie nutzbar gemacht (z.B. Gauthier 1987).

Nach vertragstheoretischer Auffassung müssen moralische Regeln als Resultat einer vertraglichen Übereinkunft zwischen Individuen gesehen werden, die danach streben, ihre eigenen Wünsche oder Interessen zu befriedigen. Die Vertragsparteien, die oft als rationale Egoisten bezeichnet werden, wollen den vertragslosen „Naturzustand“ überwinden, da dieser von Konflikten und damit von ständiger Unsicherheit geprägt ist. Nach Hobbes entsteht im Naturzustand, in dem jeder rücksichtslos seine Interessen verfolgt, ein „Krieg aller gegen alle“ (Hobbes 1651/1996, S. 104), den keiner der Beteiligten für sich entscheiden kann. Obwohl nicht alle Menschen gleich stark sind, gelingt es niemanden, alle anderen niederzuhalten. Jeder besitzt die Fähigkeit, jeden anderen zu verletzen oder zu töten (ebd., S. 102). *In diesem Sinne* besteht im Naturzustand *Gleichheit* zwischen allen.

Selbst der Stärkste also ist in seinen Interessen verletzlich. Diese Interessen-Verletzlichkeit ist es, welche in den Menschen den Wunsch keimen lässt, den vertragslosen Zustand zu verlassen. Da sie nicht hoffen können, ihre eigenen Interessen auf Kosten der anderen Menschen durchzusetzen, sind sie bereit, sich in ihrer Handlungsfreiheit beschränken zu lassen, damit sich die anderen ebenfalls beschränken. Sie willigen ein, sich an grundlegende Regeln zu halten, weil sie hoffen, ihre Interessen besser verfolgen zu können, wenn alle diese Regeln einhalten.

Betrachten wir die Stellung von Kindern innerhalb des vertragstheoretischen Denkens. Kinder sind ohne Zweifel verletzlich im relevanten Sinne, kommen aber trotzdem kaum als Vertragspartner in Frage:

Erstens sind die Vertragsparteien interessiert daran, mit Personen einen Vertrag abzuschließen, die für sie gefährlich werden könnten, also mit allen, die ihnen in diesem Sinne „gleich“ sind. Die Frage ist also, ob in diesem hobbesianischen Sinn Gleichheit zwischen Erwachsenen und Kindern angenommen werden kann. Benporath verneint dies: „Children are not equal to adults even in the most basic Hobbesian terms“ (Benporath 2003, S. 135). Auf kleine Kinder mindestens trifft dies meines Erachtens zu. Sie kommen folglich als Vertragspartner nicht in Frage.

Zweitens müssen mögliche Vertragspartner über die sprachlichen und kognitiven Fähigkeiten verfügen, um an Vertragsverhandlungen teilnehmen zu können. Auch wenn man zugesteht, dass man mit Kindern kurzfristige, begrenzte Abmachungen treffen kann, wird man ihnen die für einen umfassenden Vertrag zu grundlegenden Fragen der Moral nötigen Fähigkeiten kaum zusprechen.

Drittens kommt eine Person nur dann als Vertragspartnerin in Frage, wenn man ihr die Fähigkeit unterstellt, sich an ausgehandelte Regeln zu halten. Auch hier sind in Bezug auf Kinder Zweifel angebracht.

Vertragstheorien hobbesianischer Prägung können zwar die besondere Verletzlichkeit von Kindern anerkennen, sind aber unfähig, sie in ihrer Verletzlichkeit zu schützen. Sie können, zumindest *in ihren Grundlagen*, keine direkten Verpflichtungen gegenüber Kindern begründen. Moralische Verpflichtungen ergeben sich nämlich aus dem Vertrag aller vertragsfähigen Personen, und da Kinder nicht vertragsfähig sind, fallen sie aus dem Rahmen der moralischen Gemeinschaft hinaus.

Ähnliches kann übrigens von denjenigen Vertragstheorien gesagt werden, welche das von Hobbes vorgegebene Grundgerüst durch Elemente der Ethik Kants anreichern. Die bekannteste dieser Theorien, John Rawls' „Theorie der Gerechtigkeit", erweist sich hier allerdings als besonders flexibel. Wie bei Hobbes streben die Vertragsparteien bei Rawls danach, ihre Interessen möglichst umfassend durchzusetzen. Im hobbesianischen Modell wird der Egoismus des Individuums durch den Egoismus aller anderen begrenzt. Rawls hingegen setzt zu diesem Zweck ein theoretisches Element ein, welches er als „kantisch" bezeichnet, den „Schleier des Nichtwissens" (Rawls 1971/1979, S. 159ff; sowie S. 283ff). Dieser entzieht den Vertragsparteien das Wissen, das sie zur Verfolgung ihrer eigenen Interessen nötig hätten; die Parteien, so Rawls, werden auf diese Weise „autonom" im kantischen Sinne. Es ist dieser Kunstgriff, der die Einbeziehung von Kindern einfach erscheinen lässt. Man kann sich vorstellen, dass den Parteien das Wissen darüber entzogen wird, ob sie Kinder oder Erwachsene sind. Ihre Entscheidung über die Grundsätze, nach denen die Gesellschaft gestaltet werden sollte, würde dann beide Gruppen in ihren spezifischen Interessen berücksichtigen.

Diese naheliegende Lösung wird jedoch von Rawls nicht erwähnt, und das liegt daran, dass man auf ähnliche Weise auch Tiere, allenfalls sogar Pflanzen, einbeziehen könnte. *Bevor* das Entscheidungsverfahren durchgeführt wird, muss also festgelegt werden, welche Wesen „moralisch relevant" sind oder als „Mitglieder der Gesellschaft" zu gelten haben. Daraus ergeben sich die genauen Bedingungen des „Urzustands", in den die Vertragsparteien versetzt werden, um Gerechtigkeitsgrundsätze auszuhandeln. Victor Worsfold (1980, S. 262) weist darauf hin, dass Rawls (1971/1979, S. 553) all diejenigen als Mitglieder der Gesellschaft akzeptiert, welche das *Potenzial* mitbringen, die Gerechtigkeitsgrundsätze zu akzeptieren. Bekannter ist Rawls' Aussage, wonach man sich die Vertragsparteien als *Familienoberhäupter* vorzustellen hat, welche nicht nur ihre eigenen, sondern auch die Interessen ihrer Kinder und Kindeskinder vertreten (ebd., S. 151). Peter Carruthers merkt an, dass diese Lösung nur unter den speziellen Bedingungen von Rawls' Theorie funktionieren kann. Sie lässt sich nicht in Vertragstheorien übertragen, in denen den Parteien ihre persönliche Situation bekannt ist: „Many real agents", so Carruthers, „know that they will never have children. [...] Such persons might, it seems, easily reject rules according rights to babies" (Carruthers 1992, S. 112). Wenn aber nicht alle Parteien sich um das Wohl von Kindern kümmern, dann werden sie sich nicht auf eine direkte Berücksichtigung von Kindern einigen können. Grundsätzlich kann gesagt werden, dass die Berücksichtigung von kindlichen Interessen davon abhängt, ob sich die erwachsenen Vertragsparteien für ihre Berücksichtigung entscheiden. Carruthers etwa argumentiert - wenig überzeugend - dafür, dass die Parteien ein Eigeninteresse an der Einbeziehung von Kindern in die Moral haben[2], hält aber grundsätzlich fest: „[T]here is nothing to stop us, *at the level of theory*, from insisting that only rational agents have rights" (ebd., S. 114). Er bekundet also keine Mühe

2 Hierzu formuliert Carruthers zwei Argumente. Sein erstes Argument ist ein „Argument der schiefen Ebene" (oder „Dammbrucharargument"): „The suggestion is that if we try to deny moral rights to some human beings, on the grounds that they are not rational agents, we shall be launched on a slippery slope which may lead to all kinds of barbarisms against those who *are* rational agents" (ebd., S. 114). Das zweite Argument lautet folgendermaßen: Eine moralische Regelung, welche Kindern keine direkten moralischen Rechte zugesteht, gefährdet in ihrer Anwendung die soziale Stabilität. Carruthers meint, dass viele Eltern unfähig wären, sich an eine solche Regelung zu halten. Eine moralische Ordnung, die Regelungen enthält, an die sich bestimmte Personen nicht halten können, ist nicht stabil.

damit zu sagen, Kinder gehörten „eigentlich" nicht zur moralischen Gemeinschaft. Ernst Tugendhat, der von ähnlichen moraltheoretischen Grundlagen ausgeht wie Carruthers, empfindet hingegen ein Gefühl der Hilflosigkeit angesichts der Schwierigkeit, moralische Verpflichtungen gegenüber Kindern zu begründen. In seinem bekannten Vortrag über die „Hilflosigkeit der Philosophen" hält er fest:

> „Statt von der Hilflosigkeit der Philosophen zu sprechen, könnte ich auch von der Hilflosigkeit von uns allen sprechen. Wir alle sind heute mit moralischen Grundfragen konfrontiert, die wir nicht umhin können, so oder so zu beantworten, und auf die wir gleichwohl keine Antworten haben, die wir ausreichend begründen können" (Tugendhat 1989, S. 927).

Nach Tugendhat also verfügen wir teilweise über starke *moralische Intuitionen*, für die uns aber eine *theoretische Begründung* fehlt. Ein Beispiel wird am Schluss des Vortrags genannt: „Die Verantwortung gegenüber Kindern scheint der intuitiv einfachste Fall einer moralischen Verpflichtung, und doch haben wir keine moralische Theorie, die sie verständlich machen kann" (ebd., S. 935). Die Tatsache, dass die Verpflichtung zur Berücksichtigung der kindlichen Interessen der „intuitiv einfachste Fall einer moralischen Verpflichtung" darstellt, könnte mit der besonderen Interessen-Verletzlichkeit von Kinder zusammenhängen. Der vertragstheoretische Rahmen lässt es offensichtlich zu, gerade die Interessen derjenigen, die am meisten auf Rücksicht angewiesen sind, unberücksichtigt zu lassen. An einer anderen Stelle bezeichnet Tugendhat die Vertragstheorie als „Moral der Starken", welche die „Hilflosen" durch ihr „Netz" fallen lässt (Tugendhat 1993, S. 356).

Ohne Zweifel ist die vertragstheoretische Idee der Moral als „Geben und Nehmen", als *wechselseitige* Verpflichtung, alltagsmoralisch gestützt. Diesem Bild der Moral als Kooperation der Starken kann jedoch ein Bild der Moral entgegengesetzt werden, das vielleicht noch stärker im alltagsmoralischen Denken verankert ist: Demnach liegt die Pointe der Moral im Schutz der Schwachen. Gerade die Schwachen sind es, die auf moralische Rücksicht besonders angewiesen sind. Sie geraten unter die Räder, wenn die Starken sich rücksichtslos verhalten. Als paradigmatischer Fall einer *moralisch wertvollen* Handlung gilt alltagsmoralisch nicht diejenige Handlung, deren Tauschcharakter offensichtlich ist, sondern dasjenige Tun, für das keine egoistischen Gründe bestehen[3], so etwa das rücksichtsvolle Handeln gegenüber „Schwachen", von denen keine Gegenleistung zu erwarten ist. Diese Vorstellung von Moral liegt auch den Überlegungen Benporaths zu Grunde. Zudem kann eine ähnliche Auffassung dem *ethischen Konsequenzialismus* zugeschrieben werden, mit dem ich mich im Folgenden kurz beschäftige. Die Kritik am Konsequenzialismus führt direkt hinüber ins zweite Kapitel über moralische Verletzlichkeit.

Interessen-Verletzlichkeit und Konsequenzialismus

Nach konsequenzialistischer Auffassung ist es nicht die Fähigkeit, die eigenen Interessen gegen andere zu behaupten oder andere in ihren Interessen zu gefährden, welche einem Wesen moralische Bedeutung verleiht, sondern allein seine Interessen-Verletzlichkeit, welche auf Empfindungsfähigkeit beruht. Damit ist klar, dass Kinder zu den moralisch bedeutsamen Lebewesen gehören.

Betrachten wir genauer, in welchem theoretischen Kontext das Kriterium der Interessen-Verletzlichkeit normative Bedeutung erlangt. Der Grundgedanke des ethischen Konsequenzialismus ist, dass der moralische Wert einer Handlung *ausschließlich* von deren *Folgen* für das *Wohl* oder die *Interessen* aller abhängt. Das moralisch Gute besteht also in der *Maximierung* des prudentiell Guten. Es soll die größtmögliche *Summe* an Gutem angestrebt werden. Zunächst muss abgeschätzt werden, welche Folgen eine bestimmte Handlung für jeden Einzelnen der Betroffenen hat. Dann müssen die guten Folgen addiert und die schlechten subtrahiert werden. Ein gängiger Einwand gegen den Konsequenzialismus lautet, dass individuelle Interessen, obgleich sie zunächst in die Überlegungen einbezogen werden, letztlich dem Gesamtwohl geopfert werden können. Die entscheidende moralische Entität ist nicht das Individuum, sondern das Kollektiv. Auf *dessen* Wohl kommt es an. Individuen sind moralisch relevant als *Bestandteile des Kollek-*

3 Dies entspricht der Auffassung Kants, nach der eine Handlung nur dann echten moralischen Wert hat, wenn es für sie keine (egoistischen) Neigungen gibt. Solche Handlungen, die allein „aus Pflicht" geschehen, stellen für Kant das Paradigma moralischen Handelns dar (Kant 1785/1977, S. 22ff).

tivs. Sie sind relevant, insofern sie „Träger von Gutem" sind und damit die Gesamtsumme des Guten mehren (oder auch vermindern) können. Auf ein Wesen, welches nicht über ein subjektives Wohl verfügt und in seinen Interessen unverletzlich ist, trifft dies nicht zu.

Obwohl der Konsequenzialismus, im Gegensatz zur Vertragstheorie, ohne weiteres fähig ist, den nach Tugendhat „intuitiv einfachsten Fall einer moralischen Verpflichtung" zu begründen, führt er nicht zu einem angemessenen Verständnis der moralischen Beziehung von Erwachsenen und Kindern. Diese ethische Theorie verfügt nämlich nicht über eine angemessene Sichtweise der *moralischen Beziehung*, wie ich im Folgenden erläutern möchte.

Die moralische Beziehung stellt sich im Konsequenzialismus als Beziehung zwischen einem handlungs- und einem leidensfähigen Individuum dar. Die Handlungen des einen Individuums sind die Ursache für bestimmte Wirkungen oder Folgen, die das andere Individuum treffen. Die Beziehung konstituiert sich so gesehen durch die kausale Verbindung zwischen den Beteiligten. Nun kann ein Handelnder auch zu unbelebten Objekten oder Pflanzen in eine kausale Verbindung treten, etwa, indem er seinen Computer bedient oder eine Kartoffel ausgräbt. Solche Handlungen gelten aber nach konsequenzialistischer Auffassung nicht als moralisch relevant, da deren Objekte unfähig sind, eine subjektive Empfindung der entsprechenden Wirkungen zu haben. Die moralische Beziehung im Konsequenzialismus ist eine kausale Beziehung zwischen einem moralischen Subjekt und einem Objekt, welches fähig ist, die kausalen Wirkungen der Handlungen des Subjekts zu empfinden.

Die Mängel einer solchen Auffassung der moralischen Beziehung können an folgendem Beispiel erläutert werden: Eine Frau begibt sich allein auf eine Bergwanderung. Sie wird von einem herabfallenden Steinbrocken getroffen und leidet an starken Schmerzen. Später erfährt sie, dass der Stein sich nicht von selbst gelöst hat, sondern dass ein Bekannter, der ihr heimlich gefolgt ist, ihn absichtlich auf sie niedergehen ließ. Bei diesem Bekannten handelte es sich um einen ehemaligen Angestellten der Frau, der von ihr wegen ungenügender Leistungen entlassen worden war.

Durch diese zusätzliche Information verändert sich die Reaktion der Frau in grundsätzlicher Weise. *Bevor* sie die wahre Ursache ihrer Verletzung kannte, litt sie an ihrer körperlichen Verletzung. *Jetzt* aber kommt eine spezifisch moralische Reaktion hinzu: Sie schreibt ihre Verletzung einem Handelnden zu und *nimmt diesem sein Tun übel.*[4] Diese Veränderung der Reaktionsweise tritt ein, ohne dass sich die *kausalen Folgen* verändert hätten.

Die unterschiedliche Reaktion in den beiden Fällen könnte im Rahmen der konsequenzialistischen Ethik damit erklärt werden, dass Entrüstung nur dann angemessen ist, wenn sie einem Handelnden gilt. Nur dann nämlich ist von dieser Reaktion (oder auch von Tadel und Strafe) eine positive *kausale Wirkung* zu erhoffen: Der Täter ist dadurch möglicherweise von weiteren Fehltritten abzuhalten. Auf diese Weise können moralische Reaktionen rein folgenorientiert verstanden werden: Die Beziehung des Opfers zum Täter wird als kausale Beziehung verstanden. Damit wird jedoch der Charakter alltagsmoralischer Reaktionen verfehlt. Mit Blick auf die sozialen Praktiken des Strafens und Tadelns schreibt Peter Strawson, „daß das Sprechen in Ausdrücken sozialer Nützlichkeit allein soviel ist, wie etwas Entscheidendes an unserer Konzeption dieser Praktiken wegzulassen, die einen wesentlichen Teil des moralischen Lebens bilden, wie wir es kennen, und die der Objektivität der Haltung durchaus entgegengesetzt sind“ (Strawson 1962/1978, S. 229). Die „objektive Haltung“ unterscheidet Strawson von „reaktiven Haltungen“:

> „Was ich gegenüberstellen möchte, ist auf der einen Seite die Haltung [...] des Eingebettetseins in oder der Teilnahme an einer menschlichen Beziehung und auf der anderen Seite das, was eine objektive Haltung [...] gegenüber einem anderen menschlichen Wesen genannt werden könnte. [...] Die objektive Haltung gegenüber einem Menschen annehmen heißt, es vielleicht als Objekt einer sozialen Taktik sehen oder als Gegenstand von etwas, das in sehr ausgedehntem Sinn Behandlung genannt werden könnte“ (ebd., S. 211).

Die objektive Haltung ist in gewissen Fällen durchaus angemessen, insbesondere bei Personen, denen wir moralische Verantwortlichkeit absprechen. Das Verhalten solcher Personen betrachten wir ähnlich wie ein Naturereignis, gegenüber dem Entrüstung

4 Wie man unschwer erkennen wird, sind diese Ausführungen stark von Strawson (1962/1978) beeinflusst, vgl. auch Murphy/Hampton 1988 und Scheiber 2006.

oder Übelnehmen unangemessen sind. Würden wir diese Haltung aber in allen unseren Beziehungen einnehmen, so würden wir alle Menschen bloß als „Objekte kausaler Einwirkung" betrachten und nicht als personale Gegenüber, die auf ihr Tun ansprechbar sind. Strawson tönt an, dass durch dieses Bild der menschlichen Beziehungen „die Menschlichkeit" des Gegenübers „beleidigt" wird (ebd., S. 226).[5] Die objektive Haltung, so Strawson,

> „kann nicht die Reihe reaktiver Gefühle und Haltungen einschließen, die dazugehören, wenn man zusammen mit anderen in interpersonale menschliche Beziehungen eingebettet ist oder sich daran beteiligt; sie kann nicht einschließen Übelnehmen, Dankbarkeit, Vergebung, Zorn oder die Art von Liebe, von der man sagen kann, daß zwei Erwachsene sie manchmal wechselseitig füreinander empfinden" (ebd.).

Solche Haltungen bilden die Grundlage des sozialen Lebens; ihr Fehlen würde die soziale Welt radikal verändern (Habermas 1983, S. 57; Nida-Rümelin 2005, S. 33). Die rein folgenorientierte Sichtweise menschlichen Handelns bietet keine angemessene Erläuterung unseres sozialen Lebens.

Die moralische Beziehung sollte also nicht als ausschließlich kausale verstanden werden. Im Folgenden verwende ich den Begriff der *kommunikativen Beziehung*, um Strawsons Beschreibung alltagsmoralischer Beziehungen stärkeres Profil zu verleihen. In diesem Kontext führe ich den Begriff der *moralischen Verletzlichkeit* ein, welcher dem folgenden Kapitel den Titel gibt.

1.2 Moralische Verletzlichkeit

Ein Lebewesen ist moralisch verletzlich, wenn es für spezifisch moralische Kommunikationen empfänglich ist. Um diesen Grundgedanken verständlich und plausibel zu machen, muss zunächst aufgezeigt werden, inwiefern menschliches Handeln *als Kommunikation* gesehen werden kann.

5 Strawson macht diese Bemerkung in Zusammenhang mit der Praxis des Strafens und bezieht sie auf Rechtsbrecher.

Handeln als Kommunikation

Dem kommunikativen Charakter des Handelns kommt man am einfachsten auf die Spur, wenn man sich fragt, was es bedeutet, das Handeln anderer zu *verstehen* (vgl. auch Wright 1994). Dazu muss man zunächst über einen Begriff des Handelns verfügen. Nida-Rümelin schreibt: „Genau diejenigen Verhaltensbestandteile, die von akzeptierten Gründen angeleitet sind, haben Handlungscharakter" (Nida-Rümelin 2001, S. 144).[6] Als Handlung kann also ein Tun gelten, für das der Handelnde Gründe angeben könnte, falls er gefragt würde. Um zu erläutern, was ein *Handlungsgrund* ist, kann auf das einleuchtende Verständnis Thomas Scanlons zurückgegriffen werden: Ein Grund für eine Handlung ist „a consideration that counts in favor of it" (Scanlon 1998, S. 18). Für eine Handlung kann etwa sprechen, dass man ein bestimmtes *Ziel* erreichen will. Das Ziel kann als „akzeptierter Grund" gelten, falls eine Person in der Lage ist, dieses anzugeben:

„Das kleine Kind, das, befragt, auf ein Ziel deutet, benennt einen Grund, aus dem heraus es sich so verhalten hat. Damit hat das betreffende Verhalten zweifellos Handlungscharakter. Der leitende Grund ist allerdings kurzfristig und situationsbezogen. Er ergibt sich aus der Nei-

6 Dieser Handlungsbegriff wirft das Problem der Willensschwäche auf: Kann willensschwaches Verhalten, ein Verhalten also, das nicht akzeptierten Gründen zu folgen scheint, als Handeln gelten? Nida-Rümelin schreibt: „Der entzugswillige Süchtige entscheidet sich oft gegen bessere Einsicht. Er weiß, dass es [...] am besten wäre, sein Suchtverhalten zu beenden. Er entscheidet sich aber dennoch im Einzelfall für die Fortsetzung des abhängigen Verhaltens, weil er den punktuellen Situationsmerkmalen unangemessen großes Gewicht beimisst. Er vermeidet damit das sonst abzusehende Schmerzempfinden bei ‚kaltem' Entzug. Da dieser Schmerz zum Zeitpunkt der Entscheidung nur als Erwartung und noch nicht punktuell präsent ist, wird deutlich, dass auch das Suchtverhalten selbst in der Regel Handlungscharakter hat und auf einer – allerdings allzu punktuellen – Abwägung von Gründen beruht" (2001, S. 146f). Wird das willensschwache Verhalten aber, wie das bei Schwerstsüchtigen oder stark zwanghaften Menschen der Fall sein kann, zu einer Art „Automatismus", einem „Reflex", so geht dessen Handlungscharakter verloren.

gung des Augenblicks, einem Wunsch, der in dem Kind aufsteigt und auf dessen Erfüllung sich sein gesamtes Streben sogleich richtet" (Nida-Rümelin 2001, S. 142f).

Dieses Kind handelt, und sein Handeln verstehen wir, wenn wir den Handlungsgrund verstehen. Ein Blick auf die entwicklungspsychologische Theorie Michael Tomasellos ermöglicht es, die Entwicklung der Fähigkeit, Handlungen zu verstehen - und der Handlungsfähigkeit - nachzuvollziehen. Die Fähigkeit, ein Ziel *angeben* zu können, unterscheidet sich von der Fähigkeit, zielgerichtet (*intentional*) zu handeln. Michael Tomasello schreibt, „dass Säuglinge bis zum Alter von acht Monaten in dem allgemeinen Sinne intentional handeln, dass ihr Verhalten auf ein Ziel bezogen ist" (Tomasello 1999/2002, S. 91). Ungefähr im achten Monat jedoch entsteht nach Tomasello ein „neues Niveau intentionaler Tätigkeit", welches sich dadurch auszeichnet, dass verschiedene Mittel für denselben Zweck verwendet werden. Die Kinder gewinnen jetzt ein „neues Verständnis der verschiedenen Rollen von Mitteln und Zwecken in bezug auf ihr Verhalten [...]. Sie können das Ziel, das sie verfolgen, von den Verhaltensmitteln, die sie bei seiner Verfolgung einsetzen, nun viel deutlicher als bei ihren früheren sensu-motorischen Handlungen unterscheiden" (ebd.).

Zu dieser Art von Handlungsrationalität, die etwa nach Alasdair MacIntyre (1999/2001, S. 70) genügt, um einem Wesen „vorsprachliche Gründe für [sein] Handeln" zuzuschreiben, sind auch gewisse Tiere fähig; MacIntyre nennt Delphine (ebd.), Tomasello Primaten (1999/2002, S. 96). Die spezifisch menschliche Rationalität zeichnet sich nach MacIntyre dadurch aus, dass man fähig ist, „von den eigenen ursprünglichen Urteilen über das eigene Handeln zurückzutreten und sie an verschiedenen Maßstäben zu messen" (MacIntyre 1999/2001, S. 67). Dies ist ohne Zweifel richtig, und die Fähigkeit, einen Grund *anzugeben*, kann als wichtiger Schritt im Prozess dieser reflexiven Distanznahme beschrieben werden. MacIntyre allerdings vernachlässigt in seiner Analyse die sozialen Aspekte der Rationalitätsentwicklung. Nach Tomasello ist es gerade die soziale Natur menschlicher Vernunft, die den Unterschied zu tierischer Rationalität ausmacht.

Die Grundlage der spezifisch menschlichen Entwicklung bildet, so Tomasellos Ansatz, die Fähigkeit, andere als „mir ähnlich" zu verstehen, welche in den ersten Lebensmonaten entsteht (Tomasello 1999/2002, S. 89). Diese menschliche Eigenheit hat zur Folge, dass jede Entwicklung auf der individuellen Ebene das soziale Verstehen verändert: „Ich simuliere mehr oder weniger die psychische Tätigkeit der anderen durch eine Analogie zu meiner eigenen, mit der ich am unmittelbarsten und innigsten vertraut bin" (ebd.). Wenn also Kinder im Alter von acht Monaten eine neue Stufe in der Entwicklung ihrer eigenen Intentionalität erreichen, so bringt dies mit sich, dass sie auch andere als intentionale Akteure verstehen können. Dass dieser Entwicklungsschritt tatsächlich kurz darauf vollzogen wird, meint Tomasello daran ablesen zu können, dass etwa im neunten Monat Phänomene „gemeinsamer Aufmerksamkeit" auftauchen: Während sechsmonatige Säuglinge „dyadisch" mit Gegenständen und Personen interagieren, entstehen nun eine Reihe von Verhaltensweisen, die „in dem Sinne triadisch sind, dass sie eine Koordination ihrer Interaktionen mit Gegenständen und Menschen beinhalten, die in einem referentiellen Dreieck von Kind, Erwachsenem und Gegenstand oder Ereignis resultieren, auf den, bzw. das sie ihre Aufmerksamkeit gemeinsam richten" (ebd., S. 78). Die Aufmerksamkeit des Kindes richtet sich nun nicht mehr ausschließlich auf eine Person oder einen Gegenstand, sondern *gemeinsam mit einer Person auf einen Gegenstand*.

Diese Fähigkeit zur gemeinsamen Aufmerksamkeit entwickelt sich nach Tomasellos Untersuchungen in folgenden Schritten: In einem *ersten Schritt* (im Alter von neun bis zwölf Monaten) prüfen Kinder, ob ein Erwachsener sich ebenfalls auf einen bestimmten Gegenstand konzentriert, zum Beispiel, indem sie während der gemeinsamen Beschäftigung zum Erwachsenen hochblicken. In einem *zweiten Schritt* (im Alter von elf bis vierzehn Monaten) verfolgen Kinder den Blick von Erwachsenen auf entfernte Gegenstände und in einem *dritten Schritt* (im Alter von dreizehn bis fünfzehn Monaten) lenken sie selbst die Aufmerksamkeit des Erwachsenen auf bestimmte Gegenstände (ebd., S. 81). Nach der von Tomasello vorgeschlagenen Erklärung dieser Fakten widerspiegeln diese Phänomene gemeinsamer Aufmerksamkeit die entstehende Fähigkeit von Kindern, andere als intentional Handelnde wahrzunehmen, als „Lebewesen mit Zielen, die eine aktive Wahl zwischen Verhaltensmustern treffen, einschließlich der Auswahl dessen, worauf sie bei der Zielverfolgung ihre Aufmerksamkeit richten" (ebd., S. 85).[7] In dieser Lebensphase entsteht also die Fähigkeit, andere als intentional Handelnde zu sehen und ihnen Handlungsgründe zuzuschreiben. An diesem Punkt jedoch kann noch nicht gesagt werden, dass das Kind sein Gegenüber als *reflexive Person* versteht, welche Gründe für ihr Tun angeben kann, da sie sich reflexiv von ihren Intentionen distanzieren kann. In dieser Phase unterscheiden Kinder wohl kaum zwischen „einfachen" intentionalen Akteuren und reflexiven intentionalen Akteuren („Personen").

Dazu muss sich vermutlich zunächst die Fähigkeit zur Selbstwahrnehmung, also das *Selbstbewusstsein* entwickeln. Tomasello ist der Auffassung, diese Fähigkeit entwickle das Kind, indem es sich zunehmend der Fremdwahrnehmung bewusst wird. Sobald Kinder die Fähigkeit erwerben, andere als intentionale Akteure zu sehen,

> „geschieht es gelegentlich, dass die andere Person, deren Aufmerksamkeit das Kind beobachtet, sich auf das Kind selbst konzentriert. Das Kind beobachtet dann die Aufmerksamkeit *ihm* gegenüber auf eine Weise, die vorher nicht möglich war [...]. Von da an erfahren die von Angesicht zu Angesicht stattfindenden Interaktionen mit anderen, die auf der Oberfläche den Interaktionen aus der frühen Kindheit gleichen, eine radikale Umwandlung. Es weiß nun, dass es mit einem intentionalen Akteur interagiert, der es wahrnimmt und der ihm gegenüber bestimmte Absichten hat. Als das Kind noch nicht verstand, dass andere Personen wahrnehmen und auf die Außenwelt bezogene Absichten haben, konnte die Frage nicht aufkommen, wie sie *mich* wahrnehmen und welche Absichten sie *mir* gegenüber haben. [...] Durch denselben Prozess werden Kinder in diesem Alter auch in die Lage versetzt, die emotionalen Einstellungen der Erwachsenen ihm gegenüber festzustellen. [...] Dieses neue Verständnis dessen, welche Gefühle andere mir gegenüber haben, ermöglicht die Entwicklung von Schüchternheit, Befangenheit und eines Sinns von Selbstachtung" (ebd., S. 109f).

7 In seinen neuesten Publikationen (Tomasello/Rakoczy 2003; Tomasello et al. 2005) räumt Tomasello ein, dass auch Schimpansen fähig sind, Intentionen zu verstehen. Er hält aber fest: „(T)hey seem not to understand communicative or cooperative intentions, and so they do not attempt to direct the attention of conspecifics by pointing, offering, or any other intentional communicative signal" (2003, S. 141). Affen also scheinen nicht über bestimmte Ansätze zu sozialer Rationalität hinauszukommen.

Das Kind wird sich seiner selbst bewusst, und es wird fähig, sich selbst wertzuschätzen. Damit entwickelt es *Personalität* und wird wohl auch bald fähig, andere als selbstbewusste Personen wahrzunehmen. Es versteht jetzt nicht nur den „Sinn" von deren Handeln, sondern betrachtet sie zunehmend als rationale Urheber dieses Handelns. Wie immer man den Prozess der Personwerdung im Einzelnen rekonstruiert: Es ist meines Erachtens klar, dass ein Wesen die eben genannten Fähigkeiten besitzen muss, um an „reaktiven" oder „kommunikativen Beziehungen" beteiligt zu sein. Die damit verbundene moralische Verletzlichkeit ergibt sich (1.) aus der Fähigkeit, andere als Personen zu sehen, und (2.) aus der Fähigkeit zur Selbstachtung.

Betrachten wir zunächst den *ersten Punkt*: Personen sind Wesen, die *handeln*, die also ihr Verhalten von Gründen bestimmen lassen. Mit Nida-Rümelin kann man sagen, dass das Handeln bestimmte Gründe *repräsentiert* (Nida-Rümelin 2001, S. 144) und deshalb als normative Stellungnahme angesehen werden kann (ebd., S. 171). Die handelnde Person drückt durch ihr Handeln aus, dass sie sich auf bestimmte Gründe festlegt, dass sie zu diesen Gründen steht und auf sie behaftbar ist. Dies ist die Grundlage dafür, eine Handung als *Botschaft* zu verstehen. Neugeborene Menschen verstehen solche Botschaften nicht, weil sie Personen und ihre Gründe nicht verstehen. Dem Verhalten Neugeborener gegenüber nehmen wir entsprechend eine objektive Haltung ein. Strawson verwendet weder den Begriff der Personalität, noch denjenigen der Gründe, um die von ihm beschriebenen Haltungen zu erläutern. Nida-Rümelin (2005, S. 29) hält jedoch fest, dass die objektive Haltung genau dann angemessen ist, wenn das Verhalten des Gegenübers nicht rational verständlich ist: „Die entscheidende Frage ist, ob das Verhalten der Person einsehbar für andere von Gründen gesteuert ist oder nicht". Ist dies nicht der Fall, so ist es unangemessen, das Verhalten als *moralische Botschaft* zu interpretieren.

Betrachten wir nochmals den Fall der Frau, die von einem Steinbrocken verletzt wird. *Anfangs* meinte sie, ihre Verletzung gehe auf ein Naturereignis zurück, das zwar erklärt werden kann, dem aber kein weitergehender Sinn unterstellt werden kann. Als sich ihr Bekannter als Urheber des Steinschlags entpuppt, wird das Geschehen in einer neuen Weise *interpretierbar*, obgleich die kausalen Folgen unverändert bleiben. Das liegt am kommunikativen Charakter des Handelns: Die Frau unterstellt ihrem Bekannten bestimmte *Gründe*, die sich aus seinen Zielen ergeben und seinen Willen bestimmen: Nach ihrer Interpretation hat er den Stein willentlich gelöst, um sie zu schädigen.

Wie oben gesagt wurde, reagiert die Frau, wie in reaktiven Beziehungen üblich, mit Übelnehmen oder Entrüstung auf die Handlung des Mannes. Diese Reaktion, die im Rahmen des Konsequenzialismus nicht angemessen verstanden werden kann, findet nun folgende Erläuterung: Mit Übelnehmen reagiert sie auf eine bestimmte *Botschaft* ihres Bekannten, welche ihr durch dessen Handeln übermittelt wird. Ihre Reaktion richtet sich nicht auf die kausalen Folgen seines Handelns selbst, sondern auf die Botschaft, die damit verbunden ist, dass diese Folgen dem rationalen Willen des Mannes entspringen.

Damit können wir uns der *zweiten* der oben genannten Fähigkeiten zuwenden, der Fähigkeit zur Selbstachtung. Die Botschaft des Mannes, der die Frau schädigen wollte, wird von ihr, so könnte man sagen, als *verletzend* oder *entwertend* interpretiert und deshalb zurückgewiesen. Wenn ich die Botschaft als verletzend bezeichne, so bezieht sich das nicht auf die körperlichen Verletzungen, die kausal hervorgebracht wurden und unabhängig vom kommunikativen Charakter des Handelns bestehen. Es handelt sich hier um eine spezifisch moralische Verletzung. Moralische Verletzlichkeit basiert auf der Fähigkeit, das Handeln anderer zu verstehen; es handelt sich, wie anfangs gesagt, um eine Verletzlichkeit durch moralische Kommunikation. Wer moralisch verletzlich ist, kann durch moralisch verletzende Botschaften verletzt werden.

An dieser Stelle muss der Begriff der Selbstachtung beigezogen werden: Würde die Frau sich nicht selbst wertschätzen oder achten, so würde sie sich nicht in ihrem Wert verletzt fühlen. Das Bewusstsein des eigenen Werts ist mit bestimmten moralischen Erwartungen verbunden, und Übelnehmen ist eine Reaktion auf die Enttäuschung dieser Erwartungen. Eine angemessene Reaktion drückt aus, dass eine Handlung *moralisch* falsch ist. So schreibt Habermas:

„Entrüstung und Ressentiment richten sich gegen einen *bestimmten* Anderen, der unsere Integrität verletzt; aber den moralischen Charakter verdankt diese Empörung nicht dem Umstand, daß die Interaktion zwischen zwei einzelnen Personen gestört ist. Vielmehr ist es der Verstoß gegen eine zugrunde liegende *normative Erwartung*, die nicht nur für Ego und Alter, sondern für *alle Angehörigen* einer sozialen Gruppe, im Falle streng moralischer Normen sogar für alle zurechnungsfähigen Aktoren überhaupt, Geltung hat" (Habermas 1983, S. 58).

Moralische Kommunikation spielt sich also in einem normativ vorstrukturierten sozialen Feld ab, einer Lebensform, in der alle Beteiligten normative Erwartungen aneinander haben. Mit dieser Erkenntnis im Hintergrund kann einem Einwand gegen die Theorie der moralischen Kommunikation entgegengetreten werden:

Demnach ist es falsch, jegliches Handeln als kommunikativ zu bezeichnen, da vielen Handlungen das fehlt, was man eine „kommunikative Intention" nennen könnte. Eine solche ist etwa bei *Sprechhandlungen* immer festzustellen: Wenn ich den anderen bitte, mir behilflich zu sein, so habe ich eine kommunikative Intention und richte meine Botschaft direkt an mein Gegenüber. Demgegenüber sind viele Handlungen denkbar, die von anderen *verstanden* werden können, ohne dass der Handelnde den anderen handelnd etwas mitteilen will. Darunter sind moralisch wenig bedeutsame Handlungen wie Zähneputzen, deren Ausführung niemanden berührt außer den Handelnden. Solchen Handlungen kann kein kommunikativer Charakter zugesprochen werden. Jedoch gibt es auch moralisch bedeutsame Handlungen, die nicht mit einer kommunikativen Intention verbunden zu sein scheinen: Möchte der Taschendieb dem Bestohlenen durch sein Tun etwas mitteilen? Im oben geschilderten Fall wurde die Frau auf der Bergwanderung vom Täter gezielt als Opfer ausgewählt: Es waren Rachegefühle, die in ihm den Willen keimen ließen, *sie* zu schädigen. Deshalb wird man hier wohl ohne weiteres zustimmen, dass er ihr eine entwertende Botschaft zukommen lassen wollte. Demgegenüber geht es dem Taschendieb nicht primär um die Schädigung eines bestimmten Opfers, sondern um seinen persönlichen Nutzen.

Trotzdem meine ich, dass man in Fällen wie diesem von moralischer Kommunikation sprechen kann. Wie gesagt, bewegen sich Täter und Opfer in einem Feld normativer Erwartungen. Sie wissen, was von ihnen erwartet wird, und sie erwarten das Gleiche von anderen und auch von sich selbst. Wenn jemand sich dazu entschließt, ein Dieb zu werden, weiß er, dass er damit die moralischen Erwartungen anderer enttäuscht und ihnen eine moralische Verletzung zufügt. Er kann die entwertende Botschaft nicht nicht übermitteln, wenn er sich entschließt, sie zu seinem eigenen Vorteil zu schädigen. Die Aussage, er habe sein Gegenüber nicht moralisch entwerten wollen, sondern sei nur auf das Geld aus gewesen, wird als Entschuldigung kaum akzeptiert. Die Tatsache, dass er seine Interesse *auf Kosten anderer verfolgt*, wird nämlich als entwertend interpretiert.

Moralische Kommunikationen sind also Wert-Kommunikationen zwischen Personen, die über Selbstachtung verfügen und aneinander gewisse moralische Erwartungen stellen, die im Alltag meist nicht explizit kommuniziert werden. Diese Erwartungen werden deutlich, wenn sie durch eine entwertende Kommunikation enttäuscht werden. Durch Übelnehmen drückt die verletzte Person aus, dass sie die verletzende Botschaft zurückweist und auf ihren Erwartungen beharrt. Als *moralisch verletzlich* hat eine Person zu gelten, wenn sie über Selbstachtung verfügt und in angemessener Weise fähig ist, auf moralische Übergriffe mit Übelnehmen zu reagieren.

Aufbauend auf diese Sichtweise der moralischen Beziehung, welche aus der Kritik des ethischen Konsequenzialismus erwächst, kann ein moraltheoretischer Grundgedanke formuliert werden, ein Grundgedanke, welcher *kantianisch* gefärbt ist. Der Gebrauch von Begriffen wie Entwertung oder (Selbst-)Achtung ist von der Ethik Kants inspiriert, der Begriff der Kommunikation erinnert an eine neuere Variante kantianischer Ethik, die Diskursethik von Jürgen Habermas. Ich werfe also einen kurzen Blick auf die Diskursethik und die Ethik Kants, bevor ich eine moraltheoretische Skizze vorlege.

Diskurs und moralische Kommunikation

In der Diskursethik steht nicht die Kommunikation *im* alltäglichen Handeln, sondern die argumentative Kommunikation *über* das alltägliche Handeln im Vordergrund. Als paradigmatische moralische Beziehung gilt sozusagen die Beziehung der vernünftigen, diskursfähigen Personen, die sich in praktischen Diskursen über moralische Regeln verständigen. Diese Sichtweise der moralischen Beziehung wirft ähnliche Probleme auf wie die Sichtweise der

Vertragstheorie: Da Kinder nicht als diskursfähig gelten können, sind sie aus Diskursen ausgeschlossen. Dies ist gravierend, da Habermas davon ausgeht, dass alle von einem moralischen Konflikt *Betroffenen* sich am Diskurs zu seiner Beilegung *beteiligen* sollen. Dieser Grundsatz verhindert, dass Regelungen über die Köpfe der Betroffenen hinweg getroffen werden; er erschwert aber auch die Einbeziehung von Wesen, die auf Grund mangelnder Fähigkeiten nicht an Diskursen teilnehmen können. Wer sich nicht *beteiligen* kann, so scheint es, kann nicht als *betroffen* gelten und ist *moralisch irrelevant*. Bezogen auf Pflanzen etwa scheint diese Überlegung Habermas' durchaus akzeptabel: Pflanzen gehören nicht zum Kreis der Wesen, mit denen Konflikte diskursiv gelöst werden können; also sind sie moralisch irrelevant. Kinder hingegen möchte Habermas nicht aus der Moral ausschließen, obwohl auch sie nicht als diskursfähig gelten können. Kinder sind als „potentiell vernünftige Subjekte" (Habermas 1991, S. 219) moralisch relevant. Habermas ist sich klar darüber, dass potenziell diskursfähige Personen nicht an realen Diskursen teilnehmen können. Reale Diskurse, an denen alle Betroffenen teilnehmen und dialogisch zu einer konsensuellen Lösung streben, haben jedoch für Habermas eine große Bedeutung. Er scheint aber selbst einzusehen, dass eine im strengen Sinn dialogische Lösung von Konflikten zwischen Kindern und Erwachsenen gar nicht möglich ist. Er schreibt: „Alle Inhalte, auch wenn sie noch so fundamentale Handlungsnormen berühren, müssen von realen (*oder ersatzweise vorgenommenen, advokatorisch durchgeführten*) Diskursen abhängig gemacht werden" (Habermas 1983, S. 104; Hervorhebung J.G.). Moralische Konflikte, in welche Kinder involviert sind, werden nicht in *realen*, sondern in *advokatorischen* Diskursen gelöst. In einem advokatorischen Diskurs, so kann man sich vorstellen, vertritt ein Stellvertreter die Interessen eines Kindes. Damit die Vorstellung eines advokatorischen Diskurses sinnvoll ist, müssen wir annehmen, dass der Stellvertreter des Kindes dessen Interessen kennt. Diese Annahme ist aber im Rahmen des diskursethischen Denkens problematisch. Habermas vermeidet, anders als etwa Rawls, jede inhaltliche Bestimmung von Gütern oder Interessen. Er vertritt zudem die Auffassung, dass Fragen des persönlichen Guten nicht konsensuell beantwortet werden können. Es ist folglich aussichtslos, die Bestimmung der kindlichen Interessen dem Diskurs zu überlassen.

Nach Habermas ist aber der Diskurs der einzige Weg zu verlässlichem normativem Wissen. Der Stellvertreter hat also keine Möglichkeit, verlässliches Wissen über die Interessen des Kindes zu erlangen. Deshalb kann er das Kind auch nicht im Diskurs vertreten. Die Vorstellung eines advokatorischen Diskurses, das zeigt sich hier, widerspricht den Fundamenten der Diskursethik.[8]

Nida-Rümelin (1996, S. 475f) bringt die Unterscheidung zwischen einem „Interessendiskurs" und einem „normativen Diskurs" ins Spiel. Im Interessendiskurs versuchen die Beteiligten, ihren Interessen Geltung zu verschaffen. Im normativen Diskurs hingegen streben diskursfähige Personen nach moralisch richtigen Regelungen für das Zusammenleben. Dabei können sie auch die Belange derer in den Blick nehmen, die aus Diskursen ausgeschlossen sind - sofern sie diese für moralisch relevant halten. Die Beantwortung der Frage, welche Gründe es gibt, Kinder zu berücksichtigen, ist den erwachsenen Diskursteilnehmern überlassen. Auch dieser Vorschlag rüttelt an den Fundamenten der Diskursethik; insbesondere wird der Grundsatz der Identität von Betroffenen und Beteiligten aufgegeben.

Aus diesem Grund ist es meines Erachtens angezeigt, den Diskurs als „sekundäres Phänomen" zu betrachten. Das moralische Leben spielt sich nicht primär in Diskursen ab, sondern in der alltäglichen Interaktion. Auf dieser Ebene jedoch lautet die entscheidende Frage nicht, ob das Gegenüber diskursfähig ist, sondern ob es moralisch verletzlich ist. Es ist zuzugeben, dass der Weg vom Handeln zum Diskurs kurz ist. Als verantwortliche Personen können wir aufgefordert werden, uns für unser Tun zu rechtfertigen. Dieses Rechtfertigen markiert den Beginn des Diskurses, den Übergang vom handelnden Kommunizieren zum expliziten argumentativen Kommunizieren. Dem alltäglichen Handeln wohnt sozusagen die Orientierung auf explizite diskursive Rechtfertigung inne. In diesem Sinne kommunikativ ist auch das Handeln des Egoisten, der andere nur als Mittel zur Erreichung seiner Zwecke benützt. Seine entwertenden Botschaften jedoch wird er diskursiv nicht rechtfertigen können.

8 Dieser Auffassung ist auch Brumlik (1992, S. 117).

Autonomie und absoluter Wert

Die soeben in Anspruch genommene Formulierung stammt aus der Ethik Kants. In einer der Fassungen des kategorischen Imperativs wird die Forderung erhoben, andere Menschen „jederzeit zugleich als Zweck, niemals bloß als Mittel" (Kant 1785/1977, S. 61) zu gebrauchen. Zur Erläuterung dieses Grundsatzes können weitere Unterscheidungen Kants herangezogen werden.

Zunächst kann auf die Unterscheidung zwischen *relativem* und *absolutem Wert* hingewiesen werden. Ein Wesen, welches nur relativen Wert besitzt, darf als Mittel gebraucht werden, hingegen muss ein absolut wertvolles Wesen „als Selbstzweck" geachtet werden. Unter *moralischer* Wertschätzung also ist nach Kant die Achtung vor dem absoluten Wert (oder der „Würde") des Gegenübers gemeint. Absolut wertvolle Wesen bezeichnet Kant als *Personen*, nur relativ wertvolle Wesen hingegen als *Sachen* (ebd., S. 60).

Personen besitzen absoluten Wert auf Grund ihrer *Autonomie*, das heißt ihrer Fähigkeit, sich von natürlichen Impulsen zu *befreien* und ihren Willen von *Vernunft* bestimmen zu lassen. Der *gute Wille* sei das einzige, was „ohne Einschränkung" (also absolut) gut ist, heißt es in den Anfangspassagen der „Grundlegung zur Metaphysik der Sitten" (ebd., S. 18). Der gute Wille ist nach Kant der autonome, und der Wert des autonomen Willens scheint sich auf dessen Träger zu übertragen. Autonomie des Willens ist also nicht nur die Bedingung für moralische Handlungsfähigkeit, sondern auch Bedingung dafür, als moralisch relevantes Gegenüber anerkannt zu werden.

Im vorliegenden Zusammenhang ist es von Bedeutung, ob Kinder in diesem Sinne als moralisch bedeutsam eingestuft werden können. In der „Rechtslehre" der „Metaphysik der Sitten" gibt Kant eine klare Antwort: Kinder gelten als absolut wertvolle Personen (Kant 1797/1977, S. 393). Die Eltern dürften ihr Kind deshalb „nicht gleichsam als ihr Gemächsel und als ihr Eigentum zerstören oder es auch nur dem Zufall überlassen" (ebd., S. 394). Damit wird Kant zwar unseren moralischen Alltagseinstellungen gerecht, aber es fragt sich doch, ob diese Aussagen über den moralischen und rechtlichen Status von Kindern sich aus den oben skizzierten Grundlagen der kantischen Ethik ergeben. Kindern kann wohl kaum jene Art von innerer Freiheit zugeschrieben werden, welche Personen ihren Wert verleiht. In einem *empirischen* Sinne sind neugeborene Kinder weniger vernünftig als manche Tiere; Tiere jedoch rechnet Kant zu den Sachen. Nach Kant sind Kinder mit Freiheit *begabt* (ebd., S. 393), aber es bleibt unklar, wie dies gemeint ist: Spricht Kant Kindern das *Potenzial* zur Entwicklung von Freiheit zu? An dieser Stelle kann der Begriff der „transzendentalen Freiheit" beigezogen werden, den Kant bereits in der „Kritik der reinen Vernunft" (Kant 1781/1977, S. 428) entwickelt und auch in der „Kritik der praktischen Vernunft" (Kant 1788/1977, S. 107; S. 222) verwendet. In der „Grundlegung" wird dieser Begriff zwar nicht explizit gebraucht, aber hier heißt es: „Freiheit muss als Eigenschaft des Willens aller vernünftigen Wesen vorausgesetzt werden" (Kant 1785/1977, S. 82). Insofern bereits kleinen Kindern eine „vernünftige Natur" zugeschrieben wird, muss offenbar auch ihnen ungeachtet ihrer empirischen Eigenschaften Freiheit unterstellt werden. Diese transzendentale Freiheit muss, obgleich sie theoretisch nicht bewiesen werden kann, jedem Wesen zugesprochen werden, welches „nicht anders als unter der Idee der Freiheit handeln kann" (ebd., S. 83). Die handelnde Person also muss sich selbst und anderen Handelnden Freiheit unterstellen. Ausgehend von dieser Überlegung ist unklar, inwiefern bereits Säuglinge als transzendental frei zu sehen sind: Diese legen zwar ein Verhalten an den Tag, *handeln* aber nach gängiger Vorstellung nicht. Würde Handlungsfähigkeit als Voraussetzung der Zuschreibung von Freiheit gesehen, so könnten kleine Kinder nicht als frei – und nicht als Personen – gesehen werden.

Tamar Schapiro bezeichnet die transzendentale Freiheit als *Ideal*, welches von den Menschen nie vollständig verwirklicht wird: „Strictly speaking, every instance of human willing is necessarily an imperfect realization of transcendental freedom" (Schapiro 1999, S. 723). Auch Erwachsene, nicht nur Kinder, verfehlen dieses Ideal. Um als Person zu gelten, ist es demnach nicht notwendig, vollständig autonom zu sein.[9] Nach dieser Auffassung

9 Diese Auffassung vertritt auch Christine Korsgaard, von der Schapiro beeinflusst ist. Nicht ein vollständig guter Wille ist demnach nötig, um moralischen Wert zu besitzen, sondern „the capacity for the good will" (Korsgaard, 1986/1996a, S. 124). Ein Mensch, der einen

gilt für Erwachsene und Kinder gleichermaßen, dass sie die *Fähigkeit* zur vollen Autonomie besitzen und also zur Freiheit „begabt" sind. Sie sind allerdings unterschiedlich weit vom Ideal der Autonomie entfernt. Will man Erwachsene von Kindern unterscheiden, so benötigt man nach Schapiro einen *empirischen* Begriff von Autonomie. Man hat eine Schwelle in der Entwicklung von Autonomie zu definieren, welche die Grenze zum Erwachsenenalter darstellt. Eine solche empirische Grundlage scheint mir aber auch notwendig, um die moralische Relevanz von Kindern zu begründen.

Moraltheoretischer Grundgedanke

Im ersten Abschnitt dieses Kapitels wurde dargelegt, dass Kindern von einem bestimmten Alter an moralische Verletzlichkeit zugeschrieben werden kann. Das ist eine Eigenschaft, welche Kinder *tatsächlich* haben, und diese Eigenschaft ist der Grund, sie zur moralischen Gemeinschaft zu zählen. Moralische Verletzlichkeit könnte auch als *moralische Wert-Verletzlichkeit* bezeichnet werden. Wer diese Eigenschaft hat, kann durch moralische Geringschätzung in seinem Wert verletzt werden.

Gefordert ist also *moralische Wertschätzung*. Dieser Begriff muss abgegrenzt werden gegen die Begriffe der sozialen und der individuellen Wertschätzung. Unter *sozialer Wertschätzung* verstehe ich die Wertschätzung einer Person auf Grund ihrer besonderen Fähigkeiten oder Eigenschaften, zum Beispiel ihres Aussehens, ihres handwerklichen Geschicks, ihrer Kreativität oder ihrer politischen Fähigkeiten. Wieviel soziale Wertschätzung eine Person genießt, hängt also von ihren individuellen Eigenschaften ab und davon, welchen Stellenwert diese in der jeweiligen Gesellschaft aufweisen. Es ist klar, dass diese Art von Wertschätzung nicht allen Menschen in gleichem Ausmaß zu Teil wird.

In anderer Weise gilt dies auch für die *individuelle Wertschätzung*. Diese bezieht sich, wie zum Beispiel Liebe oder Freundschaft, auf ein bestimmtes Individuum. Das Individuum wird nicht oder nicht primär auf Grund seiner herausragenden Eigen-

guten Willen hat, hat die höchste Stufe der Vernünftigkeit erreicht. Um moralische Achtung zu verdienen, genügt es aber offenbar, die *Fähigkeit* zu haben, diese Stufe zu erreichen.

schaften geliebt, sondern *als Individuum*. Weil *diese Person* geliebt wird, erscheinen auch ihre Eigenschaften liebenswert.

Wie ich meine, ist moralische Wertschätzung mit diesen beiden Arten von Wertschätzung durchaus vereinbar. Eine Nähe zur individuellen Wertschätzung besteht insofern, als auch hier das Gegenüber „als Selbstzweck" - und nicht wegen seines Nutzens zur Erreichung eines Zwecks - wertgeschätzt wird. Dem Gegenüber wird also ein absoluter Wert zugeschrieben. Hingegen schließt die soziale Wertschätzung eine Instrumentalisierung des Gegenübers nicht aus, geht aber auch nicht notwendig mit dieser einher. Eine Ähnlichkeit zwischen sozialer und moralischer Wertschätzung scheint insofern zu bestehen, als beide auf Eigenschaften des Gegenübers rekurrieren. Während bei der sozialen Wertschätzung dem Gegenüber auf Grund individueller Eigenschaften ein Wert zugeschrieben wird, erfolgt diese Zuschreibung bei der der moralischen Wertschätzung auf der Basis allgemeinmenschlicher Eigenschaften. Nach Kant ist es der autonome Wille, welcher dem Individuum einen absoluten Wert verleiht.

Die vorliegende moraltheoretische Argumentation setzt demgegenüber nicht bei den Begriffen der Autonomie oder des Werts an, sondern beim Begriff der moralischen Verletzlichkeit. Sie bedient sich der weitverbreiteten moralischen Intuition, wonach ein Wesen in seiner Verletzlichkeit Rücksicht verdient. Da die Konzentration auf die menschliche Interessen-Verletzlichkeit nach dem oben Gesagten die Pointe des Moralischen verfehlt, wird hier die spezifisch moralische Verletzlichkeit in den Vordergrund gerückt.

Die moralisch verletzliche Person verfügt über Selbstachtung und schreibt sich selbst einen (absoluten) Wert zu, den zu respektieren sie von anderen erwartet. Ihre moralische Verletzlichkeit entwickelt sich parallel zu ihrer (empirischen) Autonomie. Während der Begriff der Autonomie die „aktive" Seite dieser Entwicklung hervorhebt, betont der Begriff der moralischen Verletzlichkeit deren „passive" Seite.

Man könnte fragen, ob die in diesem Sinne verletzliche Person den Wert, den sie sich zuschreibt (und den ihr andere zuschreiben) *tatsächlich* besitzt, ob dieser also unabhängig von der subjektiven Selbst-Wertschätzung oder der Wertschätzung durch andere Personen in *objektiver* Weise besteht. Meines Erachtens werden wir unseren moralischen Alltagseinstellungen nur gerecht, wenn wir genau dies annehmen. Eine moralische Verletzung kann demnach auch vorliegen, wenn die betreffende Person sich nicht verletzt *fühlt*.

Analog kann nicht nur in denjenigen Fällen von einer *Interessen-Verletzung* gesprochen werden, in denen die betreffende Person subjektiv leidet. So sind wohl Fälle des sexuellem Missbrauchs von Kindern denkbar, in denen die Kinder nicht leiden. Selbst wenn Kinder den *Wunsch* nach sexuellen Handlungen mit Erwachsenen hätten, könnte kaum angenommen werden, diese entsprächen ihren objektiven Interessen.

Entsprechend stellt sexueller Missbrauch auch dann eine moralische Verletzung der Kinder dar, wenn diese sich nicht moralisch verletzt fühlen. Hier ist ein Rückgriff auf die oben zitierte Formulierung von Kants kategorischem Imperativ hilfreich: Erwachsene, die sexuelle Handlungen mit Kindern vornehmen, benutzen diese bloß als Mittel für ihre eigenen Zwecke und achten sie nicht in ihrem moralischen Wert. Das gilt unabhängig davon, ob die Kinder dies so empfinden.

Das eben skizzierte Beispiel wirft die Frage nach dem Zusammenhang zwischen Interessen-Verletzlichkeit und moralischer Verletzlichkeit auf. Es ist zu betonen, dass Kant selbst keinen Zusammenhang zwischen diesen beiden Arten von Verletzlichkeit sieht. Die Folgen einer Handlung für die Interessen der Betroffenen sind in der moralischen Bewertung der Handlung bedeutungslos. Demgegenüber erachte ich es als naheliegend, den kantianisch gefärbten moraltheoretischen Grundgedanken um ein konsequenzialistisches Element anzureichern.

Wie gesagt, sind die faktischen Folgen einer Handlung *nicht interpretierbar*. Gegenstand moralischer Interpretation sind hingegen die *Gründe* und *Ziele* der handelnden Person, die *beabsichtigen Folgen*. Handlungsziele können sich auf die *Interessen* anderer Personen richten: Der Mann, der seine ehemalige Arbeitgeberin schädigen will, zielt darauf, deren Interessen zu verletzen. Sie hat ein Interesse an körperlicher Unversehrtheit, und dieses wird von ihrem ehemaligen Angestellten missachtet. Damit sind die kausalen Wirkungen des Handelns angesprochen, die von der Frau im Zuge ihrer moralischen Interpretation des Geschehens auf den Handelnden zurückbezogen werden. Meines Erachtens ist es sinnvoll zu sagen, dass die Frau das Handeln des Mannes als *entwer-*

tend interpretiert, weil sie ihm unterstellt, sie in ihren Interessen schädigen zu wollen. Sie unterstellt ihm, so könnte man auch formulieren, dass er *seine eigenen Interessen über ihre stellt*, und damit ausdrückt, *dass er sich selbst über sie stellt* und den Grundsatz der moralischen *Gleichwertigkeit* verletzt. In manchen Fällen, etwa im Fall des sexuellen Missbrauchs, ist es sinnvoll zu sagen, die eine Person „instrumentalisiere" die andere, indem sie ihre eigenen Zwecke oder Interessen nicht nur *auf Kosten*, sondern „unter Benutzung" des Gegenübers verfolgt.

Grundsätzlich kann festgehalten werden: Eine handelnde Person kommuniziert Wertschätzung gegenüber einer anderen, indem sie deren (legitime) Interessen berücksichtigt, Geringschätzung hingegen durch Missachtung von Interessen. Die grundlegende moralische Forderung besteht darin, durch die Berücksichtigung der Interessen moralisch verletzlicher Person moralische Wertschätzung gegenüber diesen Personen auszudrücken.

Die moralische Verletzlichkeit von Kindern

Diese Forderung, so scheint es, kann nicht auf Kleinkinder bezogen werden, da diesen die relevante Eigenschaft, nämlich moralische Verletzlichkeit, abgeht. In alltagsmoralischer Sicht jedoch ist der Ausschluss kleiner Kinder aus der moralischen Gemeinschaft inakzeptabel. Im Gegensatz zu Vertragstheorien, welche im Grundsatz bloß Erwachsene in die moralische Gemeinschaft zu integrieren vermögen, erscheinen nach dem vorliegenden Konzept bereits Kinder von zwei oder drei Jahren als moralisch bedeutsam. Diese nämlich sind in Ansätzen moralisch verletzlich.

Die moralische Verletzlichkeit von Erwachsenen beruht (idealerweise) auf entwickelter Selbstachtung. Weil sie sich selbst für wertvoll halten, reagieren Erwachsene auf moralisches Fehlverhalten anderer mit Empörung. Die Botschaft der Geringschätzung, die von anderen ausgeht, wird zurückgewiesen. Die Betroffenen fühlen sich zwar durch einen moralischen Angriff verletzt, sind aber nicht in ihrer moralischen Identität gefährdet. Sie laufen, sofern sie nicht konstant Opfer krassen Fehlverhaltens sind, nicht Gefahr, die an sie gerichtete Botschaft der Geringschätzung als Urteil über sich selbst zu akzeptieren.

Dies ist bei Kindern, die nicht über ein entwickeltes Gefühl der Selbstachtung verfügen, anders. Sie können, so meine empirische Annahme, durch moralische Verfehlungen ihrer Bezugspersonen im Aufbau der Selbstachtung (und der angemessenen Entwicklung normativer Erwartungen) behindert werden. Es besteht die Gefahr, dass sie die an sie gerichteten entwertenden Botschaften übernehmen. Richten Bezugspersonen ständig solche Botschaften an die ihnen anvertrauten Kinder, so können sie diesen in gewisser Weise tiefere moralische Verletzungen zufügen als gewöhnlichen Erwachsenen, die über eine stabile Selbstachtung verfügen. Während entwertende Botschaften bei diesen gewöhnlich keinen langfristigen Schaden anrichten, werden sie von Kindern verinnerlicht und können lange weiterwirken. Wenn wir davon ausgehen, dass moralisch falsche Handlungen gezielte Entwertungen darstellen, so kann man sagen, dass solche Handlungen ihr Ziel bei ungefestigten Kindern viel besser erreichen können als bei Erwachsenen. Kinder sind in diesem Sinne *moralisch verletzlicher* als Erwachsene.

Dies gilt für Kinder, die fähig sind, die Handlungen anderer – und damit moralische Kommunikationen – zu verstehen. Meines Erachtens können diese Überlegungen aber auf Säuglinge ausgedehnt werden. Kinder im ersten Lebensjahr sind *verletzlich* in einem Sinn, der über die bloße Interessen-Verletzlichkeit hinausgeht: Sie bewegen sich in einem sozialen Rahmen und stehen in sozialen Beziehungen zu Eltern, Geschwistern und weiteren Personen. Sie *kommunizieren* mit ihrem Umfeld durch Geräusche oder Bewegungen; sie nehmen an sie gerichtete Kommunikationen auf und reagieren auf sie.[10] Die Kommunikationsfähigkeit von Säuglingen und deren Angewiesenheit auf menschliche Kommunikation betont auch Tugendhat[11] (1993, S. 194) in seinem Versuch, Verpflichtungen

10 Hier kann man von „Protokonversationen“ sprechen: „Protokonversationen sind soziale Interaktionen, bei denen ein Elternteil und der Säugling ihre Aufmerksamkeit aufeinander richten – oft mit einander zugewandten Gesichtern, so dass sich beide ansehen, sich berühren und Laute von sich geben – ihre Grundstimmungen ausdrücken und miteinander teilen. Außerdem haben diese Protokonversationen eine klare Struktur von Rollenwechseln“ (Tomasello 1999/2002, S. 74). Tomasello hält diese Kommunikationen für „zutiefst sozial“ (ebd., S. 75).

11 Tugendhat sieht die Kommunikationsfähigkeit als Vorstufe zu voller Kooperationsfähigkeit. Da Kinder von Geburt an kommunikati-

gegenüber Kindern zu begründen: Im Gegensatz zu Tieren gehen Kinder „beim Ausbleiben dieser Kommunikationsprozesse zugrunde". Säuglinge sind in einem spezifischen Sinne „sozialfähig" und „sozial bedürftig", wie Martin Seel (1995, S. 278) sagt. „Moralisches Gegenüber" sind nach Seel *„alle, die in ihrem Wohlergehen darauf angewiesen sind und daher ein Recht darauf haben, daß man sich zu ihnen als Gegenüber verhält* – und zwar gleichgültig, in welchem Maß sie dieses Entgegenkommen zu erwidern vermögen" (ebd., S. 276).[12]

Nach der von mir bevorzugten Terminologie können Kleinkinder als „sozial verletzlich" in einem Sinn bezeichnet werden, der zunächst nicht mit moralischer Verletzlichkeit gleichgesetzt werden kann. Säuglinge verfügen nicht über Selbstachtung und können das Tun anderer nicht *als Handeln* verstehen. Trotzdem sehe ich soziale Verletzlichkeit *nicht nur als Vorstufe* zu moralischer Verletzlichkeit: Nehmen wir an, ein Kind wird im ersten Lebensjahr ständig Handlungen ausgesetzt, die gezielt seine Interessen verletzen; es wird vernachlässigt, misshandelt, missbraucht. Unter diesen Misshandlungen wird es körperlich und sozial leiden. Meine empirische Annahme ist, dass dadurch die Entwicklung seines Selbst und seiner Selbstachtung beeinträchtigt wird. Diese Annahme zu bestreiten würde bedeuten, die Behandlung von Kindern im ersten Lebensjahr als *irrelevant* für die Bildung eines stabilen Selbst zu betrachten. Wird das Kleinkind sozial verletzt, so kann dies letztlich auch als moralische Verletzung gelten, da das Kind in seiner Selbstachtung angegriffen wird. Dies ist, wie ich meine, eine angemessene Grundlage zur Aufnahme von Säuglingen in die moralische Gemeinschaft.

Zu überlegen ist, inwiefern Wesen, welche über Interessen-Verletzlichkeit verfügen, ohne moralisch verletzlich sein, in einen zweiten Kreis moralisch bedeutsamer Wesen aufgenommen werden sollten. Diese – zum Beispiel alle leidensfähigen Tiere, sowie menschliche Föten – besäßen einen eigenständigen moralischen

---

onsfähig sind und langsam in die menschliche Kooperationsgemeinschaft hineinwachsen, können sie von Beginn an als vollwertige Mitglieder dieser Gemeinschaft verstanden werden.

12 Für Seel stellt dieses „Argument der Angewiesenheit" (ebd., S. 272) die erste *Erweiterung* einer Ethik der wechselseitigen Anerkennung dar.

Status, wären aber den moralisch verletzlichen Personen normativ untergeordnet.

1.3 Autonomie-Verletzlichkeit

Im Rahmen des konsequenzialistischen Denkens ist die Unterscheidung zwischen Interessen-Verletzlichkeit und moralischer Verletzlichkeit bedeutungslos, da die moralische Relevanz eines Wesens hier gerade auf seiner Interessen-Verletzlichkeit beruht.

Aus Sicht einer kantianischen Ethik mag es hingegen fragwürdig erscheinen, vom Begriff der moralischen Verletzlichkeit einen Begriff der *Autonomie-Verletzlichkeit* zu unterscheiden. Nach Kant jedenfalls besteht die spezifisch moralisch Verletzung gerade im Angriff auf den Wert der *autonomen* Person.

Um die genannte begriffliche Differenzierung zu rechtfertigen, skizziere ich zunächst einen kantianisch inspirierten Begriff von Autonomie und äußere mich dann zum Wert von Autonomie. In diesem Kontext erlangt der Begriff der Autonomie-Verletzlichkeit Kontur. Auf dieser Basis beschäftige ich mich mit den Überlegungen Tamar Schapiros, welche den Autonomiebegriff zur Unterscheidung von Kindern und Erwachsenen verwendet.

Der Begriff der Autonomie

Nach Kant können diejenigen Wesen als autonom bezeichnet werden, welche, grob gesagt, ihr Verhalten von Vernunft, also von *Gründen*, bestimmen lassen. Anstatt des Begriffs der Autonomie kann hier zunächst der schlichtere Begriff des *Handelns* verwendet werden, welcher nach Nida-Rümelin mit dem Begriff der Gründe verknüpft ist (vgl. Kapitel 1.2, erster Abschnitt). Demnach ist Handeln als ein Verhalten aus akzeptierten Gründen zu verstehen. Dass jemand aus (von ihm selbst) akzeptierten Gründen handelt, erkennt man daran, dass er Gründe für sein Tun angeben kann, wenn er danach gefragt wird. Dazu wird das Kleinkind fähig, kaum hat es die ersten Wörter gesprochen (Nida-Rümelin 2001, S. 142). So kann ein zweijähriges Kind, nachdem es vor einem Hund zurückgewichen ist, sagen: „Angst haben". Der weitere Prozess reflexiver Distanznahme wird dem Kind eine Bewertung seiner Gefühle, Wünsche und Überzeugungen ermöglichen und dazu führen, dass es in rationaler Weise erwägen kann, welche dieser Elemente *Handlungsgründe* darstellen: Ist etwa das Gefühl der Angst in der beschriebenen Situation wirklich angemessen? Stellt der Hund eine echte Bedrohung dar? Ist das Zurückweichen die beste Reaktion?

Wer fähig ist, aus akzeptierten Gründen zu handeln, handelt, so die weit verbreitete Terminologie, nicht einfach nach dem stärksten Wunsch, sondern bildet einen *Willen* aus. Mit den bereits genannten Elementen - Handeln, Gründe, Wille - ist ein weiterer Begriff eng verbunden: Verantwortung. So schreibt Nida-Rümelin: „Eine Person ist genau für diejenigen Verhaltensbestandteile verantwortlich, die unter ihrer Kontrolle sind. Sie hat genau diejenigen Verhaltensbestanteile unter Kontrolle, die Handlungen sind" (ebd., S. 144). Indem man handelt, legt man sich auf bestimmte Gründe fest und wird auf diese behaftbar. Man verpflichtet sich selbst auf diese Gründe und muss bereit sein, sie gegenüber anderen Personen anzugeben und rational zu verteidigen.

Die bei Kleinkindern entstehende Fähigkeit, von den eigenen Impulsen zurückzutreten und kontrolliert zu handeln, stellt, wie Christine Korsgaard betont, ein Problem dar: „It is the problem of the normative. [...] I desire and I find myself with a powerful impulse to act. Shall I act? Is this desire really a *reason* to act? The reflective mind cannot settle for [...] desire, not as such. It needs a *reason*" (Korsgaard 1996b, S. 93; vgl. auch Schapiro 1999, S. 728ff; sowie Hügli 1999, S. 71ff). Der rationale Mensch steht also vor dem Problem, zu Gründen für sein Handeln zu gelangen. Dies gilt in besonderem Maße dann, wenn verschiedene Impulse konfligieren: Hier kann man sich entweder vom zufällig stärksten Impuls treiben lassen, oder man kann einen Willen ausbilden, indem man Gründe sucht.

Um das von ihr beschriebene Problem zu lösen, führt Korsgaard mit dem Begriff der *praktischen Identität* oder des *normativen Selbstverständnisses* ein weiteres Element ein: Nach ihrer Auffassung ist es dieses Selbstverständnis - ein Konzept davon, was für eine Person wir sein wollen - welches Gründe für unser Handeln bereit stellt. Meines Erachtens wäre es übertrieben zu behaupten, dass Handeln ohne eine entwickelte praktische Identität unmöglich ist: Es ist möglich, punktuelle Handlungsgründe aus situationsbezogenen Überlegungen zu gewinnen. Die Bedeutung des Begriffs der praktischen Identität wird jedoch deutlich, wenn man sich vor Augen führt, dass Menschen in der Zeit lebende Wesen sind, die sich ihrer eigenen Zeitlichkeit bewusst sind. Menschen *erinnern* sich an frühere Handlungen und Erfahrungen und sind mit ihren Wünschen, Absichten und Plänen auf die Zukunft ausgerichtet. Menschen erinnern sich also an ihre durch Handeln ausgedrückten normativen Stellungnahmen der Vergangenheit; sie fühlen sich an diese Stellungnahmen weiterhin gebunden. Eine aktuelle Handlung stellt kein isoliertes Element dar, sondern findet vor dem Hintergrund einer Geschichte von Handlungen statt.

Im Laufe unserer persönlichen Geschichte haben wir uns auf bestimmte Handlungsweisen und Gründe festgelegt. Diese früheren Festlegungen, so meine Grundidee, machen unsere praktische Identität aus, welche Gründe für unser gegenwärtiges Handeln bereitstellt. Es wäre falsch anzunehmen, dass frühere Festlegungen unser aktuelles Handeln kausal determinieren. Unser aktuelles Handeln wäre kein Handeln mehr, sondern bloßes Verhalten, wenn unsere Identität es wie ein Computerprogramm steuern würde. Wir sind in jedem Moment unserer Geschichte fähig, anders zu handeln als bisher. Eine rationale, aus akzeptierten Gründen vollzogene Handlung, die unserer bisherigen Identität widerspricht, verändert diese in kontrollierter Weise. Die praktische Identität als die Gesamtheit normativer Festlegungen ist einem ständigen Wandel unterworfen; rationale Veränderungen unserer Handlungsweise bedrohen uns nicht in unserem Selbst.

Hingegen ist eine innere Abwehrreaktion zu erwarten, wenn wir unserer Identität in unkontrollierter Weise zuwiderhandeln. Nehmen wir an, jemand hat sich auf die Vaterrolle festgelegt und vernachlässigt nun, da seine eigenen künstlerischen Projekte so viel Zeit in Anspruch nehmen, seine väterlichen Verpflichtungen. Diese Verletzung der elterlichen Rollenidentität, die nicht auf einer kontrollierten Entscheidung beruht, wird wohl Schuldgefühle nach sich ziehen. Solche selbst-reaktiven Gefühle machen den verpflichtenden Charakter unserer normativen Festlegungen deutlich. Korsgaard sagt: „Our identity can take a few knocks, and we know it“ (Korsgaard 1996b, S. 103). Das heißt, dass nicht jeder Fehltritt unsere Identität zerstört. Wiederholtes Zuwiderhandeln gegen zentrale Elemente unseres Selbstverständnisses jedoch kann dieses in eine Krise führen.

Die praktische Identität von Personen kann, wie ich meine, in Analogie zur „Identität" oder dem „Charakter" von Figuren in Erzählungen gesehen werden. Um dies klar zu machen, muss zunächst ein einfacher Begriff des Narrativen skizziert werden.[13] Dieter Thomä (1998, S. 25) schreibt: „Die Erzählung ist [...] unterschieden sowohl von einer logisch verknüpften Folge von Sätzen wie auch von zusammenhanglos aufgereihten sprachlichen Entitäten." Thomä spricht vage von einer „interne[n] sprachliche[n] ‚Konsekution'" in der Erzählung und schreibt: „[E]in Satz steht bei ihr nicht allein – und dessen Bedeutung ist von jenem Zusammenhang, jener Kohärenz abhängig" (ebd.). Worin aber besteht die spezifische *narrative Kohärenz*? In welcher Weise sind die einzelnen Elemente (oder Sätze) einer Erzählung verbunden, wenn nicht durch logische Verknüpfung? Antworten auf diese Fragen findet man am leichtesten, wenn man sich vor Augen führt, wie Narrationen *rezipiert* werden. Betrachten wir dazu den Anfang des Grimm-Märchens „Hänsel und Gretel": In einem nächtlichen Gespräch überredet die Stiefmutter den Vater, die beiden Kinder im Wald auszusetzen, da die Nahrungsmittel nicht mehr für alle reichen. Der Vater, der die Kinder liebt, widersetzt sich zunächst, beugt sich dann aber dem Druck der Frau. Hänsel und Gretel hören dieses Gespräch mit, und als die Eltern schlafen, schleicht Hänsel aus dem Haus, um glänzende Kieselsteine zu sammeln. Als die Kinder am nächsten Tag von den Eltern in den Wald geführt werden, markiert Hänsel den Weg mit diesen Steinen. Dies wird den Geschwistern später ermöglichen, den Heimweg zu finden.

Eine einfache Geschichte wie diese verstehen wir, indem wir die *Handlungen* der Akteure in ihrer zeitlichen Abfolge verstehen; Handlungen verstehen wir, indem wir Gründe der Handlungen verstehen. Dieses Verständnis von Narrativität, welches den Begriff des Handelns ins Zentrum stellt, wird etwa von Teun van Dijk gestützt, der schreibt: „[O]ne of the characteristics of narrati-

13 Zu erwarten ist hier keine vollständige literaturwissenschaftliche Theorie des Erzählens. Was hier als „Kern" des Narrativen behauptet wird, erscheint in der Literaturwissenschaft gewöhnlich unter dem Begriff der *Motivierung* (Martinez/Scheffel 1999, S. 110).

ve discourse is that it contains action descriptions" (Dijk 1975, S. 273). Aber auch Lessing teilt diese Auffassung. Da die Sprache selbst, so Lessing, ein zeitliches Medium ist, eignet sie sich in hervorragender Weise zur Darstellung von zeitlichen Handlungsstrukturen. Während die Malerei nebeneinander bestehende Körper darstellt, stellt die Poesie aufeinander folgende Handlungen dar: „Folglich sind Handlungen der eigentliche Gegenstand der Poesie" (Lessing 1964, S. 114). Die in Narrationen dargestellten Handlungen verstehen wir, wie gesagt, indem wir die Gründe der handelnden Personen verstehen: Der Wunsch der Stiefmutter, die Kinder auszusetzen, ist zum einen verständlich, wenn man den von ihr angegebenen Grund, die Nahrungsmittelknappheit, in Rechnung stellt. Zum andern wird man ihr aber auch mangelnde Liebe unterstellen. Liebe und Mitleid sind die Gründe für den Widerstand des Vaters. Hän sels Handeln stellt eine Reaktion auf den Plan seiner Eltern dar. Er schmiedet einen eigenen Plan, um den Plan der Eltern zu durchkreuzen: Dies gibt ihm Gründe für verschiedene einzelne Handlungen. Wenn wir diese Struktur der Gründe nicht verstehen, werden wir nicht verstehen, warum Hänsel am nächsten Morgen auf dem Weg gelegentlich Steine fallen lässt, und warum er dies heimlich tut. Narrative Kohärenz wird also tatsächlich nicht durch Logik im strengen Sinn garantiert, sondern sozusagen durch die „Logik des Handelns".[14]

Sind die Elemente einer Narration nicht durch einsichtige Handlungsgründe verknüpft, bleibt sie unverständlich. Die Handlungen eines einzelnen Akteurs müssen in zweifacher Hinsicht verständlich sein: Erstens muss das Handeln angesichts der Umstände, angesichts natürlicher Ereignisse oder Handlungen anderer Personen, nachvollziehbar erscheinen. Hänsels Handeln etwa ist nur angesichts des Planes seiner Eltern verständlich. Zweitens muss sich das Handeln einer Person kohärent in die Reihe ihrer früheren Handlungen einreihen. Nachdem sich der Vater, in

14 Neben Handlungen (also intentionalen Elementen) werden in Erzählungen selbstverständlich auch Ereignisse dargestellt, die nicht von intentionalen Akteuren ausgelöst sind. In der Rezeption von Narrationen geht das Verstehen von Handlungen mit dem Verstehen „natürlicher" Abläufe, welche unter Umständen auf Akteure einwirken, einher. Eine Schilderung natürlicher Ereignisse, in der keinerlei intentionale Elemente vorkommen, wird aber gewöhnlich nicht als „Erzählung" bezeichnet.

Übereinstimmung mit seinen früheren Einstellungen, über die Rückkehr der Kinder gefreut hatte, wird er von seiner Frau erneut unter Druck gesetzt. In diesem Konflikt spielen die Eheleute die bereits von der ersten Auseinandersetzung bekannten Rollen, und auch Hänsel reagiert auf die von ihm bekannte Weise. Die Figuren handeln nach den bekannten Gründen, und auf diese Weise festigen die Erzähler ihren „Charakter", ihre „Identität". Wenn im Zusammenhang mit der Rezeption von Narrationen von *Gründen* die Rede ist, so sind damit in erster Linie *motivierende Gründe* gemeint, welche das Handeln der Protagonisten *erklären*. Insofern wir diese als Personen betrachten, die ihr Tun von Gründen bestimmen lassen, müssen wir verstehen, welche Gründe ihr Handeln tatsächlich motivieren.

Kehren wir jetzt zur Frage der praktischen Identität realer Personen zurück. Timothy Chapell (1998, S. 176) schreibt: „As much as with any other narrative you might write, you *can* be the writer of your own life's narrative, *and* also its main character".[15] Diese Bemerkung muss sogleich modifiziert werden: Nicht der Autor der eigenen *Lebensgeschichte* kann man sein, sondern der Autor seines *Handelns*. Der Verlauf des individuellen Lebens wird von vielen anderen Faktoren mitbestimmt, die man handelnd nicht beeinflussen kann. So hat etwa Hänsel kaum Einfluss auf die Umstände, in die sein Handeln eingebettet ist – den Hunger, die Lieblosigkeit der Stiefmutter, die Schwäche des Vaters. Die Analogie zwischen Narration und menschlichem Handeln ist also die folgende: Wie der Autor das Handeln seines Protagonisten fortschreibt, so schreiben wir die Geschichte unseres eigenen Handelns fort. Die Metaphern der *Autorschaft* und des *Fortschreibens* rechtfertigen sich aus dem Begriff des Handelns als eines rational kontrollierten Verhaltens: Als Autoren unseres Handelns wählen wir, kontrolliert wie der literarische Autor, den nächsten „narrativen Schritt": Wir schreiben ihn nicht nieder, sondern leben ihn. Weitere Unterschiede des handelnden Autors zum schreibenden Autor sind die folgenden: *Erstens* fehlt dem Handelnden die Allmacht des literarischen Autors, welcher über seine gesamte literarische Welt verfügt. Wie gesagt, bestimmt der Handelnde nur sein eigenes Handeln. *Zweitens* identifiziert sich der Handelnde mit

15 Zum Zusammenhang von Autorschaft und Autonomie vgl. auch Bouchard (2002, S. 409ff).

seinen Gründen; er *versteht* sie nicht nur, sondern *akzeptiert* sie. Anders ausgedrückt: Der Handeln, der seine Geschichte fortschreiben muss, sucht nicht nach motivierenden Gründen, sondern Gründen, die sein Handeln *rechtfertigen* – nach *normativen* Gründen. Er hat sich darüber klar zu werden, welche seiner Motivationen oder Wünsche einen normativen Grund für sein zukünftiges Handeln abgeben. Das Handeln eines realen oder fiktiven Akteurs können wird verstehen, indem wir verstehen, was ihn motiviert. Im Alltag, aber auch bei der Rezeption von Narrationen, steht die Frage nach den normativen Gründen jedoch ständig im Raum. Die narrative Darstellung „böser" Figuren mit „bösen" Motivationen, etwa im Märchen, wirkt insbesondere dadurch, dass der Rezipient diese nicht als normative Gründe anerkennt.[16]

Wie der literarische Autor muss der „Autor seines Handelns" eine aktuelle Handlung kohärent in eine Handlungsreihe einordnen, in deren Verlauf der Akteur an charakterlicher Kontur gewinnt. Während der literarische Autor primär darauf ausgerichtet ist, eine Geschichte verständlich zu machen, steht der Handelnde vor einer normativen Aufgabe: Er muss Gründe entwickeln, zu denen er selbst stehen kann, die er vor sich selbst und anderen vertreten kann.

Der Wert von Autonomie

Für Korsgaard ist autonomes Handeln dadurch charakterisiert, dass es sich von Gründen leiten lässt, die in der praktischen Identität einer Person verankert sind. Dieses Verständnis von Autonomie legt auch eine bestimmte Auffassung vom *Wert der Autonomie* nahe: Autonomie ist wertvoll, weil sie uns ermöglicht, unser Selbst zu entwickeln und uns in unserem Willen und Handeln auszudrücken.

Um den Willen aber wirklich in die Tat umzusetzen, brauchen wir zusätzlich *äußere Autonomie*, das heißt, uns muss in Bezug auf

16 Bei einfachen Erzählungen ist oft offensichtlich, welche Gründe der Autor als „normative" ansieht, das heißt, wie er das Handeln seiner Protagonisten beurteilt. Durch die Art der Darstellung von Akteuren und ihren Gründen kann ein Autor auch „normativen Einfluss" auf die Rezipienten nehmen. Er kann gewisse Handlungsweisen akzeptabel erscheinen lassen und damit dem Rezipienten nahelegen, diese zu akzeptieren oder gar zu imitieren.

unseren autonomen Willen *Handlungsfreiheit* gewährt werden. Wird die Bewegungsfreiheit eines einjährigen Kindes beschränkt, so wird dies unter Umständen Frustration hervorrufen. Die Beschränkung der äußeren Autonomie einer Person stellt hingegen zusätzlich eine Verletzung anderer Art dar: Da sie ihr Handeln als *Repräsentation* ihres Selbst, ihrer Identität versteht, kann sie eine illegitime Beschränkung ihres Handelns als *Angriff auf ihr Selbst* interpretieren. Mit Thomas Scanlon kann man hier vom *repräsentativen Wert* von Autonomie sprechen.[17]

Vom repräsentativen Wert ist nach Scanlon der *instrumentelle Wert* von Autonomie zu unterscheiden, der Wert, den sie für uns als Mittel zur Verwirklichung eines guten Lebens hat (Scanlon 1998, S. 251f).[18] Innere Autonomie ist in diesem Sinn wertvoll, weil sie uns ermöglicht, spontane Wünsche darauf zu prüfen, ob deren Erfüllung unserem guten Leben dienlich ist. Um diese Prüfung auf angemessene Weise durchführen zu können, brauchen wir allerdings die *Kompetenz* (oder *Klugheit*) dazu: Wir müssen wissen oder herausfinden können, was für uns gut ist und wie wir es erreichen können.[19] Als innerlich autonome Personen sind wir zudem fähig, die für gut befundenen Wünsche zu unserem Willen zu machen und, äußere Autonomie vorausgesetzt, in die Tat umzusetzen. Dies ist wertvoll, weil wir so das von uns Erstrebte auch erreichen können.

Diese zweite Wertdimension von Autonomie lässt sich mit dem Begriff der Interessen-Verletzlichkeit verbinden. Wer im genannten Sinne nicht vollständig autonom – also nicht kompetent – ist, läuft Gefahr, gegen seine eigenen Interessen zu handeln und sich in seiner Interessen-Verletzlichkeit zu gefährden.

Der Begriff der *Autonomie-Verletzlichkeit* hingegen bezieht sich auf die erstgenannte Wertdimension. Eine autonome Person, welche sich in ihrem Tun von einem ausgereiften normativen Selbstverständnis leiten lässt, weist demnach eine spezifische Art von Verletzlichkeit auf, welche beispielsweise einem kleinen Kind, das erst in Ansätzen handlungsfähig ist, abgeht.

---

17 „Representative value" spricht Scanlon genaugenommen nicht der Autonomie zu; er benutzt den schlichteren Begriff „choice", womit er aber ungefähr äußere Autonomie meint (Scanlon 1998, S. 252f).

18 Vgl. dazu auch die Überlegungen von Callan (2002).

19 Zum Begriff der Kompetenz vgl. z.B. Drane 1985.

Kinder als noch-nicht-autonome Personen

Damit ist bereits der Grundgedanke Tamar Schapiros formuliert, die sich der Frage „Was ist ein Kind?“ in normativer Absicht nähert. Die Begriffe „Kind“ und „Erwachsener“ versteht sie als Status-Begriffe, als Frage nach der normativen Rangordnung dieser beiden Gruppen von Menschen. Ihr Ziel ist es, die traditionelle Sichtweise, wonach Kinder Erwachsenen untergeordnet sind, zu rechtfertigen, ohne den Rahmen der modernen egalitaristischen Ethik zu verlassen (Schapiro 1999, S. 716f). Wie aber kann begründet werden, dass Erwachsene „höher“ stehen als Kinder und berechtigt sind, diese zu bevormunden, ohne dass der Grundsatz der moralischen Gleichheit verletzt wird?

Zur Verteidigung der traditionellen Sichtweise greift Schapiro auf die Standardauffassung innerhalb der philosophischen Tradition zurück: Auf Grund eines *Mangels an Vernünftigkeit* sind Kinder unfähig, ihr Leben selbst in die Hand zu nehmen. Diese Auffassung kann jedoch, wie Schapiro hervorhebt, auf zwei unterschiedliche Arten verstanden werden (2003, S. 579):

Nach *der ersten Interpretation* sind Kinder zwar fähig zu überlegen und zu entscheiden; auf Grund mangelnder *Kompetenz* können sie aber nicht *gut* entscheiden. Sie sind nicht in der Lage, Entscheidungen zu fällen, die ihren Interessen dienen (vgl dazu auch Scarre 1980).

Nach der zweiten Interpretation sind Kinder gar nicht fähig, Entscheidungen zu fällen, die in einem starken Sinne *ihre eigenen* sind.

Dieser zweiten Linie folgt Schapiro in ihrer Argumentation. Ihrer Auffassung nach verfügen Kinder nicht über ein ausgereiftes Selbst, einen stabilen und kohärenten Willen, der ihrem Handeln eine klare Richtung gibt. Kinder sind zwar nicht „Getriebene“ (*wantons*) im Sinne Harry Frankfurts (1971/1981), also Wesen, die sich von ihren Impulsen oder Wünschen treiben lassen. Sie sind durchaus fähig, in begrenztem Ausmaß eine rationale Kontrolle über ihr Verhalten auszuüben. Schapiro würde wohl zugestehen, dass ein Kind von einem bestimmten Alter an Ansätze von Handlungsfähigkeit, also der Fähigkeit, sich von Gründen bestimmen zu lassen, aufweist. Motivationalen Konflikten jedoch ist es mehr oder weniger hilflos ausgeliefert: „[S]he cannot adjudicate those conflicts in a truly authoritative way for lack of an established constitution, that is, a principled perspective, which would count as the law of her will" (Schapiro 1999, S. 729). Deshalb, so Schapiro, hat das Kind keine „eigene Stimme", keinen eigenen Willen. An dieser Stelle ist auch Korsgaards Begriff der praktischen Identität hilfreich, der von Schapiro allerdings nicht verwendet wird. Wenn wir unseren Willen durch Gründe bestimmen lassen, die in unserer praktischen Identität verankert sind, können wir nach Korsgaard als autonom gelten. Die erwachsene Person zeichnet sich nach Schapiro dadurch aus, dass sie in diesem Sinne autonom ist. Sie verfügt über eine stabile und kohärente Identität, „a unified, regulative perspective which counts as the expression of her will" (ebd.). Kinder hingegen sind noch nicht „sich selbst". Sie sind auf dem Weg zu sich selbst. Es ist ihre Aufgabe, sich selbst zu werden, wie Schapiro sagt (ebd., S. 732).

Diese Auffassung hat Konsequenzen für die Bestimmung des moralischen Status von Kindern und Erwachsenen. Gegenüber Kindern ist nach Schapiro eine *paternalistische Haltung* angebracht (2003, S. 575ff). In diesem Sinne sind Kinder Erwachsenen *normativ untergeordnet*.

Paternalismus gegenüber Kindern ist nach Schapiro erlaubt, da diese noch nicht autonom sind und von paternalistischen Eingriffen nicht in ihrem Selbst verletzt werden. Sie weisen jene Art von Verletzlichkeit nicht auf, welche ich als Autonomie-Verletzlichkeit bezeichne. Der Hinweis auf einen Mangel an dieser Art von Verletzlichkeit kann also nach Schapiro zur Rechtfertigung von paternalistischem Handeln verwendet werden.

Autonomie-Verletzlichkeit und moralische Verletzlichkeit

Damit komme ich auf das zu Beginn dieses Kapitels angesprochene Problem der Differenzierung von moralischer Verletzlichkeit und Autonomie-Verletzlichkeit zurück. Es versteht sich, dass moralische Verletzlichkeit und Autonomie eng miteinander verknüpfte Eigenschaften sind. Nur wenn ich mich reflexiv von mir selbst distanzieren kann, nur wenn ich handlungsfähig werde und andere als handlungsfähig verstehe, entwickle ich diese Eigenschaften.

Setzt man moralische Verletzlichkeit mit Autonomie-Verletzlichkeit gleich, so heißt das, dass man jegliche moralische Verletzung als Verletzung der Autonomie interpretiert. Dies kann so verstanden werden, dass jede moralische Verletzung die *äußere* Autonomie angreift, die Fähigkeit, den eigenen Willen in die Tat umzusetzen. Damit müsste aber beispielsweise auch das Zufügen von Schmerzen als Angriff auf die Freiheit verstanden werden. Obwohl körperliche Unversehrtheit als Voraussetzung von äußerer Freiheit oder Autonomie gesehen werden kann, ist es doch unbefriedigend, eine körperliche Schädigung *nur deshalb* als moralisch verwerflich einzustufen, weil sie das freie Handeln beeinträchtigt.

Als typischer Fall einer Beschränkung der äußeren Autonomie kann paternalistisches Handeln gelten. Schapiro vertritt die Auffassung, die Intervention in das Handeln einer Person sei erlaubt, wenn dieses nicht einem autonomen Willen entspringe. Wenn hingegen die Handlung Ausdruck eines gefestigten Selbstverständnisses ist, so ist paternalistisches Handeln als Verletzung dieses Selbst zu sehen.

Dass in einem solchen Fall eine moralische Verletzung vorliegt, kann ohne weiteres zugestanden werden. Würde jedoch das Problem der körperlichen Schädigung nach dem gleichen Muster behandelt, so müsste man mit Schapiro zum Schluss kommen, es sei moralisch unproblematisch, Kindern als noch-nicht-autonomen Wesen Schmerzen zuzufügen. Da diese nicht über ein ausgereiftes Selbst verfügen, kann der Angriff auf ihre körperliche Unversehrtheit nicht als Angriff auf ihr Selbst verstanden werden. Diese Konsequenz wird jedoch nicht in Schapiros Sinne sein, da sie Kindern grundsätzlich gleiche moralische Relevanz wie Erwachsenen zuschreiben möchte.

Die moralische Gleichwertigkeit kann damit begründet werden, dass Kinder als moralisch (oder allenfalls „sozial“) verletzlich zu betrachten sind, obwohl sie im Sinne der Autonomie-Verletzlichkeit wenig verletzlich sind. Dieses Vorgehen, das von Schapiro nicht in Betracht gezogen wird, ist nicht unproblematisch. Warum nämlich sollte das Kind als ansatzweise moralisch verletzliches Wesen *volle* moralische Berücksichtigung erfahren, wogegen seine ansatzweise entwickelte Autonomie es *nicht* vor paternalistischen Eingriffen schützt?

Eine Möglichkeit zur Lösung dieses Problems lautet folgendermaßen: Um sich moralisch verletzt zu fühlen, benötigt man kein ausgereiftes Konzept seiner selbst. Die Einsicht, dass „der andere mich schädigen wollte", kann beim Kind entstehen, ohne dass es im Einzelnen eine Vorstellung davon hat, was für eine Person es ist oder sein will. Es achtet sich selbst als die Person, als die es sich zum jeweiligen Zeitpunkt versteht. Auf dieser Basis reagiert es auf einen zu diesem Zeitpunkt stattfindenden moralischen Übergriff.

Um einen eigenen autonomen Willen auszubilden, der durch Paternalismus verletzt werden könnte, muss das Kind als Person weit mehr gefestigt sein. Vage, sich ständig wandelnde Vorstellungen über sich selbst geben dem Handeln keine klare Richtung. Das Handeln des Kindes ist noch nicht (in einem starken Sinne) sein eigenes.

In diesem Sinne halte ich es für sinnvoll, moralische Verletzlichkeit von Autonomie-Verletzlichkeit zu unterscheiden.

1.4 Die Verletzlichkeit des Selbst im Bildungsprozess

Die besondere Verletzlichkeit des kindlichen Selbst im Bildungsprozess - ich werde vereinfachend von „Bildungs-Verletzlichkeit" sprechen - ist die Kehrseite der mangelnden Autonomie-Verletzlichkeit. Den Begriff der Bildungs-Verletzlichkeit werde ich im Folgenden innerhalb des bereits ausgesteckten begrifflichen Rahmens erläutern. Zu Beginn allerdings formuliere ich einen Grundgedanken, der das in Frage stehende Phänomen unabhängig von diesem Rahmen in unkontroverser Weise fassbar macht.

Bildsamkeit und Bildungs-Verletzlichkeit: Ein unkontroverser Grundgedanke

Das kindliche Selbst wird durch Einflüsse von außerhalb dieses Selbst in seiner Entwicklung beeinflusst. Diese Aussage ist innerhalb der Pädagogik unkontrovers. In dieser Allgemeinheit gilt die Aussage wohl selbst dann, wenn man die kindliche Entwicklung *ausschließlich* als Prozess der Entfaltung von Potenzialen fasst, die beispielweise in der genetischen Ausstattung des Menschen angelegt sind. Würde das Kind sich in dieser Weise vollständig „aus sich heraus" entwickeln, wäre die Pflanzenmetapher für den pädagogischen Prozess angemessen. Aber sogar Pflanzen sind in ihrer Entwicklung von den (natürlichen) Umständen abhängig. Sie *gedeihen* unter ungünstigen Umständen nicht.

Jean-Jacques Rousseau, auf den die Pflanzenmetapher oft zurückgeführt wird (Rousseau 1762/1971, S. 9), zeichnet jedoch *nicht dieses* Bild der kindlichen Entwicklung. „Die Natur oder die Menschen oder die Dinge erziehen uns", sagt Rousseau (ebd., S. 10). Der Begriff der *Natur* bezieht sich auf die „innere" Natur, die im Menschen angelegten natürlichen Potenziale. Der Begriff der Dinge umfasst die äußere Natur, sowie kulturelle Artefakte, mit denen das Kind *durch Erfahrung* in Berührung kommt. Die *Menschen* wiederum stellen das soziale Umfeld des Kindes dar, welches, absichtlich oder nicht, Einfluss auf die kindliche Entwicklung nimmt. Diesen drei Faktoren spricht Rousseau eine *kausale Rolle* im Entwicklungsprozess zu, die über die Rolle des Wetters oder der Bodenbeschaffenheit bei der Entwicklung von Pflanzen hinausgeht. Das soziale Umfeld hat nicht nur Einfluss darauf, ob das Kind gedeiht oder nicht, sondern es formt das kindliche Selbst. Dies ist die Grundlage für Rousseaus Auffassung, wonach das Kind durch soziale Einflüsse *verdorben* wird. Eine „normative Rolle" im Entwicklungsprozess schreibt er der „Natur" zu: Die anderen pädagogischen Mächte haben sich an deren „Ziel" (ebd., S. 11) zu orientieren.

Rousseau bestreitet also nicht, dass die menschliche Entwicklung *faktisch* auch von sozialen Einflüssen bestimmt wird. In sozialer Hinsicht weist das kindliche Selbst demnach eine besondere *Verletzlichkeit* auf. Bestünde diese nicht, so wäre kaum verständlich, warum der Erzieher im „Emile" seinen Zögling vor schädlichen sozialen Einflüssen fernhalten sollte. Diese spezifische Verletzlichkeit nenne ich Bildungs-Verletzlichkeit.

Diese Art von Verletzlichkeit kann als Aspekt dessen gesehen werden, was traditionell als *Bildsamkeit* bezeichnet wird. Die spezifisch menschliche Bildsamkeit, nach Herbart (1835/1964, §1) die „Bildsamkeit des Willens zur Sittlichkeit" , ist die Grundlage dafür, dass ein pädagogischer – das heißt sozialer – Einfluss auf die kindliche Entwicklung ausgeübt werden kann. Bildsam ist das Kind allerdings auch in der Interaktion mit den „Dingen". Entsprechend soll der der Erzieher nach Rousseau „Herr der Dinge" sein (Rousseau 1762/1971, S. 75). Er soll den Zögling mit Dingen in Berührung bringen, welche seine naturgemäße Entwicklung fördern. Inwiefern der Begriff der Bildungs-Verletzlichkeit hier angebracht ist, ist unklar. Hierzu müsste von einer möglichen *Schädigung* durch die Dinge ausgegangen werden können. Die Erfahrung der *natürlichen* Dinge lässt im Kind Überzeugungen über die natürliche Welt entstehen.[20] Die Erfahrung kultureller Artefakte setzt das Kind jedoch unter Umständen sozialen und kulturellen Einflüssen aus, die in ähnlicher Weise schädlich sein können wie die direkte Beeinflussung durch Menschen. Der Begriff der Bildungs-Verletzlichkeit bezieht sich also auf *soziale* Faktoren, welche den kindlichen Bildungsprozess beeinflussen und beeinträchtigen können.

Diese Art von Verletzlichkeit dürfte von allen pädagogischen Strömungen als Faktum anerkannt werden. Strittiger sind, wie ich vermute, die folgenden Ausführungen, in denen der Begriff der Bildungs-Verletzlichkeit in eine bestimmte Richtung konturiert wird. Diese Überlegungen fügen sich in den begrifflichen Rahmen der früheren Kapitel ein. Als besonders wichtig erweist sich der Begriff der *Gründe*.

Erziehung als Initiation in die menschliche Lebensform

Die folgenden Überlegungen beruhen a) auf einem bestimmten Bild des menschlichen Selbst, der Person, b) auf einem Bild der „menschlichen Lebensform“ und c) auf einem Bild davon, wie die Initiation in diese Lebensform abläuft. Diese drei Aspekte werden in ihrem theoretischen Zusammenhang dargestellt.[21] Daraus ergibt sich eine bestimmte Vorstellung von Bildungs-Verletzlichkeit.

a) In den obigen Ausführungen zum Begriff der Autonomie (Kapitel 1.3, erster Abschnitt) ist bereits eine Vorstellung von menschlicher Personalität hervorgetreten. Es wurde ein rationalistisches Menschenbild skizziert, nach dem sich der Mensch durch seine Fähigkeit auszeichnet, sich von Gründen bestimmen zu las-

20 Selbstverständlich kann das Kind durch die kausale Interaktion mit „Dingen“ in seinen Interessen geschädigt werden. Beim Spielen mit Steinen etwa können dem Kind körperliche Schmerzen entstehen.

21 Die hier vorgestellten Überlegungen wurden erstmals in Giesinger 2006c entwickelt.

sen. Das bedeutet nicht, dass jeglichem Tun ein intensiver Überlegungsprozess vorangeht, sondern dass der Mensch gewöhnlich fähig ist, zumindest im Nachhinein Gründe für sein Tun anzugeben. Selbstverständlich kann die menschliche Handlungsfähigkeit punktuell oder durchgängig in vielfältiger Weise eingeschränkt sein. Insbesondere Kinder, aber nicht nur diese, sind sich bisweilen über ihre wahren Motive nicht klar. Oder sie erkennen zwar eine bestimmte Handlungsweise als vernünftig, handeln aber kurz darauf ganz anders. In diesem Fall wird man von *Willensschwäche* oder auch von einer *mangelnden Stabilität des Willens* sprechen. Weiter fehlt Kindern oft die *Kompetenz*, auftretende Wünsche angemessen zu beurteilen. Ein rationalistisches Menschenbild klammert diese und andere Mängel an Rationalität und Autonomie nicht aus, im Gegenteil: Sie verleiht ihnen Profil. Erst im Kontrast mit dem Ideal der rationalen Handlungsfähigkeit wird die mangelnde Autonomie von Kindern sichtbar. Das rationalistische Menschenbild lässt den kindlichen Bildungsprozess als Entwicklung hin zu Vernunft und Freiheit erscheinen. Diese Vorstellung hat ihre historischen Wurzeln in der Aufklärungspädagogik, und sie kann auch heute noch verteidigt werden.

b) Dazu greife ich auf das bereits früher (Kapitel 1.2, erster Abschnitt) skizzierte Bild der „menschlichen Lebensform" – der spezifisch menschlichen Beziehungen – zurück. Als Mensch, so die These, kann der Mensch nur in *dieser* Lebensform leben. Strawson stellt eine Skizze der „reaktiven" oder „kommunikativen" Beziehungen zwischen Menschen bereit, welche mit Nida-Rümelin um den Begriff der Gründe angereichert werden kann. Es ist charakteristisch für die menschliche Lebensform, dass die daran Beteiligten einander als Personen sehen, welche sich von Gründen bestimmen lassen. Menschen bewegen sich im „logischen Raum der Gründe", wie John McDowell mit einem von Wilfrid Sellars entlehnten Begriff sagt (McDowell 1994/2001, S. 16).

Strawsons einflussreicher Aufsatz „Freiheit und Übelnehmen" (1962/1978) beschäftigt sich im Kern mit der Frage von Willensfreiheit, moralischer Verantwortung und Determinismus. Allerdings kommt Strawson in seiner Argumentation ohne eine nähere Erläuterung oder Definition der genannten Begriffe aus. Die Pointe seines Aufsatzes kann folgendermaßen formuliert werden: Selbst wenn uns die Wahrheit des Determinismus bewiesen werden könnte, würde dadurch unser moralisches Alltagsleben nicht berührt. Unsere kommunikativen Beziehungen und die entsprechenden reaktiven Haltungen sind demnach *resistent* gegen die Überzeugung, menschliches Handeln sei vollständig kausal determiniert. Wir sind zwar durchaus fähig, unsere reaktiven Haltungen punktuell auszusetzen. In den Fällen, in denen wir eine objektive Haltung einnehmen, hat dies aber nichts mit der Frage des Determinismus zu tun, sondern damit, dass wir das Gegenüber als unfähig zu gewöhnlichen menschlichen Beziehungen ansehen.

Dass gewöhnliche Erwachsene die reaktive Haltung vollständig zu Gunsten der objektiven Haltung aufgeben könnten, liegt für Strawson nicht im Bereich des Vorstellbaren. Die reaktiven Haltungen sind also *praktisch unaufgebbar*. Gelänge es uns, würden wir dafür zudem einen hohen Preis zahlen: Wir würden sozusagen aus gewöhnlichen menschlichen Beziehungen hinausfallen und vereinsamen. Würden alle das tun, so verschwände die soziale Welt, wie wir sie heute kennen. Die Zerstörung der kommunikativen Beziehungen ist nach Strawson weder möglich noch wünschenswert.

Diese Überlegungen entwickelt Nida-Rümelin (2005, S. 26ff) weiter. Nach seiner Interpretation ist Strawsons Grundgedanke als „transzendentales Argument" zu verstehen (ebd., S. 26). Er erläutert: „Wir als normale menschliche Wesen, eingebettet in soziale Zusammenhänge, können gar nicht anders, als Verantwortlichkeit und Freiheit in dem Umfang vorauszusetzen, wie es für die von uns allen geteilten moralischen Empfindungen und Einstellungen [...] erforderlich ist" (ebd., S. 27). Dass wir uns selbst und andere als frei und verantwortlich betrachten, ist sozusagen eine „transzendentale Bedingung" unserer reaktiven Haltungen und der damit verbundenen sozialen Lebensform: „[B]estimmte Annahmen, nennen wir sie *transzendentale Bedingungen*, sind für ein bestimmtes System von Überzeugungen, Einstellungen oder Gefühlen unverzichtbar, oder genauer: werden von diesen impliziter vorausgesetzt" (ebd.).

Das System der reaktiven Praktiken impliziert gewisse Annahmen, welche Teilnehmer an diesen Praktiken sozusagen „unausweichlich" voraussetzen, auch wenn sie sich explizit dagegen wenden. Diese Praktiken selbst sind, glaubt man Strawson, ebenfalls „praktisch unausweichlich" für gewöhnliche Personen. Es handelt sich dabei allerdings nicht um unwandelbare Gegebenheiten; schließlich sind die reaktiven Praktiken ein Kulturprodukt und damit gewissermaßen ein Konstrukt. In diese Praktiken werden wir nicht hineingeboren, sondern durch kulturelle Bildungsprozesse hineingeführt.

Um zu erläutern, was wir als Teilnehmer an kommunikativen Beziehungen genau voraussetzen, verwendet Nida-Rümelin, wie gesagt, den Begriff der Gründe: Wir setzen voraus, dass das Handeln der Beteiligten von Gründen geleitet ist: „In unseren alltäglichen Interaktionen setzen wir gerade insoweit Freiheit und Verantwortung, wie sie die Strawsonsche Perspektive postuliert, voraus, als wir das eigene und das Verhalten Anderer als von Gründen bestimmt interpretieren" (ebd., S. 33). Als Teilnehmer an der moralischen Alltagspraxis, die wir „unausweichlich" sind, gilt folglich für uns: „Wir können uns selbst und Andere gar nicht anders ansehen denn als Wesen, dir ihr Handeln an Gründen ausrichten" (ebd., im Original hervorgehoben).

Ähnlich wie Kant liefert Nida-Rümelin keinen theoretischen Beweis für die Rationalität oder Autonomie des Menschen, sondern postuliert diese als „praktisch unausweichliche" Annahme. Auf dieser Basis erscheint die menschliche Freiheit zwar nicht als letztbegründet, aber immerhin als „wohlbegründet" (ebd., S. 43). Nida-Rümelin spricht gar vom „Faktum menschlicher Freiheit" (ebd., S. 41, im Original hervorgehoben), obwohl er einräumt, dass die von ihm vertretene transzendentale Argumentation keinen absoluten und unwandelbaren Bezugspunkt aufweist. Sein Transzendentalismus ist nicht „absolutistisch", kann aber auch nicht als „relativistisch" bezeichnet werden, wie Nida-Rümelin sagt: „Die Option, die Metaphysik unserer lebensweltlichen deskriptiven und normativen Überzeugungen frei zu wählen oder auch nur wesentlich zu modifizieren, steht uns nicht offen" (ebd.).

Aus bildungsphilosophischer Perspektive drängt sich ein Einwand gegen diese Überlegungen auf. Es mag sein, dass das Gesagte für uns Erwachsene, die bereits in die menschliche Lebensform eingeführt sind, gilt. *Wir* können nicht aus den sozialen Praktiken ausbrechen, welche diese Lebensform konstituieren. Kleine Kinder aber leben noch *außerhalb* dieser Lebensform. Ist es nicht eine sinnvolle pädagogische Frage, ob es angemessen ist,

Kinder mit den von Strawson beschriebenen reaktiven Praktiken vertraut zu machen? Ist es nicht sinnvoll zu fragen, ob es gerechtfertigt ist, Kinder in einer Weise zu erziehen oder zu bilden, welche sie zu Teilnehmern an diesen Praktiken werden lässt? Anders gesagt: Dass eine Lebensform *Erwachsenen* selbstverständlich oder gar unausweichlich erscheint, muss nicht heißen, dass es angemessen ist, nachkommende Generationen in diese Selbstverständlichkeiten einzuführen.

c) Dieser Einwand ist im Blick zu behalten, wenn ich im Folgenden einen Vorschlag dazu formuliere, wie man sich den Bildungsprozess theoretisch vorzustellen hat. Die Grundidee ist, wie angedeutet, Bildung als „Initiation“ (Peters 1965) in eine Lebensform zu fassen. Oben war von *der* menschlichen Lebensform die Rede, welche als „Raum der Gründe“ beschrieben wurde. Auf der Grundlage der *einen* menschlichen Lebensform entwickeln sich unterschiedliche kulturelle Lebensformen. Diese unterscheiden sich voneinander dadurch, dass die an ihnen Beteiligten ihr Tun von *unterschiedlichen Handlungsgründen* bestimmen lassen. Unter einer Lebensform ist im Folgenden ein System von Handlungsgründen zu verstehen. Vom Begriff des Handlungsgrundes ergibt sich ein Bezug zum Begriff der praktischen Identität. Unser normatives Selbstverständnis stellt ein System von Handlungsgründen dar, auf die wir uns im Laufe unserer Geschichte festgelegt haben und mit dem wir uns identifizieren. Die praktische Identität, so kann man sagen, gibt uns Gründe, in einer bestimmten Lebensform zu leben. Das System von Tätigkeiten, welche die Lebensform ausmachen, spiegelt sich also sozusagen in den Charakteren der Individuen. Die *pädagogische* Grundidee ist, dass Individuen, die in eine solche Lebensform hineinwachsen, eine Identität ausbilden, welche ihnen Gründe gibt, in der Lebensform zu leben und die entsprechenden Handlungen auszuführen.[22]

22 Damit ergibt sich eine Auffassung von der Entwicklung des menschlichen Selbst, die mit derjenigen Jean-Paul Sartres kontrastiert werden kann. Annemarie Pieper schreibt: „Sartre verwendet den Ausdruck *Wahl*, um noch einmal klarzustellen, dass alles, was ein Mensch *ist*, Produkt seiner Freiheit ist. Er hat sich gewissermaßen selbst erhandelt und damit als Person gewählt, die er ist. Alle einzelnen Handlungen gehen auf einen Selbst-Entwurf zurück, durch den sich ein Mensch in seinem Leben festgelegt und zu dem besonderen Individuum gemacht hat, als das er existiert“ (Pieper 2003, S. 200).

Das Kind wird in die Lebensform einer Familie eingeführt, indem es die zu dieser Lebensform gehörenden Verhaltensweisen selbst ausführt und sich daran gewöhnt. Gewöhnung kann eintreten, ohne dass die jeweiligen Abläufe *verstanden* werden: So kann sich etwa ein kleines Kind daran gewöhnen, dass nach dem Essen die Zähne geputzt werden, ohne dass es den Sinn des Zähneputzens versteht. Diese Regelmäßigkeit im Tagesablauf führt zu der *deskriptiven Erwartung*, dass nach dem Essen die Zähne geputzt werden. Die deskriptive Erwartung dessen, was der Fall sein *wird*, kann sich zu einer *normativen Erwartung* entwickeln, einer Erwartung dessen, was der Fall sein *soll*. Das kann daran erkannt werden, dass ein Kind *protestiert*, wenn man es ohne Zähneputzen zu Bett bringen will.

Ein Kind kann derartige deskriptive und normative Erwartungen ausbilden, ohne dass es *im vollen Sinn* an der Lebensform beteiligt ist. Als Beteiligte an einer Lebensform können nach meinem Verständnis nur diejenigen gelten, welche die Lebensform *verstehen*. Eine Lebensform versteht man, wenn man die zu ihr gehörigen Handlungen und deren Zusammenhang versteht. Handlungen versteht man, wie aus früheren Ausführungen hervorgeht, wenn man deren *Gründe* versteht. Eine Lebensform konstituiert sich durch Gründe, die man verstehen muss, um daran teilnehmen zu können. Wie bereits deutlich wurde, beginnen Kinder am Ende des ersten Lebensjahres, Handlungsgründe zu verstehen. Zu diesem Zeitpunkt beginnt also deren Einführung in die Lebensform, auch wenn früher stattfindende Gewöhnungsprozesse gewiss nicht bedeutungslos sind.

Die Übereinstimmung zwischen der in dieser Arbeit vertretenen Position mit derjenigen Sartres besteht in der Auffassung, dass sich das Selbst durch Handeln bildet. Im Gegensatz zu Sartre wird hier aber betont, dass die zeitlich ersten Handlungsgründe, die das Leben des Menschen leiten, aus der sozialen Umgebung übernommen werden, in die er hineinwächst. Pieper vergleicht Sartres Auffassung mit derjenigen von Aristoteles, welche gewisse Gemeinsamkeiten mit der hier vertretenen hat: „Im Unterschied [...] zu Aristoteles vollzieht sich das Streben [...] nicht auf dem Boden eines bereits vorgegebenen Ethos, das sich im Polisverband über viele Generationen herausgebildet hat und zu Werthaltungen geführt hat, die es handelnd je und je zu konkretisieren gilt“ (ebd., S. 198).

Wie Michael Tomasello sagt, werden Kinder in diesem Alter zu *kulturellem Lernen* fähig. Unter diesem Begriff versteht er die Fähigkeit, von anderen zu lernen, und diese Fähigkeit wiederum beruht auf der Fähigkeit, andere Personen als intentionale Akteure zu verstehen (Tomasello 1999/2002, S. 100). Diese menschlichen Eigenheiten ermöglichen es dem heranwachsenden Kind, in eine bereits bestehende *Kultur* oder Lebensform einzutreten. Der Mensch ist auf diese Weise in der Lage, an kulturellen Errungenschaften teilzuhaben, die Generationen vor ihm entwickelt haben. Der Eintritt in die Lebensform erfolgt zuerst durch das sogenannte „Imitationslernen“:

„Das bedeutet, dass das Kleinkind mit neun Monaten beginnt, die intentionalen Handlungen der Erwachsenen gegenüber äußeren Gegenständen zu reproduzieren, während es in der frühen Kindheit nur eine dyadische Nachahmung des Verhaltens von Angesicht zu Angesicht gab. Dadurch ergibt sich die Möglichkeit, den konventionellen Gebrauch von Werkzeugen und Artefakten verschiedener Art zu erwerben und es stellt somit das erste wirklich kulturelle Lernen gemäß meiner engeren Definition des Begriffs dar“ (ebd.).

Vor diesem Zeitpunkt sind Kinder also zu „dyadischer Nachahmung“ fähig, aber auch zu *individuellem Lernen* – Lernen im direkten Umgang mit Gegenständen –, sowie zu sogenanntem *Emulationslernen*[23]. Dieser Typ des Lernens ist dadurch charakterisiert,

23 Imitationslernen muss also einerseits von dyadischer Nachahmung, andererseits von Emulationslernen unterschieden werden. Tomasello schildert dazu folgendes Experiment: 14 Monate alte Kinder beobachten einen Erwachsenen, der sich mit dem Oberkörper nach vorne beugt, mit seinem Kopf eine Schalttafel berührt und dadurch ein Licht einschaltet. Die meisten Kinder imitierten dieses Verhalten, schalteten das Licht also auf die gleiche ungewöhnliche Weise ein. In diesem Fall handelt es sich nach Tomasello um Imitationslernen: „Eine Deutung dieses Verhaltens ist, dass die Kinder verstanden, dass (a) der Erwachsene das Ziel hatte, das Licht anzuschalten, (b) er eines von mehreren Mitteln wählte, um dieses Ziel zu erreichen, und (c) sie dasselbe Mittel wählen könnten, wen sie dasselbe Ziel hätten – eine Handlung, bei der sich das Kind in die Lage des anderen versetzt“ (ebd., S. 101). Einer bloßen *dyadischen Nachahmung* hätte, so Tomasello, die zielgerichtete Struktur des

dass Kinder, aber auch Primaten, durch die Beobachtung des Verhaltens anderer Akteure Erkenntnisse über die Umwelt gewinnen, ohne dass sie aber die Intentionalität dieser Akteure verstehen. Durch Imitationslernen verstehen Kinder insbesondere den Sinn von kulturellen Artefakten als Produkten intentionalen Handelns:

> „Wenn Kinder andere Menschen dabei beobachten, wie sie Kulturwerkzeuge und Artefakte gebrauchen, durchlaufen sie oft einen Prozess des Imitationslernens, bei dem sie versuchen, sich in den ‚intentionalen Raum' des Benutzers zu versetzen, und sein Ziel zu erkennen, d.h. ‚wozu' er das Artefakt benutzt" (ebd., S. 104).

Was für Bleistifte und Hämmer gilt, gilt in ähnlicher Weise für alle Kulturprodukte, etwa Sprache oder Moral. Das Kind schafft sich also zunächst durch eigene imitative Aktivität einen Zugang zur Lebensform mit ihren sprachlichen und normativen Eigenheiten. Wie insbesondere der Spracherwerb zeigt, ist der Eintritt in eine Lebensform *ohne* spezifisch pädagogisches Handeln von Erwachsenen möglich. Er ist aber nicht möglich, ohne dass deren alltägliches Handeln von den Kindern verstanden wird.

Damit kehren wir zum oben erwähnten bildungsphilosophischen Einwand gegen die an Strawson orientierten Überlegungen Nida-Rümelins zurück. Der Einwand kann, wie ich meine, auf der Basis des skizzierten Bildungsverständnisses zurückgewiesen werden. Es ist nämlich *keine* sinnvolle Frage, ob Kinder mit den moralischen Alltagspraktiken, welche die Annahme der menschlichen Freiheit und Rationalität implizieren, vertraut gemacht werden sollten. Zugang zu einer kulturellen Lebensform können sie sich nur verschaffen, indem sie fähig werden, andere als intentionale Akteure, und bald darauf als Personen, zu verstehen.[24] Sie

---

Handelns gefehlt. Von *Emulationslernen* hätte man sprechen können, wenn etwa ein Kind das Licht schlicht mit der Hand eingeschaltet hätte. In diesem Fall hätte es nach Tomasellos Interpretation aus dem Verhalten des Erwachsenen etwas über die Umgebung gelernt, ohne dessen Intentionalität zu verstehen.

24 An dieser Stelle sind die Überlegungen Axel Honneths (2005, S. 46ff) zu bedenken. Honneth betont, auch unter Verweis auf Tomasello, bei der Fähigkeit, andere zu verstehen, handle es sich nicht um eine rein kognitive Fähigkeit. Demnach könnte das Kind die genannten Lernschritte nicht vollziehen, „wenn es nicht zuvor ein Ge-

müssen also, um überhaupt Zutritt zu erhalten, bereits die Perspektive der Teilnehmer an der menschlichen Lebensform einnehmen: Sie müssen sich selbst und andere als Personen verstehen, die ihr Handeln von Gründen leiten lassen. Nicht erst die Erwachsenen, die bereits in die gängigen Praktiken initiiert sind und über ein ausgereiftes Selbst verfügen, kommen nicht darum herum, diese Perspektive einzunehmen. Das gleiche gilt für kleine Kinder, die noch nicht auf diese Perspektive festgelegt sind. Diese Perspektive *nicht* einzunehmen würde bedeuten, nicht „Mensch" zu werden, sondern ein gewöhnliches Tier[25] zu bleiben. Es würde bedeuten, dass das Kind – mit McDowell und Sellars gesprochen – im „logischen Raum der Naturgesetze" verharren würde. McDowell spricht in diesem Zusammenhang auch von der „ersten Natur" des Menschen, also der bereits bei der Geburt vorhandenen biologischen Verfassung. In der ersten Natur liegt, so McDowell (1994/2001, S. 114), das *Potenzial* zur Entwicklung einer sogenannten *zweiten Natur*:

„Durch den Erwerb der zweiten Natur – also durch den Erwerb des Logos – hat man gelernt, bestimmte Handlungsweisen besonders erfreulich zu finden, und zugleich das begriffliche Rüstzeug erworben, das zur Kennzeichnung jener spezifischen Werthaltigkeit taugt, die man in solchen Handlungen zu sehen gelernt hat; man hat damit gelernt, einen

---

fühl der Verbundenheit mit seinen Bezugspersonen entwickelt hätte; denn erst eine vorgängige Identifikation erlaubt es dem Kind, sich von der Präsenz des konkreten Anderen so bewegen, so mitreißen oder motivieren zu lassen, dass es dessen Einstellungsänderungen interessiert nachzuvollziehen vermag" (ebd., S. 50). Honneths These, die er mit diesen Ausführungen verbindet, ist, dass das „Anerkennen" im ontogenetischen Prozess dem „Erkennen" vorausgeht. Erst durch die Identifikation mit einer Person eröffnet sich dem Kind ein Zugang zur objektiven Welt. Im Weiteren (ebd., S. 53ff) versucht Honneth, den kategorialen Vorrang des Anerkennens vor dem Erkennen zu begründen.

25 Hier stelle ich dem „Menschen" das „gewöhnliche Tier" gegenüber. Das impliziert, dass auch der Mensch ein Tier ist, ein „außergewöhnliches" Tier. Insbesondere McDowell ist der Auffassung, dass die spezifisch menschliche Rationalität – die „zweite Natur" – durchaus etwas „Natürliches" ist, etwas, was sich aus unserer tierischen Natur ergibt und nicht scharf gegen diese abgesetzt ist.

bestimmten Bereich von Gründen anzuerkennen, die für derartige Handlungen sprechen" (McDowell 1995/2002, S. 59f).

Der Erwerb der zweiten Natur also ist mit dem Verstehen und Akzeptieren von Handlungsgründen verbunden; die zweite Natur ist im Gegensatz zur ersten Natur dem Bereich der Vernunft zuzuordnen. Die Entwicklung der zweiten Natur geschieht nach McDowell im Zuge der moralischen Erziehung; er verwendet in diesem Kontext auch den deutschen Begriff der *Bildung* (1994/2001, S. 110). Der Erwerb von Bildung ist nach McDowell mit der Initiation in die menschliche Lebensform – in den Raum der Gründe – verbunden. Die erste Natur trägt den Menschen, folgt man Tomasello, an die Schwelle zur menschlichen Lebensform. Überschreitet er diese Schwelle, beginnt er, eh er sich versieht, diejenigen Einstellungen einzunehmen, die für den Bereich der Personen und der Gründe charakteristisch sind. Es steht ihm nicht frei, ob er die Schwelle überschreiten will oder nicht; es steht ihm nicht frei, ob er (primäre) Bildung erlangen will oder nicht. Im Zuge der normalen, der „natürlichen" Entwicklung geschieht es ihm, und ein Schritt zurück ist nicht mehr möglich.

Während also die Wahl inhaltlicher Erziehungsziele pädagogischen Entscheidungen unterliegt, gilt dies für die Frage, ob ein Kind in den Raum der Gründe eintreten soll, nicht. Jede Art menschlicher Bildung ist an die Initiation in die menschliche Lebensform gekoppelt. Nida-Rümelin hat meines Erachtens Recht mit der Aussage, die diese Lebensform konstituierenden Praktiken seien ohne (praktische) Alternative.

Bildungs-Verletzlichkeit und die Verantwortlichkeit für das eigene Selbst

Vor dem Hintergrund dieses Bildungsverständnisses soll nun der Begriff der Bildungs-Verletzlichkeit eine spezifische Kontur erhalten. Dabei muss der Blick zunächst auf eine Frage gerichtet werden, die bislang vernachlässigt wurde, die Frage nämlich, inwiefern das Kind *rationale Kontrolle* über den eigenen Bildungsprozess ausübt. Könnte man davon ausgehen, dass das Kind sein Selbst rational ausgestaltet, so wäre es kaum angemessen, ihm in dieser Hinsicht eine besondere Art von Verletzlichkeit zuzuschreiben.

Das Kind verschafft sich, wie gesagt, in einem Prozess des Verstehens, der *verstehenden Habitualisierung*, Zugang zu einer Lebensform. Die Entwicklungsschritte, welche dieses Verstehen (von Handlungen) ermöglichen, führen auch zur Ausbildung von Handlungsfähigkeit. Inwiefern aber kann das Kind in seinem Initiationsprozess als *handelnd* verstanden werden? An diese Frage ist die Frage nach der kindlichen Verantwortlichkeit für sein Tun und für die Entwicklung seines Selbst geknüpft.

„Warum", fragt Nida-Rümelin (2001, S. 142),

> „machen wir Kleinkinder für das, was sie tun, nicht verantwortlich? Eine Antwort lautet, ihnen fehle es noch an der notwendigen Einsicht. Ihrem Tun gehe keine Abwägung von Gründen voraus. Sie zur Verantwortung zu ziehen hieße, sie zu befragen, welche Gründe ihre Handlungen geleitet haben. Sie könnten auf diese Frage keine Antwort geben. Etwa in der Zeit des ersten Spracherlernens beginnen kleine Kinder auf Fragen dieser Art jedoch durchaus Antworten zu geben. Sie benennen das Ziel, das sie erreichen wollen, zu Beginn dieser Phase, oft nur durch einen Fingerzeig, aus dem hervorgeht, was erstrebt wurde".

Folglich, so Nida-Rümelin, hat das kindliche Verhalten Handlungscharakter, und auch wenn dieser noch „schwach ausgeprägt" (ebd., S. 143) ist, können die Handlungen dem Kind doch *zugeschrieben* werden; das Kind kann für sie verantwortlich gemacht werden. Also scheint es nicht völlig abwegig, dem Kind Verantwortung für seine Erziehung, seine Entwicklung oder seinen Charakter zuzuschreiben.

Ein erster Einwand gegen den Gedanken, Kinder für ihre charakterliche Entwicklung verantwortlich zu machen, könnte folgendermaßen lauten: Wir können einer Person die *Folgen* einer Handlung nur dann *zuschreiben*, wenn sie diese Folgen zum Zeitpunkt der Handlung kennen kann. Das Kind aber verfügt über das notwendige Tatsachenwissen nicht, und auch nicht über die Kompetenz zu dessen angemessener Verarbeitung. Selbst Erwachsene, denen man diese Kompetenz nicht absprechen mag, können kaum zu verlässlichem Wissen über die Folgen bestimmter Handlungen für ihren eigenen Charakter gelangen: Was hat es zum Beispiel für Folgen für den Charakter eines Mannes, wenn er regelmäßig Prostituierte besucht? Es scheint, als könnten wir selbst Erwachsene nur in geringem Maße für ihre charakterliche Entwicklung verantwortlich machen.

Das Problem dieses Einwandes ist, dass er stillschweigend eine *konsequenzialistische* Denkweise voraussetzt. Nach den in Kapitel 1.3 vorgestellten Überlegungen zur praktischen Identität ist es aber falsch zu denken, dass der Charakter durch *Folgen* unseres Handelns entsteht. Der Charakter entsteht vielmehr durch die normativen Festlegungen, die wir in unserem Handeln nicht umhin kommen zu machen, *also durch das Handeln selbst*. Wenn wir dies oder jenes (regelmäßig) getan haben, sind wir „eine Person, welche dies oder jenes tut". Der Freier legt sich durch seine Besuche in Bordellen darauf fest, ein Freier zu sein. Dieses Handeln wird zum Teil seiner Identität. Sofern dieser Freier seine Bordellbesuche bei der Formulierung eines expliziten Selbstverständnisses nicht einbezieht, so können wir ihm keine kohärente Identität zugestehen: Sein Handeln und sein bewusstes Selbstbild klaffen auseinander. Auch Kinder, sofern man ihrem Verhalten Handlungscharakter zusprechen kann, legen sich in dieser Weise fest, und folglich müssen sie für ihren Charakter verantwortlich gemacht werden.

Gegen diese Auffassung kann *zweitens* eingewandt werden, dass Kinder zwar Ansätze von Handlungsfähigkeit und Verantwortlichkeit zeigen, dass diese aber zu wenig ausgeprägt sind, um ihnen Verantwortung für ihre Erziehung und Entwicklung zuzuschreiben. Dies kann etwa im Sinne der bereits dargestellten Position Schapiros erläutert werden, nach der Kinder zwar in Ansätzen handlungsfähig („autonom") sind, jedoch nicht über eine ausgereifte praktische Identität verfügen, die es ihnen ermöglichen würde, ihrem Tun eine klare Richtung zu geben: „[T]he condition of childhood is one in which the agent is not yet in a position to speak in her own voice because there is no voice which counts as hers" (Schapiro 1999, S. 729). Das Verhalten von Kindern, so Nida-Rümelin (2001, S. 142),

> „ergibt sich aus dem Augenblick, sie reagieren auf äußere Veränderungen, indem sie ihre bisherigen Ziele aufgeben bzw. vergessen, sie verzweifeln rasch, wenn sie etwas nicht erreichen, ihre Stimmungen können sich schlagartig ändern. Kindliches Verhalten ist willensschwach, ihm fehlt die Strukturierung durch Handlungsgründe über längere Zeiträume hinweg".

Eine solche langfristige Strukturierung des Handelns wird erst durch ein stabiles und kohärentes normatives Selbstverständnis ermöglicht. Trotzdem können Kinder – und hier stimmt auch Nida-Rümelin zu – als *Handelnde* beschrieben werden.

Verstehend und *handelnd* treten Kinder in eine Lebensform ein. Die Entwicklung von „Vernunft", einer „praktischen Identität", einer „zweiten Natur" ist ohne die *rationale* Tätigkeit des Kindes nicht möglich. Trotzdem können Kinder, wie ich meine, für ihren Bildungsprozess nicht voll verantwortlich gemacht werden, da sie diesen nicht rational kontrollieren.

Ein wichtiger Aspekt dieses Prozesses ist, wie oben deutlich wurde, die *imitative* Tätigkeit.[26] Gerade diese kann von Kindern nur in Ansätzen reflexiv kontrolliert werden. Das Kind muss eine andere Person zwar verstehen, um sie zu imitieren, jedoch trifft es gewöhnlich keine bewusste Entscheidung zur Imitation. Um eine solche Entscheidung qualifiziert treffen zu können, müsste es bereits über gefestigte normative Maßstäbe verfügen, an Hand welcher nachahmenswerte von anderen Handlungsweisen unterschieden werden könnten. Solche Maßstäbe aber sind erst vorhanden, wenn die praktische Identität entwickelt ist.

An dieser Stelle ist Herbarts Differenzierung des Charakterbegriffs hilfreich: Herbart unterscheidet einen *subjektiven*, bewusst reflektierenden, von einem *objektiven* Charakterteil.[27] Schon vor der Reflexion, so Herbart (1806/1964, S. 91), hat der Mensch „einen Willen, und zuweilen sehr bestimmte Charakterzüge". Dieser objektive Charakter ist es, „welchem das beschauende Subjekt durch einen neuen, in ganz anderer Gemüthslage erzeugten Willen entweder zustimmt oder widerstreitet" (ebd.). Die Erziehung, so Herbart, habe sich primär auf den objektiven Charakter zu richten, „der sich ja unter ihren Augen, unter ihrem Einflusse, langsam genug erhebt und formt!" (ebd.) Der objektive Charakterteil ist also kein Naturprodukt, ist nicht der „ersten Natur" zuzuordnen, sondern hat Anteil am praktischen Logos (McDowell 1995/2002, S. 59). Jedoch ist es der subjektive, bewusst reflektie-

26 Die folgenden Überlegungen gelten nicht nur für die Bildung durch Imitation, sondern für alle Formen sozialen Lernens.

27 McDowell würde, wenn ich ihn richtig verstehe, auch den objektiven Charakterteil als reflexiv bezeichnen, als reflexiv in dem Sinne, dass er eine Distanzierung von der ersten Natur ermöglicht.

rende Charakter, der eine autonome Kontrolle des Handelns ermöglicht. An der Bildung des objektiven Charakters nehmen die Kinder als handelnde Personen Teil. Insofern sie handeln, sind sie Urheber, „Autoren" ihres Tuns. Jedoch, um in der Metaphorik der Autorschaft zu bleiben, *schreiben sie weite Teile ihrer frühen Lebensgeschichte ab*. Das Abschreiben, die Imitation also, ist ein rationaler Prozess, der nicht reflexiv kontrolliert ist. Also sind Kinder für ihr Tun und ihre Entwicklung nicht voll verantwortlich zu machen.[28]

Aus dieser Erkenntnis ergibt sich die Einsicht in die besondere Bildungs-Verletzlichkeit von Kindern. Wären Kinder bereits autonom im skizzierten Sinne, so könnten sie rational kontrollieren, welchen normativen Einflüssen sie sich öffnen wollen. Sie könnten, auf der Basis einer ausgereiften Identität, entscheiden, wie sie „sich selbst" weiterentwickeln wollten. Sie könnten die Verantwortung für ihr Tun und den Charakter, der sich durch das Tun entwickelt, übernehmen.

28 Vgl. dazu auch Giesinger 2004b, S. 403f. Auf S. 404 bezeichne ich das „handelnde Kind" als „[h]auptverantwortlich" für seine Entwicklung. Diese Aussage halte ich inzwischen für überzogen, auch wenn sie so verstanden wird, dass Kinder, wiewohl nicht „voll verantwortlich", doch mehr als andere Personen für ihre Entwicklung verantwortlich sind. Karl-Heinz Dehn kritisiert meinen Ansatz folgendermaßen: „Inwieweit [der] handlungsrationale Ansatz, wie ihn Giesinger aus erziehungsphilosophischer Sicht vorträgt, lebenswirklich ist, mag aus entwicklungspädagogischer Sicht in Zweifel gezogen werden" (Dehn 2005, S. 182). Nach Dehn vertrete ich die Auffassung, „dass (auch schon) Kinder nicht nur Gründe für ihre Handlungen angeben können (müssen), also Sinn und Bedeutung für sich geklärt haben müssen, bevor (!) sie handeln, sondern dass sie sich auch für ihre Handlungen rechtfertigen können müssen" (ebd.). Die Stoßrichtung im von Dehn kritisierten Aufsatz ist nicht primär normativ, wie hier suggeriert wird, sondern deskriptiv: Das Angeben von Gründen, das Rechtfertigen von Handlungen gehört zum Alltag von Kindern. Jedoch behaupte ich nicht, dass Kinder *im Voraus* ein klares und explizites Verständnis ihrer Handlungsgründe haben können oder müssen – dies gilt ebenso für Erwachsene. In Anlehnung an Tomasello behaupte ich, dass Kinder andere Personen nicht imitieren können, wenn sie deren Gründe nicht *verstehen*, aber das bedeutet nicht unbedingt, dass sie diese Gründe *vor* dem Akt der Imitation sprachlich ausdrücken könnten.

Autonome Erwachsene, auf die das alles zutrifft, sind weit weniger verletzlich (im Sinne der Bildungs-Verletzlichkeit) als Kinder. Kinder sind den normativen Ansprüchen, die aus ihrem sozialen Umfeld auf sie eindringen, aber auch den Impulsen, die in ihnen selbst aufsteigen, weitgehend ausgeliefert. Solange sie in ihrem Handeln nicht über eine klare Orientierung verfügen, laufen sie Gefahr, sich beliebigen Einflüssen zu unterwerfen. Sie sind bereit, alles als Handlungsgrund zu akzeptieren und in ihr entstehendes Selbst zu integrieren, was ihnen als Handlungsgrund präsentiert wird. Ob sich damit ihr Selbst in angemessener Weise bildet, können sie nicht beurteilen.

Fazit: Vier Arten von Verletzlichkeit

Kinder sind verletzlich im Sinne der Interessen-Verletzlichkeit, der moralischen Verletzlichkeit und der Bildungs-Verletzlichkeit. Sie sind aber wenig verletzlich im Sinne dessen, was ich als Autonomie-Verletzlichkeit bezeichne. Mit der Unterscheidung der vier Begriffe von Verletzlichkeit ist der Boden für die nun folgenden Rechtfertigungen von paternalistischem und pädagogischem Handeln gegenüber Kindern bereitet.

Im Zuge der Überlegungen zu den vier Arten von Verletzlichkeit wurden, mehr oder weniger unter der Hand, weitere Klärungen erreicht, welche für die folgenden Kapitel unabdingbar sind.

Erstens wurde ein moraltheoretischer Grundgedanke formuliert, welcher auf einer bestimmten Vorstellung der moralischen Beziehung beruht. Als Paradigma der moralischen Beziehung gilt demnach die Beziehung zwischen einem handlungsfähigen und einem moralisch verletzlichen Wesen. Die handlungsfähige Person, so der moraltheoretische Grundgedanke, hat moralisch verletzlichen Personen mit moralischer Wertschätzung zu begegnen. Diese grundlegende Forderung gilt, da Kinder als moralisch verletzlich gelten können, auch für die Beziehung zwischen Erwachsenen und Kindern. Damit ist klargestellt, dass Kindern ein *eigenständiger moralischer Status zukommt*. Im Weiteren wird zu erörtern sein, inwiefern auf dieser Basis eine normative *Unterordnung* von Kindern unter Erwachsene zu rechtfertigen ist. Die Argumentation zur Frage der Legitimität von Paternalismus und Erziehung hat sich jedenfalls im hier vorgegebenen moraltheoretischen Rahmen zu bewegen.

Zweitens wurde ein Menschenbild skizziert, das als „rationalistisch" bezeichnet werden kann. Dieses Menschenbild, welches dem Menschen die Fähigkeit zuschreibt, sich von Gründen leiten zu lassen, ist auch Teil der eben erwähnten Moralauffassung. Wäre der Mensch nicht fähig zur Autonomie, so könnte er auch nicht als moralisch handlungsfähig und verantwortlich gelten. Weiter ist die menschliche Autonomie die Grundlage dafür, Personen Autonomie-Verletzlichkeit zuzuschreiben. Die Personalität und Autonomie des (erwachsenen) Menschen wurde nicht bloß behauptet, sondern in einen größeren argumentativen Rahmen gestellt. Es wurde gesagt, die Annahme der Personalität sei eine „unausweichliche" („transzendentale") Voraussetzung der „praktisch unausweichlichen" moralischen Alltagspraktiken, welche von Strawson beschrieben werden.

Drittens wurde ein Verständnis des Bildungsprozesses vorgeschlagen. Demnach ist der Bildungsprozess als Prozess des Hineinwachsens in die „menschliche Lebensform" zu verstehen. Im Zuge dieses Prozesses bildet sich das autonome Selbst des Menschen. Das Selbst kann zwar in inhaltlich unterschiedlicher Weise gebildet werden, aber *jegliche* Bildung muss als Prozess der Initiation in den „Raum der Gründe" beschrieben werden.

2 Paternalismus und Erziehung

Mit der Unterscheidung von vier Arten von Verletzlichkeit im Hintergrund wende ich mich jetzt dem Problem der Rechtfertigung von Paternalismus und Erziehung zu (vgl. auch Giesinger 2006b). Ein erster Rechtfertigungsversuch, der zunächst nicht auf das Problem des Paternalismus Bezug nimmt, ist zum Scheitern verurteilt (Kapitel 2.1). Dies gilt meines Erachtens nicht für den zweiten Versuch (Kapitel 2.2) und die dritte Argumentation (Kapitel 2.3), welche die zweite ergänzt.

2.1 Moralisches Reagieren und Erziehung

Die *erste* Argumentation zur Rechtfertigung von Erziehung basiert auf dem im ersten Kapitel skizzierten Verständnis der moralischen Beziehung.

In gewöhnlichen moralischen Beziehungen hegen wir normative Erwartungen an unser Gegenüber. Wir erwarten, dass dieses uns mit moralischer Wertschätzung begegnet und reagieren auf eine Enttäuschung dieser Erwartung mit Übelnehmen. Nach diesem Modell kann meines Erachtens auch die pädagogische Beziehung verstanden werden. Der Grundgedanke der folgenden Überlegungen ist, Erziehung als besondere Form von moralischem Erwarten und Reagieren zu verstehen und zu rechtfertigen.

Damit wird ein Konzept von Erziehung umrissen, welches zum früher verwendeten Verständnis von Erziehung als Initiation in eine Lebensform nicht in Konkurrenz steht, sondern dieses ergänzt. Einen Aspekt des Initiationsprozesses stellen die pädagogischen Erwartungen dar, welche pädagogische Akteure an Kinder richten. Die Frage nach der Legitimität von Erziehung bezieht sich im Kern auf *diesen* Aspekt des Bildungsprozesses.

Pädagogisches als moralisches Erwarten

Betrachten wir folgendes Beispiel. Wir finden im Nachhinein heraus, dass ein siebenjähriges Kind uns angelogen hat. Als gewöhnlich erzogene und sozialisierte Personen erwarten wir von allen Menschen, dass sie uns die Wahrheit sagen. Wie also sollen wir auf das Fehlverhalten des Kindes reagieren?

Sehen wir das Kind als gewöhnliches moralisches Gegenüber, so werden wir dessen Fehlverhalten als moralische Verletzung oder Entwertung interpretieren und es dem Kind übelnehmen. Gemäß einer egalitaristischen Auffassung der Beziehung zwischen Erwachsenen und Kindern müsste diese Reaktionsweise, soweit ich sehe, als die einzig richtige eingestuft werden.

Eine andere mögliche Reaktionsweise stellt die objektive Haltung dar, in der wir unsere moralischen Reaktionen aussetzen, weil wir das Verhalten des Gegenübers in die Nähe eines Naturereignisses rücken und demzufolge nicht als moralische Verletzung interpretieren. „Sie ist ja noch ein Kind" könnten wir im vorliegenden Fall zur *Entschuldigung* des Fehlverhaltens vorbringen.[1] Die objektive Haltung ist gegenüber Neugeborenen und wohl auch gegenüber gewissen geistig behinderten Menschen angemessen. Wie Nida-Rümelin (2005, S. 29) betont, schließt diese Haltung bestimmte Formen von Liebe keineswegs aus. Die objektive Haltung ist nicht mit einer Haltung gleichzusetzen, welche das Ge-

1 Der hier verwendete Begriff des Entschuldigens ist zu unterscheiden von Begriffen wie Vergeben oder Verzeihen. Es ist einzuräumen, dass diese Begriffe in der Alltagssprache meist nicht präzise unterschieden werden. Aus sachlichen Gründen erscheint es jedoch zwingend, im oben genannten Fall, in dem Kind keine „Verantwortung" und damit auch keine „Schuld" für sein Tun trägt, einen anderen Begriff zu verwenden als in denjenigen Fällen, in denen jemand in voller Verantwortung einen moralischen Fehler begeht. In einem solchen Fall wird die Person nicht „ent-schuldigt" (von Schuld freigesprochen), sondern es kann ihr allenfalls ihre Schuld „vergeben" werden (vgl. dazu Scheiber 2006).

genüber „als Objekt" betrachtet und als solches „instrumentalisiert".

Sobald Kinder fähig werden, ihr Tun von Gründen bestimmen zu lassen, und das ist bei einem siebenjährigen Kind längst der Fall, erscheint es unangemessen, ihnen durchgängig in einer objektiven Haltung zu begegnen. Jetzt kann es, wie ich meine, als eine Form von moralischer Missachtung gesehen werden, ihnen gegenüber *nicht* moralisch zu reagieren. Nehmen wir einer Siebenjährigen gegenüber ausschließlich die objektive Haltung ein, so übermitteln wir ihr damit die Botschaft, dass wir sie als moralisch unansprechbar betrachten und als personales Gegenüber nicht ernstnehmen. Wir signalisieren ihr damit sozusagen den Ausschluss aus der Gemeinschaft derjenigen, die ihr Tun von Gründen leiten lassen. Eine solche Botschaft ist moralisch nur gegenüber Wesen angebracht, welche tatsächlich außerhalb der menschlichen Lebensform stehen.

Nach Strawson (1962/1978, S. 224f) *schwanken* wir im Umgang mit Kindern zwischen der reaktiven und der objektiven Haltung. Schapiro (1999, S. 717) wiederum hält fest:

> „[W]e tend not to hold children responsible for what they do in the same way that we hold adults responsible for their actions. This is not to say that we don't hold children responsible for their actions in any sense. But the knowledge that an agent is a child rather than an adult often prompts us to modify our ‚reactive attitudes'".

Zum einen besteht die Möglichkeit, gegenüber Kindern in einer abgeschwächten Weise moralisch zu reagieren. *Zum andern* kommt als Alternative zur gewöhnlichen reaktiven Haltung eine spezifisch *pädagogische Haltung* in Frage.

Die abgeschwächte reaktive Haltung ist dadurch charakterisiert, dass wir unsere normativen Erwartungen zwar aufrechterhalten, auf deren Enttäuschung aber nicht mit aller Härte reagieren, da wir wissen, dass das Kind noch nicht fähig ist, diesen Erwartungen durchgängig zu entsprechen.

Wie die abgeschwächte reaktive Haltung setzt die pädagogische Haltung voraus, dass das Gegenüber auf sein Tun moralisch ansprechbar ist. Gleichzeitig stellt sie in Rechnung, dass es sich um ein Gegenüber handelt, das den Erwartungen nicht in vollem Umfang gerecht werden kann. Das zuletzt Gesagte gilt mindestens in Bezug auf die Erziehung *von Kindern*. Begrifflich scheint es nicht ausgeschlossen, auch *voll verantwortlichen Erwachsenen* in einer erzieherischen Haltung zu begegnen. Die Tatsache der mangelnden Verantwortlichkeit des Gegenübers ist also nicht charakteristisch für diese Haltung. Drei Punkte sind hingegen hervorzuheben, um die pädagogische von der gewöhnlichen moralischen Haltung zu unterscheiden.

1. Die pädagogische Haltung – und die entsprechende Reaktion – weist einen starken Ziel- und Zukunftsbezug auf. Sie *zielt* darauf, das *zukünftige* Handeln des Gegenübers in bestimmter Weise zu formen. Das Gegenüber soll in der unmittelbaren Zukunft, vor allem aber längerfristig, den normativen Erwartungen des pädagogischen Akteurs entsprechen. Der teleologische (oder konsequenzialistische) Aspekt fehlt bei gewöhnlichen moralischen Reaktionen nicht völlig. Diese sind aber meines Erachtens primär als angemessene Reaktion auf eine *vergangene* Handlung zu sehen. Wir erwarten von anderen Personen, dass sie uns nicht anlügen, und reagieren auf ihr Fehlverhalten mit Übelnehmen, *weil sie sich falsch verhalten haben*. Diese Reaktion, die sich in der Regel spontan ergibt, kann zusätzlich darauf zielen, das Gegenüber in Zukunft von moralisch falschem Verhalten abzuhalten. Entsprechend kann Praktiken wie Tadel oder Strafe, die sozusagen auf moralische Reaktionen aufbauen, ein konsequenzialistischer Aspekt zugeschrieben werden. Trotzdem sollten, wie ich meine, auch diese Praktiken an die vergangene Handlung gebunden bleiben. Entsprechend benötigen auch pädagogische Reaktionen einen Vergangenheitsbezug: Es erscheint nur dann sinnvoll, ein Kind wegen einer Lüge zu tadeln, wenn es tatsächlich gelogen hat.[2]

2. Moralischen Reaktionen kann, wie gesagt, auch eine Zielorientierung innewohnen: Sie zielen darauf, das Verhalten des Gegenübers zu ändern. Dabei geht es primär um das, was Kant (1797/1977, S. 324) als „Legalität" bezeichnet hat, rein äußerliche Regelkonformität. Von anderen Personen erwarte ich beispielsweise, dass sie mich nicht bestehlen. Darüber hinaus können mo-

2 Rein konsequenzialistische Straftheorien laufen Gefahr, diesen Punkt zu vernachlässigen. So kann die Bestrafung einer unschuldigen Person in einer bestimmten Situation durchaus positive Gesamtfolgen hervorbringen, indem sie andere (wie auch die bestrafte Person) von Fehlverhalten *abschreckt*.

ralische Reaktionen auch die „Moralität" des Gegenübers im Blick haben. In einer Liebesbeziehung etwa wird es den Partnern oft nicht gleichgültig sein, *aus welchen Motiven oder Gründen* jemand sich moralisch richtig verhält. Hier mag es nicht genügen, sich allein auf Grund von äußerem Druck und ohne innere Einsicht angemessen zu verhalten.

Pädagogische Reaktionen können zwar in vielen Fällen kurzfristig nur Legalität erreichen. Erziehung zielt aber letztlich darauf, dass bestimmte Handlungsorientierungen in *autonomem* Handeln zur Geltung kommen. Letztlich soll der „Charakter", das „Selbst" oder die „praktische Identität" des Gegenübers in einer Weise gebildet werden, die das Kind „aus sich heraus" richtig handeln lässt.

3. Als letzter Punkt kann erwähnt werden, dass sich moralische Reaktionen in gewöhnlichen Beziehungen zwischen Erwachsenen primär auf *moralische* Vergehen beziehen. In der liberalen Ethik der Neuzeit wurde oft angenommen, dass der Bereich des Moralischen mit dem Bereich des Sozialen zusammenfällt. Das heißt, dass nur soziale Vergehen, und nicht Vergehen gegen seine eigenen Interessen, als moralisch relevant gelten. Kant hat demgegenüber auch von moralischen „Pflichten gegen sich selbst" gesprochen (ebd., S. 549ff). Wie immer man den Bereich des Moralischen fasst: Es ist klar, dass sich pädagogisches Erwarten und Reagieren nicht nur auf soziale Normen und Werte bezieht, sondern auch den Bereich der persönlichen Lebensführung, des Religiösen oder des Ästhetischen umfassen kann.

Die genannten Differenzen markieren *keine* scharfe Trennlinie zwischen pädagogischem und gewöhnlichem moralischen Erwarten. Pädagogisches Erwarten wird als Form von moralischem Erwarten dargestellt, in der bestimmte Aspekte des gewöhnlichen moralischen Erwartens besonders ausgeprägt sind. Auf dieser Basis kann ein erster Versuch zur Rechtfertigung von Erziehung unternommen werden.

Die Rechtfertigung von pädagogischem Erwarten

Der Grundgedanke dieses Rechtfertigungsversuchs kommt in der folgenden rhetorischen Frage zum Ausdruck: Wenn es im Alltag legitim ist, moralische Erwartungen an andere zu haben, was soll dann am pädagogischen Erwarten illegitim sein?

Zunächst also wird die Legitimität der alltäglichen Praxis des moralischen Erwartens und Reagierens behauptet. Jeder, der die Angemessenheit dieser Praxis bestreiten möchte, muss sich klar darüber sein, dass sie für ihn im Alltag „praktisch unausweichlich" ist. „[A]uch dem Hartgesottensten", so Jürgen Habermas (1983, S. 55), wird dadurch „sozusagen der Realitätsgehalt moralischer Erfahrungen" demonstriert. Es ist uns möglich, punktuell in eine objektive Haltung überzugehen, aber es ist „praktisch ausgeschlossen", dass wir diese dauerhaft gegenüber allen Personen einnehmen könnten (vgl. Kapitel 1.4). Unabhängig davon kann argumentiert werden, dass es *nicht wünschenswert* wäre, wenn die Beziehungen zwischen Menschen durch die objektive Haltung bestimmt wären. Diejenigen Verbindungen zwischen Individuen, welche für unsere soziale Welt charakteristisch sind, würden zerfallen und die Menschen blieben isoliert zurück.

Während über die Angemessenheit des Gehalts bestimmter moralischer Erwartungen durchaus gestritten werden kann, bleibt die Praxis des moralischen Erwartens sozusagen unangreifbar. Was für gewöhnliches moralisches Erwarten gilt, kann *in einem zweiten Schritt* auf pädagogisches Erwarten, welches nichts anderes ist als eine Form moralischen Erwartens, übertragen werden. Wenn es angemessen oder zumindest unausweichlich ist, moralische Erwartungen zu haben, scheint es kaum plausibel, pädagogisches Erwarten als unangemessen abzulehnen. Dieses ist eine Reaktion auf kindliches Fehlverhalten, soll Kinder aber zugleich dazu bringen, den an sie gerichteten Erwartungen in Zukunft vollständig und in autonomer Weise zu entsprechen.

Es kann folgende Überlegung angefügt werden: Auch gewöhnliches moralisches Reagieren kann pädagogische *Folgen* haben, selbst wenn diese nicht angestrebt werden. Es stellt sich deshalb die Frage, ob es moralisch falsch sein kann, solche Folgen, die ohnehin entstehen, gezielt anzustreben.

Im Folgenden formuliere ich einen Einwand gegen diese äußerst schlichte Rechtfertigung von Erziehung.

Einwand: Moralerziehung als Paternalismus

Der Einwand gewinnt Kontur, wenn man sich das Problem der Erziehung Erwachsener vergegenwärtigt. Betrachten wir den Fall einer Frau, die von ihrem Mann ständig geschlagen wird und sich vornimmt, sein Verhalten *durch Erziehung* zu bessern. Nach dem oben vorgebrachten Argument ist damit kein moralisches Problem verbunden. Kaum jemand wird bestreiten, dass die moralische Erwartung der Frau, nicht geschlagen zu werden, legitim ist. An der entsprechenden pädagogischen Erwartung kann folglich auch nichts auszusetzen sein.

Es könnte aber sein, dass der Mann, sobald er die pädagogischen Ambitionen seiner Frau erkennt, den Eindruck bekommt, sie stelle sich damit über ihn oder bevormunde ihn. Auf der anderen Seite könnte die Frau auf Grund einer analogen Intuition vor der erzieherischen Tätigkeit zurückschrecken, da sie nicht in die Rolle der bevormundenden Person schlüpfen möchte. Der Eindruck, es handle sich hier um Bevormundung oder *Paternalismus*, könnte unter Hinweis auf die Standardverwendung dieser Begriffe zurückgewiesen werden: „By paternalism", so schreibt Dworkin (1983, S. 20), „I shall understand roughly the interference with a person's liberty of action justified by reasons referring exclusively to the welfare, good, happiness, needs, interests, or values of the person being coerced".

Beide Aspekte dieses Standardverständnisses lassen Zweifel an der Angemessenheit der Intuition aufkommen, wonach das Handeln der Frau als paternalistisch zu bezeichnen ist. Zum einen ist das Handeln der Frau nicht primär auf das *Wohlergehen ihres Mannes* gerichtet, zum anderen ist nicht gesagt, dass sie bei der Umsetzung ihrer pädagogischen Ambitionen direkt in dessen Handlungsfreiheit oder äußere Autonomie eingreift.

Betrachten wir zunächst den zuletzt genannten Aspekt. Eine leichte Modifikation des Paternalismus-Begriffs erlaubt es, auch gewisse Handlungen, die nicht mit der Anwendung von direktem Zwang verbunden sind, als paternalistisch zu bezeichnen. Gerade die Bevormundung von Kindern ist oft nicht in dem Sinne konfrontativ, dass sie einem bestehenden Willen entgegentritt. Wenn Eltern *stellvertretend* und *ohne Zustimmung* der Kinder Entscheidungen treffen, welche diese direkt angehen, so kann von einem paternalistischen Vorgehen gesprochen werden, auch wenn kein expliziter Wunsch der Kinder übergangen wird.

Im Falle des Mannes, der zum Adressaten von Erziehung wird, kann wohl gesagt werden, dass er dem Ansinnen seiner Frau *nicht zustimmt*. Würde er zustimmen, könnte er sich selbst um eine Veränderung seines Verhaltens oder seines Charakters bemühen und die Frau allenfalls um Hilfe bitten. Auch ist es zutreffend zu sagen, dass sich die Frau selbst zur *Stellvertreterin* des Mannes macht. Sie entscheidet stellvertretend für den Mann über dessen angemessene Charakterentwicklung. Sie trifft Entscheidungen, von denen sie findet, er sollte sie eigentlich selbst fällen.

Betrachten wir jetzt den anderen der genannten Aspekte. Wenn Fritz Sabine in ein Zimmer sperrt, damit sie nicht mit dem Messer auf Walter losgeht, so gilt Fritz' Handeln gemeinhin nur dann als bevormundend, wenn er primär *Sabines Wohl* im Auge hat und verhindern will, dass sie eine Gefängnisstrafe absitzen muss. Zielt sein Tun hingegen primär auf Walters Wohl, so kann nicht gesagt werden, er bevormunde Sabine. In diesem Fall hindert er Sabine an der Verletzung einer legitimen moralischen Erwartung. Diese Intuition kann auf die liberale Grundüberzeugung zurückgeführt werden, wonach eine Person grundsätzlich berechtigt ist, Fragen des *eigenen* Wohls selbst zu regeln, wogegen Fragen des Zusammenlebens nicht ihrem eigenen Belieben überlassen werden können. Das genannte Verständnis von Bevormundung oder Paternalismus wurzelt also letztlich in einer normativen Überzeugung darüber, welche Entscheidungen oder Handlungen normalerweise dem legitimen Freiheitsbereich des Individuums zuzuordnen sind. Ein Eingriff in diesen Freiheitsbereich gilt intuitiv als bevormundend.

Seana Shiffrin weist darauf hin, dass dieser Freiheitsbereich mehr umfasst als nur Fragen des eigenen Wohls. Die Definition von Paternalismus sollte nach Shiffrin deshalb nicht den Begriff des Wohls in den Vordergrund rücken, sondern den Begriff der *legitimen Handlungs- und Entscheidungsdomäne*: „An action may be paternalist, [...] if it involves a person's aiming to take over or control what is properly *within the agent's own legitimate domain of judgement or action*" (Shiffrin 2000, S. 216; Hervorhebung J.G.). Betrachten wir dazu ein Beispiel aus dem Bereich der elterlichen Verantwortung:

Ein Hund, der von seinem Besitzer an der Leine gehalten wird, beginnt plötzlich aggressiv zu bellen, als ein Vater und sein zweijähriger Sohn an ihm vorbeigehen. Da der Besitzer seinen Hund sogleich zurückreißt und der Sohn keine Zeichen großer Angst zeigt, sieht der Vater keinen Anlass, etwas zu unternehmen. Eine ältere Frau, die den Vorfall beobachtet hat, ist anderer Auffassung; sie ruft: „Heben Sie das Kind sofort hoch! Sonst hat es sein ganzes Leben lang Angst vor Hunden!" Als der Vater nicht reagiert, entfernt sie das Kind eigenhändig aus der Nähe des Hundes.

Diese Handlung dient nach Ansicht der Frau den Interessen *des Kindes*, kann also als paternalistisch gegenüber dem Kind bezeichnet werden. Jedoch wird sich in dieser Situation insbesondere der Vater *bevormundet* fühlen, obgleich die Frau nicht *seine* Interessen im Blick hatte. Dies kann mit Shiffrin damit erklärt werden, dass er der Ansicht ist, hier sei ungerechtfertigt in seine Entscheidungsdomäne eingegriffen worden. „Das geht Sie nichts an!" wird er denken oder sagen, und dies möglicherweise zu Recht. Wenn hingegen Sabine, die mit einem Messer bewaffnet ist, zu Fritz sagt: „Es ist meine Sache, ob ich Walter umbringen will oder nicht", so ruft dies intuitive Ablehnung hervor. Sabine überschreitet hier die Grenzen ihrer Entscheidungsdomäne, und deshalb kann Fritz' Handeln nicht als paternalistisch bezeichnet werden.

Möglicherweise würde die Frau, welche das Kind vor dem Hund in Sicherheit bringt, den Vorwurf zurückweisen, sie habe *den Vater* bevormundet: Ihrer Meinung nach hat sie nur darauf reagiert, dass der Vater seine moralischen Verpflichtungen gegenüber dem Kind vernachlässigt hat. Diese Interpretation hätte eine größere Plausibilität, wenn der Hund das Kind tatsächlich angegriffen hätte, ohne dass der Vater sich geregt hätte. Das könnte, so eine Erläuterung im Sinne Shiffrins, daran liegen, dass hier, wo es um Leben und Tod geht, die Grenzen der elterlichen Entscheidungsdomäne überschritten sind.

Die *begriffliche* Entscheidung, ob eine Handlung als paternalistisch zu gelten hat, hängt nach Shiffrin von *normativen* Überzeugungen zu den Grenzen der individuellen Entscheidungs- und Handlungsdomäne ab.[3] Damit wird es im Einzelfall schwierig zu

3 Shiffrin ist sich bewusst, dass ihre Definition des Paternalismus auf normative Auffassungen angewiesen ist: „On this characterization,

entscheiden, ob eine Handlungsweise paternalistisch genannt werden soll; im vorliegenden Fall ist dazu eine umfassende Theorie der elterlichen Rollenautonomie nötig. Trotzdem meine ich, dass Shiffrins Ansatz unsere Intuitionen dazu, was Bevormundung ist, besser ausdrückt als die Standardtheorie. Vor allem aber gibt Shiffrin eine einleuchtende Erklärung dafür, warum Paternalismus sich *hauptsächlich* auf das Wohl der paternalisierten Person bezieht: Nach weitverbreiteter Auffassung liegen Entscheidungen, welche ausschließlich das persönliche Wohl betreffen, in der Freiheitsdomäne der betreffenden Person.

Welche Konsequenzen hat diese Auffassung für die Frage des Paternalismus gegenüber Kindern? Eine freiheitsbeschränkende Handlung gegenüber Kindern kann dann als paternalistisch gelten, wenn sie in einen Bereich eingreift, in dem *gewöhnliche Erwachsene unter normalen Umständen* Autonomie genießen.

Kehren wir mit diesem erweiterten Verständnis von Paternalismus zur Frage der Erziehung Erwachsener zurück. Auf den ersten Blick scheint es, als sei die pädagogische Intention der Frau auch nach dem erweiterten Paternalismusbegriff *nicht* als bevormundend einzustufen. Mit ihrer normativen Erwartung, nicht mehr geschlagen zu werden, greift sie nämlich *nicht* in die Autonomiesphäre des Mannes ein: Es ist ihr legitimer Anspruch, nicht misshandelt zu werden. Die Intuition, der Mann werde pädagogisch bevormundet, lässt sich also nicht unter Rückgriff auf den *Gehalt* der pädagogischen Erwartung seiner Frau erläutern.

Relevant scheint mir hier vielmehr zu sein, dass Erziehung auf den Charakter, auf die „Entwicklung des Selbst" einer anderen Person zielt. In normativ symmetrischen Beziehungen, so könnte man sagen, liegt die Entwicklung des eigenen Selbst, der eigenen praktischen Identität, im Autonomiebereich der einzelnen Person. Es liegt in ihrer (substanziellen) Verantwortung, sich allenfalls selbst zu erziehen und eine charakterliche Besserung anzustreben. In diesem Sinn kann Erziehung als Eingriff in die autonome Do-

---

[...] a full account of paternalism will depend on an account of what sorts of interests and matters legitimately lie within an agent's control. That is, a full account of paternalism will depend upon a fleshed-out account of autonomy-rights – over what an agent [...] generally has proper domain, just in virtue of being an agent" (ebd., S. 218f).

mäne einer Person interpretiert werden, also als bevormundend oder paternalistisch.[4]

Damit ist der oben vorgeschlagene kurze Weg zur Rechtfertigung von Erziehung verbaut: Auch Moralerziehung muss als paternalistisch angesehen werden. Offenbar besteht doch ein entscheidender Unterschied zwischen dem gewöhnlichen moralischen Erwarten und dem pädagogischen Erwarten. Die Gegenüberstellung der beiden Typen des Erwartens hat bereits ans Licht gebracht, dass letzteres in besonderer Weise darauf ausgerichtet ist, die „Moralität", also den „autonomen Willen" des Gegenübers zu bilden. Genau dieser Punkt, so hat sich jetzt gezeigt, lässt es angemessen erscheinen, pädagogisches Erwarten und Reagieren als bevormundend zu bezeichnen.

2.2 Erziehung, Fürsorglichkeit und die Förderung der kindlichen Interessen

Der Versuch einer schlanken Rechtfertigung von Erziehung, welche das Problem des Paternalismus ignoriert, ist gescheitert. Selbst Moralerziehung muss, nach dem zuletzt Gesagten, als paternalistisch betrachtet werden. Die im letzten Kapitel entfaltete Argumentation hat zu einer Klärung des Paternalismus-Begriffs geführt. Paternalismus liegt demnach vor, wenn eine Person A *ohne Zustimmung* einer Person B *stellvertretend* für diese handelt oder entscheidet, wenn also A eine Entscheidung oder Handlung übernimmt, die grundsätzlich in Bs *Autonomiedomäne* gehört. Es kann hinzugefügt werden, dass die bevormundende Person A in sol-

4 Dies ist, wie in der Einleitung angedeutet, eine mögliche Interpretation der antipädagogischen Auffassung, nach der selbst eine rousseauistische oder antiautoritäre Erziehung moralisch verwerflich ist, da sie sich anmaßt, Ziele für die charakterliche Entwicklung des Kindes zu setzen. Im Rahmen der vorliegenden Argumentation ist es von geringer Bedeutung, ob tatsächlich jegliches Erziehen bevormundend ist. In der Alltagssprache wird das Wort sicherlich bisweilen für Tätigkeiten verwendet, die nicht paternalistisch sind. *Paradigmatische* Fälle von Erziehung sind jedoch meines Erachtens paternalistisch, und genau diese bedürfen einer moralischen Rechtfertigung.

chen Fällen der Überzeugung ist, ihr Handeln oder Entscheiden sei demjenigen Bs *überlegen*.

Mit diesem gegenüber dem Standardverständnis deutlich erweiterten Begriff von Paternalismus im Hintergrund wende ich mich der *zweiten Argumentation* zur Rechtfertigung von Erziehung zu. Da diese den Gedanken der *Förderung des kindlichen Wohls* in den Mittelpunkt stellt, könnte sie auch im Rahmen des gängigen Verständnisses von Bevormundung sinnvoll formuliert werden: Es soll aufgezeigt werden, dass es bisweilen moralisch gerechtfertigt ist, in den Autonomiebereich des Individuums einzugreifen, um dessen *Wohl* zu fördern. Die Argumentationslinie setzt an einem unkontroversen Punkt an: Dass Erwachsene Kindern mit Fürsorglichkeit zu begegnen haben, dürfte kaum umstritten sein. Die Überlegungen führen in einem *zweiten Schritt* zu einer Form von Paternalismus, die ich als beschützenden oder fürsorglichen Paternalismus bezeichne. In einem *dritten Schritt* wird der pädagogische Paternalismus, insofern er auf das kindliche Wohl bezogen ist, gerechtfertigt. Im *vierten Schritt* kehre ich zu dem im letzten Kapitel behandelten Problem der Moralerziehung zurück.

Fürsorglichkeit und die Förderung der Interessen

In Kapitel 1.2 wurde ein moraltheoretischer Grundgedanke formuliert, nach dem es moralisch gefordert ist, durch die Berücksichtigung der legitimen *Interessen* anderer Personen ihnen gegenüber *moralische Wertschätzung* auszudrücken.

Kinder sind, wie Benporath hervorhebt, besonders verletzlich im Sinne der *Interessen-Verletzlichkeit*. Auf Grund ihrer *moralischen Verletzlichkeit* sind ihre Interessen von moralischer Bedeutung. Ihre besondere Interessen-Verletzlichkeit erwächst, wie früher gesagt, aus ihrer umfassenden *Unselbständigkeit*.

Fürsorgliches Handeln kann als Reaktion auf die Unselbständigkeit des Gegenübers betrachtet werden. Versteht man unter Unselbstständigkeit wie vorgeschlagen die Unfähigkeit, gewisse wertvolle Tätigkeiten ohne fremde Hilfe auszuführen und damit bestimmte Güter selbst zu erlangen (Kapitel 1.1), so ist klar, dass Fürsorglichkeit darauf gerichtet ist, diesen Mangel auszugleichen. Durch fürsorgliches Handeln werden gewisse Güter, zum Beispiel Nahrungsmittel, direkt bereitgestellt. Zudem wird die umsorgte

Person dabei unterstützt, bestimmte Tätigkeiten auszuführen oder Güter zu erlangen.

Fürsorglichkeit ist also auf die Förderung des *Wohls* oder der *Interessen* der umsorgten Person gerichtet. Es fällt nicht schwer, gewisse *inhaltliche* Aussagen darüber zu machen, worin dieses Wohl besteht. So dürfte wenig kontrovers sein, dass für das körperliche Wohl von Kindern – für Ernährung, Kleidung, Wohngelegenheit, medizinische Versorgung, aber auch für körperliche Betätigungs- und Entwicklungsmöglichkeiten – gesorgt sein muss. Weiter dürfte allgemein anerkannt sein, dass das Kind gewisse soziale Interessen hat: Es benötigt konstante Bezugspersonen und Kontakte zu Gleichaltrigen. Als weitere grundlegende Werte können (innere) Autonomie und verschiedene Formen von Selbstständigkeit angesehen werden. Es ist somit einfach, im vorliegenden argumentativen Kontext eine wenig strittige Liste grundlegender Güter zu erstellen. Anstatt diese Liste weiterzuführen oder zu präzisieren, wende ich mich der Frage zu, aus welchem Grund ein derartiges Unterfangen kaum Bedenken hervorruft: Die meisten Güter, die durch Fürsorge bereitgestellt werden, entsprechen kindlichen *Wünschen*. Anders ausgedrückt: Kinder erteilen dem entsprechenden fürsorglichen Handeln gewöhnlich ihre *Zustimmung*.

Eine solche Liste kann, ähnlich wie die entsprechenden Versuche von John Rawls (1971/1979, S. 112) oder Amy Gutmann (1980, S. 340), in einem *subjektivistischen* Sinn interpretiert werden. Gutmann entwirft im Anschluss an Rawls[5] eine Gütertheorie, welche speziell auf das Leben von Kindern zugeschnitten ist; sie enthält: „adequate nutrition, health care, housing, familial affection, and an education adequate to choosing among available economic and social opportunities". Rawls merkt zur Liste seiner Grundgüter an, es handle sich dabei um „Dinge, von denen man annehmen kann, daß jeder vernünftige Mensch sie haben will" (Rawls 1971/1979, S. 83). Die von ihm erstellte Liste erhebt den Anspruch auf *Universalität*, nicht aber den Anspruch auf *Objektivität*. Sie ist universalistisch in dem Sinn, dass sie sich auf *alle Menschen* bezieht, aber subjektivistisch in dem Sinn, dass sie sich aus den sub-

5 Rawls' Grundidee wird auch von anderen erziehungsphilosophischen Autoren, etwa von Blustein (1982, S. 129) oder Fuhr (1998, S. 249), aufgegriffen.

jektiven Wünschen der Menschen herleitet. Das Kriterium der Vernünftigkeit verhindert, dass beliebige Wünsche in die Liste aufgenommen werden. Gutmann, so scheint es, vertritt einen schwächeren Anspruch als Rawls. Sie teilt die Auffassung, die Liste der Güter ergebe sich aus vernünftigen Wünschen, stellt aber keinen universalistischen Anspruch: „Primary goods on my interpretation are not timeless or universal. They reflect a common understanding within a society of what goods rational individuals, ignorant of their regular interests, would want provided for them within that society" (Gutmann 1980, S. 341). Selbst ein solches *relativistisches* Verständnis des kindlichen Guten, so scheint es, tut im Rahmen von Überlegungen zur Fürsorglichkeit seinen Dienst, insofern fürsorgliches Handeln sich normalerweise an den subjektiven Wünschen der umsorgten Person zu orientieren hat.[6]

Nicht jedes Handeln, welches das Wohl anderer Personen im Blick hat, kann als fürsorglich gelten. Typisch für fürsorgliches Handeln ist eine Asymmetrie zwischen der sorgenden und der umsorgten Person. Die umsorgte Person ist in bestimmter Hinsicht schwach und verletzlich und bedarf der Unterstützung durch eine „starke" Person. Dieser faktischen Asymmetrie entspricht eine Asymmetrie auf der normativen Ebene. In der neuzeitlichen Ethik wurde die moralische Beziehung meist als normativ symmetrisch konzipiert. Das heißt, dass alle Beteiligten gleiche „Rechte" und „Pflichten" haben. In Fürsorgebeziehungen hingegen kann von einer solchen Symmetrie nicht ausgegangen werden: Den Anstrengungen der sorgenden Person steht normalerweise keine Gegenleistung der umsorgten Person gegenüber. Diese ist darauf angewiesen, dass ihr Gegenüber gewisse Verpflichtungen übernimmt, welchen keine Verpflichtungen auf ihrer Seite entsprechen.

6 Und doch könnte ein Problem auftreten, ein Problem, das unter dem Stichwort „Maternalismus" abgehandelt werden könnte (vgl. Kapitel 2.2, dritter Abschnitt). Es gibt Fälle, in denen fürsorgliches Handeln zwar von der umsorgten Person gewünscht wird, jedoch nicht ihrem Wohl oder ihren Interessen entspricht. Ich denke an Fälle, in denen z.B. Kinder durch Fürsorglichkeit daran gehindert werden, gewisse Fähigkeiten oder Fertigkeiten zu erwerben. Sie bleiben „unselbständig" und das, so scheint es, ist nicht in ihrem *Interesse*. Folglich wäre es in ihrem (objektiven?) Interesse, ihrem subjektiven Wunsch zuwiderzuhandeln.

Ist ein Erwachsener hilfsbedürftig, so beschränkt sich dies häufig auf klar umrissene Bereiche: Er ist beispielsweise nicht in der Lage, sich selbständig fortzubewegen und benötigt entsprechende Fürsorge. Kleine Kinder, wie auch gewisse geistig Behinderte, sind demgegenüber in einem umfassenden Sinne hilfsbedürftig.

Von diesen Bemerkungen zur Fürsorglichkeit führt der Weg weiter zur Rechtfertigung von beschützendem, fürsorglichem Paternalismus. Die Grundidee ist, gewisse Arten von Bevormundung als Aspekt fürsorglichen Handelns herauszustellen.

Es ist naheliegend zu sagen, fürsorglicher Paternalismus sei gerechtfertigt, insofern er, wie Fürsorglichkeit, auf die Förderung der kindlichen Interessen gerichtet ist. Damit ist eine *konsequenzialistische* Rechtfertigung von Paternalismus angedeutet. Bevor ich mich diesem Rechtfertigungs-Modell zuwende, prüfe ich zunächst die Tauglichkeit von Modellen, welche in einem weiten Sinne als *kantianisch* bezeichnet werden können.

Im darauffolgenden Abschnitt schlage ich eine eigene Rechtfertigung von fürsorglichem Paternalismus vor, welche Elemente der zuvor vorgestellten Modelle integriert.

Fürsorglicher Paternalismus: Modelle der Rechtfertigung

Im Folgenden werden also zunächst drei kantianische Modelle zur Rechfertigung von Paternalismus erörtert, bevor als viertes die konsequenzialistische Herangehensweise an dieses Problem zum Thema wird.

Der Kantianismus ist grundsätzlich *antipaternalistisch*: Er bekundet wenig Mühe bei der *Abwehr* paternalistischer Anmaßungen; die Frage ist aber, ob er auch zu einer angemessenen Rechtfertigung von intuitiv legitimer Bevormundung in der Lage ist. Der kantianische Antipaternalismus lässt sich mit der zentralen Stellung der Werte der Autonomie und Freiheit begründen, wobei die *repräsentative Wertdimension* von Autonomie in den Vordergrund gerückt wird. Dworkin meint *diese* Wertdimension, wenn er vom „absolute value of the choice itself“ (Dworkin 1972/1983, S. 28) spricht, dem Wert einer freien Wahl also, der *nicht relativ* zu ihren Folgen für das Wohl der betreffenden Person ist: „To be able to choose is a good that is independent of the wisdom of what is chosen“ (ebd., S. 27). Autonomie ist wertvoll, weil sie dem Individuum erlaubt, „sich selbst" in Handlungen auszudrücken. Kann Bevormundung unter diesen Umständen überhaupt gerechtfertigt werden?

Eine der von Dworkin im Anschluss an Mill vorgebrachten Rechtfertigungen lautet: „Paternalism is justified only to preserve a wider range of freedom for the individual in question" (ebd., S. 28). Diese Argumentation beruht auf einem sozusagen konsequenzialistischen Freiheitskalkül: Die Einschränkung der Freiheit zu einem bestimmten Zeitpunkt ist legitim, wenn dadurch zu einem späteren Zeitpunkt ein größeres Maß an Freiheit erlangt wird, wenn also die letztlich erreichte Freiheitssumme positiv ist.

Mit dieser Überlegung lässt sich etwa das Verbot, sich freiwillig in die Sklaverei zu verkaufen, rechtfertigen. Aber auch in Bezug auf den (pädagogischen) Paternalismus gegenüber Kindern leistet sie gute Dienste: Durch Bevormundung und Erziehung von Kindern, so kann argumentiert werden, wird die Entwicklung von innerer Autonomie gefördert; dem Kind wird in der Zukunft ein autonomes Leben ermöglicht.

Es fragt sich allerdings, ob auf diese Weise alle intuitiv legitimen Bevormundungen eine Begründung erfahren. John Hodson bestreitet dies: „The protection of freedom is only one thing, for which paternalism may be acceptable" (Hodson 1977, S. 62). Wenn wir verhindern, dass ein Kind die heiße Herdplatte berührt, so Hodson, so hat dies wenig mit dem Wert der Freiheit oder Autonomie zu tun: In diesem Fall intervenieren wir, um das Kind vor Schmerzen und einer körperlichen Verletzung zu bewahren. Natürlich ist körperliche Unversehrtheit in gewisser Weise eine Voraussetzung von Freiheit: Wer ständig von Schmerzen gequält wird oder bestimmte körperliche Fähigkeiten verloren hat, ist in seinem Handeln eingeschränkt. Jedoch wäre es meiner Ansicht nach falsch, den Wert von körperlicher Unversehrtheit *ausschließlich instrumentell* – in Hinsicht auf ihren Beitrag zur Freiheit – zu bestimmen. Es erscheint mir durchaus sinnvoll, die erwähnte Bevormundung des kleinen Kindes *allein* mit dem Hinweis auf seine körperliche Unversehrtheit und ohne Bezugnahme auf Freiheit zu rechtfertigen. Ähnlich kann man spezifisch *pädagogische* Ziele wie die Fähigkeit zu gelingenden sozialen Beziehungen angeben, deren Wert nicht auf den Wert von Autonomie oder Freiheit reduziert werden kann.

Eine *zweite* kantianische Argumentationslinie zur Rechtfertigung von Paternalismus verweist auf den Mangel an innerer Autonomie, den gewisse Menschen aufweisen. Ein missglücktes Beispiel für diese Strategie stellen die Überlegungen Alan Gewirths dar.[7] Er nährt die Befürchtungen der Kinderrechtler, welche die Ansicht vertreten, Bevormundung und Geringschätzung von Kindern gingen Hand in Hand. Auf Grund ihrer bloß partiellen oder potenziellen Handlungsfähigkeit (oder inneren Autonomie), so Gewirth, seien Kinder *moralisch weniger relevant* als Erwachsene und dürften bevormundet werden.

Auch Joel Feinberg stellt eine Verbindung her zwischen dem Mangel an innerer Autonomie und der Legitimität paternalistischer Eingriffe; allerdings sind seiner Ansicht nach partiell autonome Wesen *nicht* moralisch minderwertig. Feinberg verwendet nicht den Begriff der Autonomie, sondern stellt den Begriff der „voluntariness", der Freiwilligkeit also, in den Vordergrund (Feinberg 1971/1983, S. 9), welcher aber wohl mit Autonomie gleichzusetzen ist. Eine freiwillige Handlung beruht nach Feinberg auf einer *überlegten Entscheidung*:

„Impulsive and emotional actions, and those of animals and infants [...] are not *chosen*. Chosen actions are those that are decided upon by *deliberation*, and that is a process that requires time, information, a clear head, and highly developed rational faculties. [...] Such acts not only

7 Vgl. Gewirth 1978, S. 142. In Bezug auf partiell handlungsfähige Wesen gilt nach Gewirth das „Proportionalitätsprinzip", welches den Umfang der moralischen Rechte eines Wesens vom Entwicklungsstand seiner Handlungsfähigkeit abhängig macht. Konkret heißt das für Gewirth, dass Kinder als partiell handlungsfähige Wesen über *weniger Freiheit* verfügen können. Allerdings begründet Gewirth diese Freiheitseinschränkung zusätzlich paternalistisch: Sie diene dem Wohl der Kinder. Hier wird also die Rechtfertigung des Paternalismus mit der Auffassung der moralischen Minderwertigkeit von Kindern verknüpft. Offen bleibt in Gewirths Argumentation, warum die moralische Minderwertigkeit nur im Bereich der Freiheit (und nicht z.B. bezüglich des Wohlergehens) zu Einschränkungen führen soll.

have their origin ‚in the agent', they also represent the agent faithfully in some important way; they express his or her settled values and preferences. In the fullest sense, therefore, they are actions for which the agent can take responsibility" (ebd., S. 7).

Feinberg vertritt die Ansicht, dass Bevormundung gerechtfertigt ist, wenn eine Entscheidung als *unfreiwillig* betrachtet werden muss.[8] In diesen Fällen spricht Feinberg von *schwachem Paternalismus*, während die Intervention bei freiwilligen Handlungen ihm als *starker Paternalismus* gilt (ebd., S. 9).

Warum aber soll schwacher Paternalismus, im Gegensatz zu starkem Paternalismus, erlaubt sein? Auch freiwillige, autonome Entscheidungen können, wie Feinberg einräumt, zur Schädigung der betreffenden Person führen; es besteht also keine Garantie für den *instrumentellen Wert* von Autonomie. Im Vordergrund steht für Feinberg denn auch der *repräsentative Wert* freier Entscheidung, wie das obige Zitat belegt: Freiwillige Entscheidungen repräsentieren den Handelnden. Unfreiwillige Entscheidungen, Entscheidungen, die nicht durch angemessene Überlegung, unter Beizug relevanter Informationen, mit klarem Kopf, von einer Person mit den nötigen rationalen Fähigkeiten gefällt werden, können nicht als (voller) Ausdruck der praktischen Identität – Feinberg spricht von den stabilen Werten und Präferenzen einer Person – gelten. Folglich kann eine Bevormundung in diesem Fall auch nicht als „Verletzung des Selbst" einer Person gesehen werden.

Bereits früher (Kapitel 1.3) ist Schapiros Formulierung dieser Überlegung zur Sprache gekommen: „Paternalism is prima facie wrong because it involves bypassing the will of another person. [...] But if the being whose will is bypassed does not really ‚have' a will, [...] then the objection to paternalism loses its force" (Schapiro 1999, S. 730f). Folglich, so Schapiro, sei die Bevormundung von Kindern „excusable" (ebd., S. 730), da sie zwar über Wünsche, nicht aber über einen stabilen, von einer ausgereiften praktischen Identität gestützten Willen verfügten.

8 In seinem erziehungsphilosophischen Aufsatz „The Child's Right to an Open Future" allerdings benutzt Feinberg den Begriff der Freiwilligkeit nicht. Er rechtfertigt dort elterlichen Paternalismus mit dem „immature and uninformed judgement" (Feinberg, 1980, S. 141) von Kindern, zwei Aspekten also, die durchaus Teil des Begriffs der Unfreiwilligkeit sind.

Diese genuin kantianische Auffassung, welche den Aspekt der Folgen für das Glück der betroffenen Person in den Hintergrund drängt, hat tatsächlich einige unserer Intuitionen auf ihrer Seite: Nehmen wir etwa an, ein sechsjähriges Kind hat den starken Wunsch, Trompete zu spielen, und vergleichen wir diesen Wunsch mit dem Willen eines erfahrenen vierzigjährigen Trompeters, sich auf seinem Instrument zu vervollkommnen. Intuitiv gesehen wäre es gewiss schlimmer für diesen Trompeter, wenn ihm das Spielen auf seinem Instrument verboten würde, als wenn dem Kind kein Trompetenunterricht gewährt würde. Beim Kind wird ein bloßer Wunsch übergangen, der Trompeter hingegen kann diesen Eingriff als gravierende Verletzung seines Selbst empfinden, da das Spielen der Trompete ein zentraler Aspekt seiner praktischen Identität ist.

Die *dritte* kantianische (und vertragstheoretische) Argumentationslinie zum Problem des Paternalismus stellt den Begriff der *Zustimmung* in den Mittelpunkt.[9] Diesem Begriff kommt im Kantianismus ein hoher Stellenwert zu, da die (rationale) Zustimmung einer Person als Ausdruck ihres autonomen Selbst gesehen werden kann. Grundsätzlich muss es also in kantianischer Perspektive als Verletzung dieses Selbst interpretiert werden, wenn die Zustimmung einer Person in einer sie betreffenden Angelegenheit nicht eingeholt oder wenn gar gegen den Willen dieser Person gehandelt wird.

Die hohe Bedeutsamkeit der Zustimmung führt zu einem grundsätzlichen *Antipaternalismus.* In Habermas' Diskurstheorie, welche auf dem Prinzip der rationalen Zustimmung beruht, scheint die Rechtfertigung von Paternalismus gar kaum mehr möglich.[10] Rawls, auf den die erziehungsphilosophischen Konzepte von Gutmann (1980, S. 339f) und Blustein (1982, S. 124f) aufbauen, erweist sich hier als flexibler:

---

9 Wie Feinbergs Überlegungen zeigen, ist diese Argumentationslinie durchaus mit der im vorigen Abschnitt dargestellten Argumentation vereinbar (vgl. Feinberg 1971/1983, S. 4ff).

10 Vgl. Kapitel 1.2, zweiter Abschnitt. Da nach diskursethischer Auffassung kein verlässliches Wissen darüber, was für andere gut ist, generiert werden kann, fehlt die Basis für die Rechtfertigung paternalistischer Interventionen.

„Die Grundsätze des Paternalismus sind [...] diejenigen, die die Parteien im Urzustand anerkennen würden, um sich gegen Schwäche und Versagen ihrer Vernunft und ihres Willens in der Gesellschaft zu schützen. Andere erhalten das Recht und sind manchmal verpflichtet, an unserer Stelle zu handeln und das zu tun, was wir für uns tun würden, wenn wir vernünftig wären. [...] Paternalistische Entscheidungen haben sich von den stabilen Bedürfnissen der Betroffenen selbst leiten zu lassen, oder, wenn uns diese nicht bekannt sind, von der Theorie der Grundgüter" (Rawls 1971/1979, S. 281).

Nach Rawls erteilen die Parteien ihre *Zustimmung* nicht im realen Leben, sondern schon im Voraus unter den idealisierten Bedingungen des Urzustands. Durch diesen Kunstgriff können alle paternalistischen Handlungen sozusagen nach dem Muster der Geschichte von Odysseus interpretiert werden, welcher sich von seinen Gefährten festbinden ließ, um nicht dem Locken der Syrenen zu erliegen. Odysseus *stimmte im Voraus* seiner eigenen Bevormundung *explizit zu* (Dworkin 1972/1983, S. 29; Carter 1977, S. 136). Diese Willensbekundung kann, kantianisch gesprochen, als Ausdruck von Odysseus' autonomem Selbst betrachtet werden, während die anderslautenden Forderungen, die der festgebundene, von den Syrenen bezirzte Odysseus von sich gab, nicht als autonom gelten können. Liegt eine derartige ausdrückliche Zustimmung zur Bevormundung vor, kann sie im kantianischen Denken legitimiert werden.[11]

Während Odysseus' Zustimmung im „realen Leben" anzusiedeln ist, stimmen die Vertragsparteien bei Rawls in einem fiktiven

11 Dies wird etwa von Haley Richmond in Frage gestellt: „Although prior consent is held to be some form of permission to interference, it is not the case that we can assume that consent still holds some time after it has been given. The possibility that the individual might have changed their mind must be taken into account" (Richmond 1998, S. 240f). Dieses Problem wird entschärft, wenn man sich die frühere Zustimmung als *Vertrag* vorstellt, den man mit anderen Personen eingegangen ist. Es ist eine Eigenheit von Verträgen, dass sie (unter normalen Umständen) weiterhin Geltung haben, auch wenn eine der Vertragsparteien sie momentan aufkündigen möchte. Wer einen derartigen „Paternalismus-Vertrag" eingeht, tut dies gerade im Wissen darum, dass er es zu einem späteren Zeitpunkt bereuen könnte, ihn je unterschrieben zu haben.

Urzustand zu. Die reale Paternalisierung einer Person kann hier nicht damit gerechtfertigt werden, dass sie *faktisch* zugestimmt hat, sondern dass sie unter bestimmten idealen Bedingungen zustimmen *würde*. Rawls Rechtfertigung von Paternalismus beruht also auf der *hypothetischen* Zustimmung rationaler Personen. Eine solche Konzeption der hypothetischen rationalen Zustimmung ist mit einigen Schwierigkeiten behaftet:

Erstens muss gefragt werden, ob dieses Modell, welches in keiner Weise an eine empirische Willensbekundung gebunden ist, eine paternalistische Handlung noch legitimieren kann. Die rechtfertigende Kraft des Zustimmungsprinzips erwächst ja gerade daraus, dass sich eine Person tatsächlich mit einem Akt der Bevormundung einverstanden erklärt. Einer paternalisierten Person gegenüber kann die Bevormundung kaum unter Hinweis auf ihre hypothetische Zustimmung gerechtfertigt werden.

Zweitens muss befürchtet werden, dass unter Rückgriff auf eine rein hypothetische Zustimmung mehr Bevormundung gerechtfertigt werden kann, als intuitiv gerechtfertigt erscheint. Hier besteht nämlich die Neigung, sich auf ein Ideal von Rationalität und Autonomie zu stützen, dem nur wenige Menschen gerecht werden. Wirkliche Menschen sind in der Regel nicht vollkommen klug und rational, und sie haben nicht den Wunsch, jede ihrer Handlungen von einer außenstehenden Instanz überprüfen zu lassen. Donald VandeVeer erläutert diesen Punkt an Hand einer überzeugenden Analogie (VandeVeer 1980, S. 196). Ein durchschnittlich kompetenter Mensch steht vor der Wahl, selbst eine Schachpartie zu spielen, oder an eine paternalistische Maschine angeschlossen zu werden, die ihn davon abhält, unkluge Züge zu machen. VandeVeer nimmt an, dass kaum jemand die zweite Option wählen würde, da Menschen gewöhnlich selbst spielen, und das heißt selbst entscheiden wollen, auch wenn sie die Partie dadurch verlieren können. Entsprechend ziehen die meisten Menschen es vor, in ihrem Leben bisweilen Fehler zu machen, anstatt sich an eine Entscheidungsmaschine anschließen zu lassen.

Drittens kann gefragt werden, wie in einer bestimmten Situation auf die hypothetische Zustimmung des Betroffenen, der faktisch nicht zustimmt, geschlossen werden kann. Eltern verbieten ihrem Kind, auf einem Felsen herumzuklettern. Wollen sie sich der hypothetischen Zustimmung ihres Kindes vergewissern, so können sie sich fragen: Würde das Kind zustimmen, wenn es in vollem Maße *vernünftig* wäre? Anders formuliert: Gibt es gute *Gründe*, warum das Kind zustimmen sollte? Für die Beantwortung dieser Frage, wird man wohl auf eine andere rekurrieren müssen: Gibt es gute *Gründe*, warum das Kind nicht auf dem Felsen herumklettern sollte? Für die Beantwortung dieser Frage wird man vermutlich auf die Risiken für das kindliche *Wohl* hinweisen. Man wird also stellvertretend für das Kind einen rationalen Entscheidungsprozess simulieren, in dem man alle relevanten Gesichtspunkte einbezieht. Wäre es aber nicht naheliegender, diese Gesichtspunkte, etwa das Wohlergehen, *direkt* zur Rechtfertigung von Paternalismus zu verwenden, anstatt den Umweg über das Modell der Zustimmung zu nehmen? Zum Beispiel: Paternalismus *verdient* genau dann die *Zustimmung* der Kinder, wenn er ihrem *Wohl* dient.

Diese Schwierigkeiten lassen es meiner Ansicht nach für Kantianer ratsam erscheinen, das Zustimmungsprinzip empirisch anzubinden. Dabei bieten sich zwei Möglichkeiten, die etwa von Rosemary Carter kombiniert werden: Die *erste* stützt sich (wie im Odysseus-Beispiel) auf die *vorgängige* faktische Zustimmung der paternalisierten Person, die zweite auf deren *zukünftige* Zustimmung (Carter 1977, S. 136). Während die erste Möglichkeit in Bezug auf die Rechtfertigung der Bevormundung von Kindern kaum einen Nutzen bringt, erscheint die zweite vielversprechend: „[P]aternalism towards the child has a good chance of meeting with the subsequent approval of his adult self, since with the development of his abilities and judgement he will probably see the wisdom of our interference" (ebd., S. 141).[12]

Gegen diese Argumentation wendet VanDeVeer ein: „If it is claimed that the interference is permissible if, and only if, subsequent consent occurs, then the permissibility of the interference is bizarrely contingent on chance occurences, for example, whether a lightning bolt terminates the life of the subject before a time at which he would consent" (VanDeVeer 1980, S. 193). Würde die

12 Vgl. auch Dworkin 1972/1983, S. 28: „Parental paternalism may be thought of as a wager on children's subsequent recognition of the wisdom of the restrictions. There is emphasis on what could be called future-oriented consent – on what children will come to welcome, rather than on what they do welcome".

paternalisierte Person vorzeitig sterben, so wäre ihre faktische Zustimmung nie mehr einzuholen und der paternalistische Akt bliebe sozusagen „ungerechtfertigt". Ein solches Ereignis bezeichnet Carter als „arbitrary from a moral point of view" (Carter 1977, S. 135); dennoch nimmt sie in der Folge Abstand von der Auffassung, Paternalismus müsse *immer* durch faktische Zustimmung gerechtfertigt werden. In einigen Fällen, so Carter, genüge eine „disposition to consent" (ebd., S. 136). Über eine solche Disposition verfügt zum Beispiel jemand, der zustimmen *würde*, sofern er über eine bestimmte relevante Information verfügen würde. Damit nähert sich Carter der Theorie der *hypothetischen* Zustimmung an.

Den meines Erachtens wichtigsten Einwand gegen das Prinzip der *künftigen* Zustimmung formuliert Carter gleich selbst: „[T]hose paternalistic measures directed towards his child-self which an adult comes to approve of, will depend in part on what beliefs and attitudes his parents attempted to instill, and on how successful they were doing so" (ebd., S. 137; vgl. auch Archard 1993, S. 54f und Richmond 1998, S. 243). Eltern können durch Erziehung darauf hinzuwirken versuchen, dass ihr Kind gewisse pädagogisch-paternalistische Maßnahmen befürwortet.[13] Zudem, so Carter, führten bestimmte Bedingungen des Aufwachsens dazu, dass die Wünsche und Einstellungen einer Person *verzerrt* – „distorted" (Carter 1977, S. 137) – würden. Die faktische Zustimmung einer Person mit verzerrten Wünschen kann nach Carter Paternalismus nicht rechtfertigen. Auch hier muss sich Carter letztlich auf die hypothetische Zustimmung abstützen: Sie muss die Frage stellen, welchen Akten der Bevormundung eine Person *zustimmen würde*, wenn sie in ihrer Kindheit keine psychische Schädigung erfahren hätte.

Das Projekt, die Legitimation von Paternalismus auf faktische Zustimmung zu gründen, ist also, zumindest was die Frage des elterlichen Paternalismus betrifft, zum Scheitern verurteilt[14]; die

13 Herbarts bekannte Aussage, wonach der Erzieher *in der Gegenwart* die Zwecke verfolgen soll, welche der Zögling „künftig als Erwachsener sich selbst setzen wird" (Herbart 1806/1964, S. 27), unterliegt ebenfalls diesem Problem.

14 Dieser Ansicht ist auch Richmond (1998, S. 246). Ihm zufolge müssen zur Rechtfertigung von pädagogischem Paternalismus inhaltli-

Theorie der hypothetischen Zustimmung hat sich ebenfalls als unbefriedigend erwiesen.

Als vorläufiges Fazit kann festgehalten werden, dass die *zweite* der genannten kantianischen Strategien zur Rechtfertigung von Paternalismus die größte Überzeugungskraft besitzt: Bezieht sich eine paternalistische Handlung auf einen Willen, der die praktische Identität der Person repräsentiert, so ist dies gravierender, als wenn die Erfüllung spontan auftretender Wünsche behindert wird.

Wenden wir uns abschließend dem *vierten* Rechtfertigungsmodell zu. „[T]he Principle of Consequentialist Paternalism is autonomy overriding", schreibt VanDeVeer (1980, S. 198), und er formuliert damit einen oft gehörten Einwand gegen den Konsequenzialismus. Der Verdacht, das konsequenzialistische Denken missachte den Wert der Autonomie, ist leicht nachvollziehbar: Die Forderung, das Wohl von Personen zu maximieren, scheint nicht mit der Forderung vereinbar, die Autonomie einer Person auch dann zu respektieren, wenn diese gegen ihr eigenes Wohl handelt. Paternalismus scheint aus konsequenzialistischer Sicht immer dann gerechtfertigt, wenn eine Entscheidung oder Handlung nicht dem Wohl der betreffenden Person entspricht.[15]

---

che pädagogische Kriterien entwickelt werden, welche sich am kindlichen Guten orientieren (ebd., S. 247ff). Allerdings wendet sich Richmond gegen das Unterfangen, eine universale oder objektive Theorie des Guten zu entwickeln: „Rather than attempting to decide in advance what our children's good should consist in, we should instead direct our efforts to bringing them up to reason well and to choose well […]. For example, in overruling the decision of a child to eat only sweets and ice cream, we will nevertheless tend to bias them to our own preferences in that the variety of foods offered will tend to reflect our own tastes. However, the notion of autonomy as an educational ideal offers the promise toward overcoming of this problem" (ebd., S. 248). Es fragt sich, ob Autonomie hier als objektiver, universaler Wert im Rahmen einer Auffassung vom Guten anzusehen ist.

15 Es ist zudem zu beachten, dass nach konsequenzialistischer Auffassung eine selbstschädigende Handlung als *moralisch* verwerflich gilt, insofern sie das Gesamtwohl mindert.

Bemerkenswerterweise ist jedoch der liberale Antipaternalist John Stewart Mill[16] einer der bedeutendsten konsequenzialistischen (genauer: utilitaristischen) Moraltheoretiker. Mill vertritt die Auffassung, paternalistisches Handeln *widerstrebe* grundsätzlich der Maximierung des Gesamtwohls (Mill 1859/1988, S. 18).

Ich sehe hauptsächlich zwei konsequenzialistische Argumente gegen den Paternalismus: Das *erste* besagt, dass jede Person selbst am besten in der Lage ist, ihr eigenes Wohlergehen zu verfolgen. Zum einen hat sie, wie Mill (ebd., S. 105) sagt, ein größeres Interesse als andere daran, dass es ihr gut geht, zum anderen weiß sie selbst am besten, was für sie gut ist. Diese Begründung mag in Bezug auf *staatliche* Eingriffe in die individuelle Autonomie plausibel sein. Der Staat hat gewiss ein geringeres Interesse am Wohlergehen eines Individuums als dieses selbst, und er kann zudem nur „allgemeine Annahmen" über das gute Leben treffen, „die ganz falsch sein können. Selbst wenn sie richtig sein sollten, besteht noch die Möglichkeit, daß Personen, die mit den näheren Umständen nicht besser vertraut sind als Außenstehende, diese Vermutungen auf den individuellen Fall falsch anwenden" (ebd.). Beide genannten Aspekte treffen jedoch auf persönliche Beziehungen wie die Eltern-Kind-Beziehung weit weniger zu: Eltern haben ge-

16 Mill vertritt die Auffassung, dass die Beschränkung der Handlungsfreiheit einer Person nur dann gerechtfertigt ist, wenn sie andere Personen zu schädigen droht. Er schränkt aber ein, dies gelte nur für Menschen „mit völlig ausgereiften Fähigkeiten" (1859/1988, S. 17) nicht für Kinder und Jugendliche. An anderer Stelle merkt er an: „Die Gemeinschaft hat unumschränkte Gewalt über (die Menschen) während ihrer ganzen frühen Entwicklungsperiode, sie hat also die ganze Kindheit und frühe Jugend zur Verfügung, um zu versuchen, ob sie sie zu vernünftigem Verhalten im Leben tauglich machen kann" (ebd., S. 113). Die Gesellschaft soll ihre Mitglieder in der Kindheit zu vernünftigen Menschen *erziehen*, anstatt sie im Erwachsenenalter zu bevormunden. Aviram (1990, S. 215) schreibt zu diesen Ausführungen: „Mill's [...] attitude is characterized, on the one hand, by a moderate anti-paternalism towards adults [...] and, on the other hand, by endorsement of a justification of paternalism towards children which is automatic (i.e. not based on the need of specific justification), and universal (i.e. not distinguishing between different individuals)".

wöhnlich, wie auch Mill einräumen wird[17], ein großes Interesse am Wohlergehen ihrer Kinder, und durch den täglichen Umgang mit diesen können sie auch deren individuelle Eigenschaften und Interessen kennen (Jean-Claude Wolf 1990, S. 50).

Das *zweite Argument*, man kann es als *Lern-Argument* bezeichnen, besagt, dass Wesen, die noch nicht vollständig kompetent sind (und das Potenzial zu voller Kompetenz und Autonomie besitzen), durch übertriebene Bevormundung daran gehindert werden, Kompetenz (und andere Fähigkeiten) zu entwickeln. Hintergrund dieser Auffassung sind zwei empirische Annahmen: 1. Gewisse Fähigkeiten (auch die Fähigkeit, gut zu entscheiden), erwirbt man am besten dadurch, dass man die entsprechenden Tätigkeiten tatsächlich ausführt. 2. Fortschritte in der Entwicklung von Kompetenz können unter anderem durch Fehler, falsche Entscheidungen also, zu Stande kommen. Verhindert man, dass eine Person Fehler macht, so behindert man die Entwicklung von Kompetenz.

Stimmen diese Annahmen, so ist es in bestimmten Fällen nicht im Interesse einer Person, bevormundet zu werden, auch wenn das Resultat ihres Handelns noch zu wünschen übrig lässt.

Die konsequenzialistische Argumentation von Mill und anderen betont den *instrumentellen Wert* von Autonomie, den Wert, den (äußere) Autonomie bei der Verwirklichung eines guten Lebens hat. Dabei erstaunt, dass Mill meint voraussehen zu können, dass die Gewährung von Autonomie nicht nur oft, sondern *immer* bessere Folgen hat als paternalistisches Handeln. Wie hoch der instrumentelle Wert von Autonomie für eine Person ist, hängt stark von ihren geistigen Fähigkeiten, ihrer *Kompetenz* zur Beurteilung des eigenen Guten, ab. Diese Auffassung teilt Mill in Bezug auf Kinder durchaus, ohne sie jedoch auf Erwachsene anzuwenden. Meiner Ansicht nach innerhalb des konsequenzialistischen Paradigmas auch mit Hilfe des Lern-Arguments ein grundsätzlicher Antipaternalismus (gegenüber Erwachsenen oder Kindern) *nicht* sichergestellt werden.

Dworkin meint, Mills Antipaternalismus lasse sich nicht rein konsequenzialistisch rechtfertigen, und tatsächlich verwende Mill

17 Wie Mill sagt: Das Interesse, das ein anderer für das Wohl einer Person hegen kann, ist – „ausgenommen Fälle starker persönlicher Anhänglichkeit" – nur gering (ebd.).

zusätzlich zur konsequenzialistischen eine zweite, *kantianisch* angehauchte Argumentationslinie. Diese referiere auf den *repräsentativen (oder absoluten) Wert* von Autonomie (Dworkin 1972/1983, S. 28).

Diese Wertdimension von Autonomie scheint hingegen Dan Brock, der im Zusammenhang mit dem Problem des Paternalismus konsequenzialistisch argumentiert, völlig zu entgehen. Das zeigt sich vor allem in seiner Kritik kantianischer Ansätze; Brock selbst (1983, S. 238) spricht von *Theorien moralischer Rechte*. Er weist darauf hin, dass diese Theorien Paternalismus erlauben, wenn eine Person (oder eine ihrer Handlungen) nicht im vollen Sinne kompetent oder frei ist (ebd., S. 239). Brock beachtet jedoch ausschließlich den *instrumentellen* Wert dieser Eigenschaften, und aus dieser verkürzten Interpretation des kantianischen Denkens erwächst seine Kritik daran.

Er unterscheidet zwei Begriffe von Kompetenz: Zum einen kann Kompetenz *graduell* (oder *relativistisch*) verstanden werden, als Eigenschaft also, die bei einem Menschen mehr oder weniger ausgebildet ist. Im Kantianismus aber, so Brock, werde meist davon ausgegangen, dass jeder Mensch, der in seinen kognitiven Fähigkeiten eine bestimmte *Schwelle* überschritten hat, als kompetent zu gelten hat. Hat er diese Schwelle überschritten, so darf er nach kantianischer Auffassung nicht paternalisiert werden. Brock fragt sich, was eigentlich dafür spreche, *diese*, und nicht die graduelle Auffassung von Kompetenz in einer kantianischen Theorie moralischer Rechte zu verwenden (ebd., S. 241). Um diese Frage beantworten zu können, muss zuerst eine Antwort auf die Frage gefunden werden, warum in solchen Theorien überhaupt von Kompetenz die Rede ist. Hier hat Brock klare Vorstellungen:

> „The most natural and plausible answer is that, when such a requirement is not satisfied, for persons to have moral rights that prohibit paternalistic interference with their actions would be contrary to their good by allowing them to cause significant preventable harm to themselves. The prevention of harm is the motivation for the moral-rights theorist allowing any paternalistic interference at all with persons acting as they wish" (ebd., S. 242).

Die Eigenschaft der Kompetenz ist also laut Brock auf Grund ihres kausalen Zusammenhangs mit dem guten Leben einer Person von

Belang. Wird diese Interpretation akzeptiert, so fragt es sich aber, warum die „Schwellentheorie" von Kompetenz im Kantianismus gegenüber der „graduellen Theorie" favorisiert wird: Das gute Leben wird durch *größtmögliche* Kompetenz am meisten gefördert, und nicht dadurch, dass bezüglich der Kompetenz eine bestimmte Schwelle überschritten wird. Für Brock ist deshalb die kantianische Schwellentheorie unhaltbar. Er vertritt die Ansicht, dass seine Überlegungen eine konsequenzialistische Betrachtungsweise, welche den Begriff des Guten in den Mittelpunkt stellt, nahelegen: „When will the interference in fact maximize the subject's good?" (ebd. S. 247). Kompetenz wäre also demnach nicht der primäre Begriff, ihr Wert wäre instrumenteller Art. Diese Schlussfolgerungen kommen aber vor allem deshalb zu Stande, weil Brock von Beginn weg die konsequenzialistische Denkweise, welche der Autonomie nur instrumentellen Wert beimisst, als „die natürlichste und plausibelste" betrachtet.

Damit mache ich mich an die Formulierung einer eigenen Position in der Frage der Rechtfertigung von Paternalismus.

Fürsorglicher Paternalismus: Drei Kriterien

Gerade die zuletzt formulierte Kritik an der konsequenzialistisch angehauchten Position Dan Brocks lässt es notwendig erscheinen, den *repräsentativen Wert von Autonomie* zu betonen. Nur auf diese Weise kann eine Person, welche verletzlich im Sinne der Autonomie-Verletzlichkeit ist (Kapitel 1.3), vor paternalistischen Anmaßungen geschützt werden. Es ist wichtig zu sehen, dass dieser Schutz auch besteht, wenn gewisse ihrer Entscheidungen als *nicht vollständig klug oder kompetent* erscheinen. Die Betonung des repräsentativen Werts von Autonomie lässt dem Individuum einen Spielraum für (prudentiell) schlechte Entscheidungen, Entscheidungen, welche seinen eigenen Interessen zuwiderlaufen. Dies gilt aber wohlgemerkt nur für dasjenige Individuum, welches *autonom* im früher skizzierten Sinne ist. Für Personen, die nicht autonomie-verletzlich sind, entfällt der Schutz vor Bevormundung, und zwar nicht primär auf Grund ihrer mangelnden Kompetenz. Solange aber solche Personen, zum Beispiel Kinder, ihren eigenen Interessen *nicht* zuwiderhandeln, ergibt sich kein Grund für eine Intervention.

Die kindliche Interessen-Verletzlichkeit (1.1) ist also im Zusammenhang mit der Frage der Rechtfertigung von paternalistischen Eingriffen nicht bedeutungslos. Diese können nur gerechtfertigt werden, wenn sie dem *Wohl* des Kindes dienen und insbesondere eine *Selbstschädigung* verhindern. Damit ist der Bezug zum Begriff der Fürsorglichkeit hergestellt, bei dem die hier präsentierte Argumentationslinie ihren Ausgang nahm. Insofern (beschützender) Paternalismus den Interessen von Kindern dient, indem er bisweilen in deren Tun eingreift, kann er tatsächlich als Aspekt fürsorglichen Handelns gesehen werden. Im Alltag mit Kindern gehen die direkte Befriedigung kindlicher Interessen und die paternalistische Intervention ohnehin Hand in Hand. Es wurde festgehalten, dass es wenig Mühe bereitet, eine unkontroverse Liste von Gütern zu erstellen, welche durch fürsorgliches Handeln gefördert werden sollen. Was liegt also näher, als diese Liste auch an dieser Stelle der Argumentation zu verwenden? Güter wie körperliches Wohlergehen oder gelingende soziale Beziehungen sind die Ziele, um derentwegen überhaupt in die Autonomiesphäre eingegriffen wird.

Es erscheint angemessen, die Freiheit von Kindern zu beschränken, wenn deren Wohlergehen auf dem Spiel steht. Solche Interventionen werden aber, wie ich meine, in zweifacher Weise begrenzt. *Zum einen* bin ich der Ansicht, dass auch ein Kind, dessen Selbst noch nicht gefestigt ist, in gewissen Bereichen einen stabilen Willen ausbilden kann, der tief in seiner „Persönlichkeit" oder seiner „Identität" wurzelt. In solchen Fällen kann es das Kind durch einen Eingriff in seine Autonomie verletzt werden.

Zum anderen ist mit dem konsequenzialistischen „Lern-Argument gegen Paternalismus" eine wichtige Grenze gegen Freiheitseingriffe formuliert. Solche Eingriffe können dem Wohl des Kindes schaden, insofern sie individuelle Lernprozesse behindern. Komplementär dazu könnte ein „Lern-Argument gegen übertriebene Fürsorglichkeit" – man könnte auch von „Maternalismus"[18] sprechen – formuliert werden. Fürsorgliches oder maternalisti-

18 Otfried Höffe verwendet diesen Begriff bisweilen (z.B. 2005) in seiner Kritik des Sozisalstaats. Wenn Jean-Claude Wolf (2006, S. 269) sagt, es sei „völlig egal, ob wir den Titel ‚Paternalismus' oder ‚Maternalismus' wählen", zieht er nicht in Betracht, dass die beiden Begriffe unterschiedlich verstanden werden könnten.

sches Handeln nämlich kann verhindern, dass Kinder die Fähigkeit entwickeln, etwas selbst zu tun. So werden sie in Abhängigkeit und Unselbständigkeit gehalten. Es wird ihnen verwehrt, gewisse wertvolle Fähigkeiten zu entwickeln. Die Entwicklung ihrer äußeren, allenfalls auch ihrer inneren Autonomie wird behindert.

Konzentrieren wir uns aber auf das Problem des Paternalismus. Steht man vor der Frage, ob man ein Kind bevormunden soll, müssen gemäß dem oben Gesagten folgende drei Kriterien in Betracht gezogen werden:

1. Schädigung: Welcher Schaden für das Wohl des Kindes ist zu erwarten, falls man es gewähren lässt? Wie hoch ist die Wahrscheinlichkeit einer Schädigung? Wie gravierend wird die Schädigung ausfallen? Ist die Schädigung irreversibel?

2. Lernen: Wird durch einen Eingriff individuelles Lernen beeinträchtigt? Auf individuelle Lernprozesse ist zu hoffen, wenn die Art des zu erwartenden Schadens, der etwa die Form von Schmerzen annehmen kann, in einem erträglichen Rahmen bleibt, und wenn der Schaden in einem für das Kind erkennbaren kausalen Zusammenhang zu seiner Handlung steht.

3. Verletzung des Selbst: Richtet sich der geplante Eingriff gegen ein stabiles und kohärentes Selbst, welches durch eine Bevormundung verletzt wird? Richtet er sich gegen einen Wunsch, der „zufällig“ entstanden ist und im nächsten Moment wieder verschwinden kann, oder gegen einen Willen, der in der Persönlichkeit des Gegenübers verankert ist?

Mit Hilfe dieser Kriterien kann es gelingen, intuitive Urteile zu Fragen der Bevormundung von Kindern (und anderen Personen) zu begründen. Auf diese Weise kann eine ganze Reihe *klarer Fälle* von legitimem Paternalismus gegenüber Kindern identifiziert werden. Es sind insbesondere Fälle unüberlegter Handlungen, die mit hoher Wahrscheinlichkeit zu einer gravierenden und irreversiblen Schädigung führen würden. In solchen Fällen, in denen etwa der Tod oder eine schwere Verletzung befürchtet werden muss, kann sinnvollerweise auch nicht von einem Lerneffekt ausgegangen werden. Neben klaren Fällen werden viele Grenzfälle übrigbleiben, so vor allem, wenn es die Frage der Bevormundung älterer Kinder und Jugendlicher geht.

Bevor ich die Linie der Argumentation weiterführe, wende mich einer Frage zu, die zwar früher bereits aufgegriffen, aber zuletzt nicht näher beachtet wurde. Es geht um die Frage, inwiefern paternalistisches Handeln gerechtfertigt werden kann, wenn die Güter, um derentwillen Eingriffe in die individuelle Autonomiesphäre vorgenommen werden (*erstes Kriterium*), bloß in einem *subjektiven* Sinne wertvoll sind.

Exkurs 1: Subjektivismus und Paternalismus

Geht es um die Frage der Fürsorglichkeit, so fällt es, wie gesagt, nicht schwer, eine Liste von Grundgütern, also eine Konzeption des menschlichen Guten zu skizzieren.

Rawls und Gutmann verwenden ihre Konzeption des Guten zur Rechtfertigung von Paternalismus. Gutmann scheint allerdings zu übersehen, dass Rawls sich in diesem Kontext *primär* auf das Zustimmungsprinzip verlässt. In vermeintlicher Übereinstimmung mit Rawls hält sie fest, dieses Prinzip sei für die Rechtfertigung von Paternalismus gegenüber Kindern untauglich, da wir Kinder gewöhnlich nicht als rationale Wesen ansähen, und sie fährt fort: „Given the implausibility of basing paternalism toward children on consent, Rawls' primary good standard provides an attractive alternative" (Gutmann 1980, S. 339).

Die Frage, die im Folgenden im Mittelpunkt steht, lautet: Angenommen, es sind *subjektive* Wünsche, welche den Grundgütern ihren Wert verleihen. Können diese dann zur Rechtfertigung von paternalistischen Handlungen verwendet werden, welche (*per definitionem*) den subjektiven Wünschen der bevormundeten Person zuwiderlaufen (oder sich zumindest nicht aus ihnen ergeben)? Worin besteht die normative Autorität der Grundgüter-Konzeption gegenüber den tatsächlichen Wünschen von Kindern?

Rawls' Auffassung vom Guten kann als Variante derjenigen Theorie betrachtet werden, welche vor allem im Rahmen der konsequenzialistischen Ethik häufig verwendet wird, der sogenannten *Wunschtheorie des Guten*. Diese besagt im Grundsatz, dass für Menschen dasjenige gut ist, was ihren Wünschen oder Präferenzen entspricht. David Gauthier (1987, S. 59), der die Wunschtheorie in eine Vertragstheorie integriert, formuliert es folgendermaßen: „What is good is good ultimately because it is preferred, and it is good from the standpoint of those and only of those, who prefer it". Bezogen auf Kinder würde das heißen, dass allein *ihr* Standpunkt bei der Bestimmung ihres Wohls maßgebend ist.

Würde man die Wunschtheorie in die von mir vorgeschlagenen Moralauffassung integrieren, so könnte gesagt werden, dass moralische Wertschätzung durch die Berücksichtigung von Wünschen ausgedrückt wird.

Erste Bedenken gegen diese Auffassung können dadurch entkräftet werden, dass die Wunscherfüllung moralische Grenzen kennt, sofern die Wunschtheorie als Bestandteil einer Moralkonzeption vorgesehen ist, welche die Berücksichtigung des Glücks *aller* fordert. *Erstens* kann von den Eltern nicht verlangt werden, für die Erfüllung kindlicher Wünsche den Anspruch auf die Erfüllung eigener Wünsche vollständig aufzugeben; *zweitens* sind die Eltern nicht verpflichtet, den Kindern die Erfüllung von Wünschen zu erlauben, durch die Aussenstehende geschädigt würden.

Müssen Eltern also den Kindern jeden Wunsch erfüllen, der nicht moralisch schlecht ist? Wie steht es mit Wünschen, deren Erfüllung nicht andere Personen, sondern die Kinder selbst schädigen könnte?

Die einfachste Version der Wunschtheorie ist solchen Wünschen hilflos ausgeliefert: Nach dieser Version sind es die *aktuellen Wünsche* einer Person, deren Befriedigung gut für sie sind. Ein Anhänger dieser Theorie müsste die wenig plausible Behauptung aufstellen, dass die Erfüllung aktueller Wünsche *nie schädlich* ist. Ansonsten wäre er zu der widersprüchlichen Aussage genötigt, dass ein Wunsch, der für mich schädlich (also *schlecht*) ist, *gut* für mich ist. Diese Theorie, die eine betont antipaternalistische (und antipädagogische) Haltung nach sich ziehen müsste, ist also keine angemessene Auffassung vom guten Leben. Dass die eben besprochene Version der Wunschtheorie im pädagogisch-paternalistischen Kontext unbrauchbar ist, macht das folgende Zitat des erziehungsphilosophischen Wunschtheoretikers John White (1990, S. 31) deutlich:

„If one's more important desires are to be fullfilled, one must *have* those desires in the first place. Although there is a biological basis for desiring, in that wanting to eat, drink, sleep and avoid danger is implanted in us innately, the desires we come to have are shaped by our culture. The first task of upbringing is to equip us with desires we previously did not have".

Erziehung soll demnach darauf gerichtet sein, bei Kindern Wünsche zu wecken, die sie zuvor nicht hatten. Will man die Wunschtheorie des Guten, wie White das vorschlägt, im pädagogischen Denken verwenden, so muss also eine Differenz hergestellt werden können zwischen den Wünschen, die ein Kind *tatsächlich hat* und den Wünschen, die es *haben sollte*.

Ich möchte darauf hinweisen, dass selbst die rousseauistische Tradition mit einer derartigen Unterscheidung arbeitet. Nach Jean-Jacques Rousseau ist das Kind „von Natur aus gut" und seine „natürlichen Wünsche" entsprechen dem Guten. Das heißt, dass die Erziehung sich an den kindlichen Wünschen zu orientieren hat, anstatt diese Wünsche zu kritisieren und pädagogisch zu verändern. Nicht jeder aktuelle Wunsch eines Kindes oder Erwachsenen kann aber als natürlicher Wunsch gelten – die natürlichen Wünsche könnten durch falsche Erziehung und Sozialisation verschüttet sein. Diese Wünsche treten nur in einer „natürlichen Entwicklung" tatsächlich auf und sind also nicht genetisch determiniert. Die Begriffe der Natur oder des natürlichen Wunsches haben bei Rousseau *normativen Charakter*; sie dienen nicht zur *Beschreibung* der faktischen Entwicklung von Kindern, sondern legen eine *ideale* Entwicklung fest. Dieses Ideal ist „natürlich" gegeben und damit unabhängig von tatsächlichen subjektiven Wünschen. Dem pädagogischen Rousseauismus muss also eine *objektivistische* Konzeption des Guten unterstellt werden.

Das Problem, das Wunschtheoretiker bei der Behandlung pädagogisch-paternalistischer Fragestellungen lösen müssen, hat sich deutlich gezeigt: Sie müssen eine Differenzierung ermöglichen zwischen den aktuellen Wünschen von Kindern und den Wünschen, die zu haben ihre Erziehungspersonen für angemessen hielten. Diese Differenzierung müssen sie sicherstellen, ohne durch die Hintertür objektive Maßstäbe – wie zum Beispiel den Maßstab der Natürlichkeit – einzuführen.

Dieses Problem versuchen Wunschtheoretiker zu lösen, indem sie von aktuellen Wünschen die *rationalen Wünsche* unterscheiden und nur diesen wertverleihenden Charakter zusprechen. Rationalitätskriterien sind normativ in dem Sinn, dass sich mit ihrer Hilfe entscheiden lässt, welche Wünsche eine Person *haben sollte*. Sie stellen also ein Ideal auf, dem wertverleihende Wünsche zu genügen haben: Genügen die Wünsche einer Person diesem Ideal, so sind die rationalen Wünsche ihre faktischen Wünsche. Ist dies nicht der Fall, so besteht eine *Kluft* zwischen den faktischen und den idealen Wünschen der Person – die rationalen Wünsche sind dann rein *hypothetischer* Natur. Diese Kluft scheint zwar unausweichlich, will man die unplausible Folgerung, wonach das Gute schädlich sein kann, vermeiden. Gleichzeitig stellt sie aber auch ein Problem für die Wunschtheorie dar: 1. Ist die Erfüllung unserer Wünsche für uns gut, so stellt sich die Frage, ob dies auch für hypothetische Wünsche gilt. Diese fiktiven Wünsche sind nicht wirklich *unsere*. 2. Eine Stärke der Wunschtheorie besteht darin, dass sie auf einfache Weise erläutert, warum wir *motiviert* sind, nach dem Guten (als dem Gewünschten) zu streben: Wünschen nämlich kommt eine motivierende Kraft zu. Dies gilt aber nur für die Wünsche, die wir *tatsächlich* haben.

Vor diesem Hintergrund muss die Theorie David Gauthiers gesehen werden, der zwar Rationalitätskriterien einführt, der jedoch möglichst viel vom subjektivistisch-relativistischen Charakter der Wunschtheorie bewahren will. Gauthier (1987, S. 24) vertritt die Ansicht, dass ein Wunsch rational ist, wenn er mit anderen wichtigen Wünschen derselben Person kohärent ist und wenn er wohlüberlegt („considered") ist. Diesen zweiten Punkt erläutert er (ebd., S. 32f) folgendermaßen: „Preferences are considered if and only if there is no conflict between their behavioural and attitudinal dimensions and they are stable under experience and reflection". Meiner Ansicht nach sind diese Rationalitätskriterien, insbesondere für den Gebrauch im pädagogisch-paternalistischen Kontext, zu schwach, da sie gewisse schädliche Wünsche als wertverleihend auszeichnen. Der ersten Bedingung, der Übereinstimmung von Verhalten und expliziten Wünschen, können Kinder in vielen Fällen gerecht werden, ohne dass Selbstschädigung ausgeschlossen wäre. Um zu sehen, dass dies auch für die zweite und dritte Bedingung gilt, müssen Gauthiers Erläuterungen zu diesen Bedingungen herangezogen werden.

Die dritte Bedingung, nach der Wünsche *reflektiert* zu sein haben, soll nach Gauthier verhindern, dass voreilig geäußerte und völlig unüberlegte Wünsche als wertverleihend akzeptiert werden müssen. Das würde etwa für den Wunsch eines überdrehten und übermüdeten Kindes gelten, noch länger wach zu bleiben. Wünscht dagegen ein Kind mit kühlem Kopf und nach einiger

Überlegung, den ganzen Tag und die halbe Nacht mit Computerspielen zu verbringen, so kann dieser Wunsch als reflektiert gelten. Wenn dieses Kind sich diesen Wunsch erfüllen durfte und am nächsten Tag denselben Wunsch äußert, so kann dieser Wunsch zusätzlich als *stabil im Lichte von Erfahrung* gelten (Gauthiers zweite Bedingung). Die Erfahrungsbedingung nimmt nicht Bezug auf objektive Tatsacheninformationen, etwa Informationen über die Folgen einer Handlung. Sie orientiert sich, wie Gauthier (ebd., S. 29) hervorhebt, allein am subjektiven „state of belief or information". Kindliche Wünsche, die auf offensichtlich falschen Annahmen über die objektive Realität beruhen, müssen also unter Umständen als wertverleihend gelten. Nehmen wir zum Beispiel an, ein Kind macht sich daran, eine Flasche Putzmittel auszutrinken. Es hat den Deckel der Flasche bereits geöffnet, als der Vater vorbeikommt und sagt: „Diese Flasche enthält Putzmittel. Das ist giftig!" Auf diese Weise verändert der Vater, sofern das Kind seine Aussage versteht und glaubt, den subjektiven Informationsstand seines Kindes und bringt, so ist zu hoffen, seinen uninformierten Wunsch zum Verschwinden. Von nun an wäre es irrational und schlecht, wenn das Kind aus der Flasche trinken würde. Allerdings stellt sich die Frage, welchen Grund der Vater nach Gauthier haben kann, sein Kind über den wahren Sachverhalt aufzuklären. Welchen Grund kann es geben, die *rationale* Präferenz einer anderen Person verändern zu wollen? Die Veränderung dieser Präferenz kann schließlich nicht als *Verbesserung* beschrieben werden, da sie kein bisschen weniger rational ist als eine allenfalls entstehende neue Präferenz.[19]

---

19 Diesem Problem könnte nur begegnet werden, wenn man sagen würde, der kindliche Wunsch, die Flasche leer zu trinken, sei nicht „stable under experience" und somit irrational. Allerdings vermeidet Gauthier diesen Schluss. Er bezeichnet Wünsche wie denjenigen des Kindes, aus der mit Gift gefüllten Flasche zu trinken, als „fatally mistaken" (ebd., 29), aber nicht als irrational. Diese Auffassung ist in gewisser Hinsicht einleuchtend: Schliesslich ist es rational, nach den *verfügbaren* Informationen zu handeln und nicht nach Informationen, die man nicht hat und nicht haben kann. Problematisch wird Gauthiers Ansatz durch die Verknüpfung rationaler Wünsche mit dem *Guten*: Es ist schlicht *nicht gut* für ein Kind, Putzmittel zu trinken, auch wenn es vielleicht nicht wissen konnte, dass sich in der Flasche Putzmittel befand.

Wünsche, deren Erfüllung für das Kind schädlich ist, könnten mit Verweis auf die *zukünftigen Wünsche* des Kindes kritisiert werden. Dies allerdings lehnt Gauthier ab, sofern die betreffende Person nicht den gegenwärtigen Wunsch hat, seine zukünftigen Wünsche zu berücksichtigen (ebd., S. 37).

Richard Hare (1981/1992, S. 160ff) spricht demgegenüber von „Dann-für-dann-Präferenzen", Präferenzen also, die wir zu einem späteren Zeitpunkt für jene Lebensphase haben werden. Von diesen Präferenzen sind zum einen die „Jetzt-für-jetzt-Präferenzen" zu unterscheiden, zum anderen die „Jetzt-für-dann-Präferenzen". Diese treten *jetzt* – also in der Gegenwart – auf, beziehen sich aber auf die Zukunft. Gauthier erklärt sich damit einverstanden, diese Art von Wünschen einzubeziehen: Wenn Paul *jetzt* den Wunsch hat, *später* gesund zu sein, so ist es durchaus rational, wenn Paul sein jetziges Handeln an dieser „Jetzt-für-dann-Präferenz" orientiert. Präferenzen, die keinerlei Verankerung in der Gegenwart haben, sind aber nach Gauthier irrelevant.

Die Berücksichtigung von „Dann-für-dann-Präferenzen" würde neue Möglichkeiten zur Kritik kindlicher Wünsche eröffnen. Aus pädagogischer Sicht entsteht hier aber das gleiche Problem, das bereits bei der Behandlung derjenigen Variante der Zustimmungstheorie sichtbar wurde, welche die zukünftige Zustimmung für relevant erklärt: Die zukünftigen Wünsche eines Kindes werden durch den Prozess des Aufwachsens, auch durch gezielte Erziehung, beeinflusst. Betrachten wir den Fall eines Kindes namens Jakob, das von seinen Eltern nicht zur Selbständigkeit erzogen, sondern in Abhängigkeit gehalten wird. Nehmen wir an, die Abhängigkeit ist so stark, dass Jakob noch im Alter von dreißig Jahren sich nicht fähig fühlt, ohne seine Mutter für längere Zeit zu verreisen. Bei gewöhnlichen Kindern wird man davon ausgehen, dass sie zwar *jetzt* den Wunsch haben, die Eltern immer bei sich zu haben und allenfalls auch eine entsprechende „Jetzt-für-dann-Präferenz", das ganze Leben nicht von der Seite der Eltern zu weichen. In einem bestimmten Alter aber macht diese Präferenz normalerweise dem Wunsch Platz, selbständig zu leben. Gewöhnlichen Kindern kann also eine „Dann-für-dann-Präferenz" nach Selbständigkeit zugeschrieben werden. Wie der Fall von Jakob, dem abhängigen Dreissigjährigen, zeigt, tritt diese Präferenz nicht bei allen Menschen auf, und ob sie auftritt, hängt wohl auch vom Handeln der Eltern ab.

Würden sich Eltern ernsthaft fragen, ob es im Interesse ihres Kindes ist, später von ihnen abhängig zu sein oder selbständig leben zu können, so würde Hares Theorie sie ratlos zurücklassen: Die Berücksichtigung der „Dann-für-dann-Präferenz" nach Selbständigkeit ist nur angebracht, wenn man gute Gründe hat anzunehmen, dass sie tatsächlich auftritt. Nehmen wir an, Jakobs Eltern haben beabsichtigt, ihren Sohn abhängig zu halten. Wenn nun Jakob mit dreißig den Wunsch hat, mit den Eltern in die Ferien zu fahren, so können die Eltern für sich in Anspruch nehmen, die zukünftigen Wünsche ihres Sohnes berücksichtigt zu haben. Hares Vorschlag, zukünftige Wünsche zu berücksichtigen, hat also aus ethisch-pädagogischer Sicht nur begrenzten Wert.

Einflussreiche Wunschtheoretiker wie Richard Brandt oder James Griffin, aber auch John White, ersetzen Gauthiers Erfahrungsbedingung durch eine Bedingung der objektiven Informiertheit. Den Prozess, in dem sich eine Person die objektiven Fakten vor Augen führt und so einen rationalen Wunsch ausbildet, bezeichnet Brandt (1979, S. 113) als *kognitive Psychotherapie*.[20] Dies ist ein pädagogisch interessantes Konzept, können doch kindliche Wünsche sich tatsächlich in vielen Fällen durch neu gewonnene Erkenntnisse über Fakten verändern. Wenn Eltern ihren Kindern zum Beispiel regelmäßig gewisse Gefahren vor Augen führen, so kann sich dadurch, wenn es „in an ideally vivid way, and at an appropriate time" (ebd., S. 111) geschieht, bei den Kindern der Wunsch bilden, diese Gefahren zu meiden. Dies ist allerdings nur dann der Fall, wenn die Kinder die Fähigkeit haben, die ihnen dargebotenen Informationen angemessen zu verarbeiten. Der Besitz dieser Fähigkeit ist Bedingung einer erfolgreichen kognitiven Psychotherapie. Dieses Konzept kann also Lernprozesse in Fragen des Guten nur insofern erhellen, als diese Fähigkeit vorhanden ist. Es kann aber zugestanden werden, dass eine Person, welche diese Fähigkeit besitzt und umfassend informiert ist, kaum in Gefahr ist, etwas Schädliches zu wünschen. Die Lücke zwischen dem Gewünschten und dem Guten, die noch bei Gauthier festzustellen war, wird hier wohl weitgehend geschlossen. Der Preis ist aller-

20 Bei Brandt, wie auch bei Griffin, müssen Wünsche nicht nur im Licht von Tatsachen bestehen, sondern auch der Logik standhalten.

dings, dass eine andere Kluft vergrößert wird: Diejenige zwischen faktischen und idealen Wünschen. Solange eine Person nicht alle relevanten Informationen besitzt und angemessen verarbeitet, sind die informierten Wünsche faktisch nicht *ihre* Wünsche, sondern stellen eine Hypothese über ihre Wünsche dar. Wenn wir also jemanden bevormunden, indem wir seinen informierten Wunsch zur Geltung bringen, können wir schwerlich behaupten, wir handelten *nach dem Wunsch der bevormundeten Person*. Diese Person wird das Handeln nach dem informierten Wunsch als etwas empfinden, das ihr von außen aufgezwungen wird.

Brandt, Griffin und auch White werden zugestehen, dass das Kriterium der Informiertheit die Verleihung von Wert von der subjektiven Perspektive loslöst. Sie werden aber darauf beharren, dass der *Akt des Bewertens* vollständig an die subjektive Perspektive gebunden bleibt. Das Bewerten geschieht dadurch, dass sich die *arationale Kraft des Wünschens* auf ein Objekt richtet. An welches Objekt sich ein Wunsch heftet, scheint beliebig und entzieht sich einer Begründung. Dies ist ein Bild des menschlichen Wertens, das an Kleinkinder erinnert, die ihr Interesse scheinbar beliebig auf diesen oder jenen Gegenstand richten. Tatsacheninformationen, so die wunschtheoretische Vorstellung, ergänzen das arationale Wünschen um ein rationales Element.

Während Erwachsene dieses Element in der Regel selbst ins Spiel bringen können, sind es bei Kleinkindern insbesondere die Eltern, welche auf Grund ihrer Überlegenheit im Umgang mit Informationen dem rational blinden kindlichen Wünschen Grenzen setzen können. Gerade bei der Erläuterung dieses stellvertretenden, paternalistischen Entscheidens von Eltern aber versagt die Wunschtheorie meines Erachtens.

Wenn nämlich das Bewerten ein genuin subjektiver, individueller und unbegründbarer Akt ist, so scheint es unmöglich, für eine andere Person eine Bewertung vorzunehmen. Natürlich verfügen Eltern über viele Tatsacheninformationen – über die Beschaffenheit eines gefährlichen Messers, die Fähigkeiten und Eigenschaften ihres Kindes. Können sie aber aus diesen Tatsachen allein schließen, wie das Kind handeln sollte? Diese Frage bejahen hieße, einen naturalistischen Realismus im Stile Peter Railtons (1986) zu vertreten, welcher die Position einnimmt, Werturteile seien auf Tatsachenurteile reduzierbar. Diese Theorie jedoch bildet eine der möglichen Gegenpositionen zur Wunschtheorie. Die Wunschtheorie kommt nicht ohne den subjektiv-wertenden Impuls aus, den nur das Kind selbst haben kann, und den die Eltern nicht „an Stelle des Kindes" haben können. Da dieser Impuls arational ist, lässt er sich auch nicht rational rekonstruieren.

Als Versuch, dieses Problem zu beheben, ohne den subjektivistischen Rahmen zu verlassen, kann die erwähnte Konzeption der Grundgüter gesehen werden. Wenn wir über inhaltliche Vorstellungen davon verfügen, was für Kinder gut ist, können wir damit gewissen Wünschen, deren Erfüllung zum Schaden des Kindes wäre, begegnen. Worin aber die normative Autorität der Grundgüter gegenüber tatsächlichen Wünschen besteht, kann meines Erachtens nicht schlüssig beantwortet werden. Rosemary Carter meint denn auch, die Grundgüter-Konzeption sei nur dort vonnutzen, wo keine Willensäußerung der paternalisierten Person vorliegt. Sobald aber eine solche bekannt ist, verliert diese Konzeption, welche letztlich nicht viel mehr als eine Mehrheitsmeinung darstellt, ihre legitimierende Kraft (Carter 1977, S. 140). Dann gilt der oben formulierte Grundgedanke der Wunschtheorie, wonach es die subjektiven Wünsche des Individuums sind, aus denen sich ablesen lässt, was für dieses gut ist.

Damit steht, wie ich meine, die Rechtfertigung von Paternalismus gegenüber Kindern vor einem echten Problem. Anstatt auf eine wenig anstößige Grundgüter-Konzeption zurückgreifen zu können, muss sie für die Werte, von denen paternalistisches Handeln geleitet ist, einen stärkeren Status beanspruchen. Damit bietet sich eine Angriffsfläche für allfällige Widerlegungsversuche. Ich werde mich nicht auf eine bestimmte, zum Beispiel „objektivistisch" zu nennende Auffassung festlegen, sondern mich mit folgender Aussage begnügen: Paternalismus gegenüber Kindern kann nur gerechtfertigt werden, wenn es *Gründe* gibt, bestimmte Güter unabhängig von den Einstellungen oder Wünschen der Kinder als wertvoll zu betrachten. Es muss also möglich sein, sich im Rahmen *normativer Überlegungsprozesse* darüber klar zu werden, was für Kinder gut ist. Mit diesen Bemerkungen kehre ich zurück zur Hauptlinie der Argumentation.

Pädagogischer Paternalismus

Drei Kriterien zur Rechtfertigung von beschützendem oder fürsorglichem Paternalismus wurden oben formuliert. Diese Art von Paternalismus ist nach Benporath (2003) durchaus zu befürworten. Benporath jedoch ist skeptisch gegenüber weitergehenden Formen von Bevormundung und Erziehung. Betrachten wir ihre Argumente, welche explizit gegen Schapiro (vgl. Kapitel 1.3) gerichtet sind, genauer.

Wie bereits früher erwähnt (Kapitel 1.1), ist die Phase der Kindheit nach Benporath durch eine besondere *Interessen-Verletzlichkeit* charakterisiert. Benporath bestreitet nicht, dass Kinder Erwachsenen in vielerlei Hinsicht, insbesondere hinsichtlich ihrer rationalen Fähigkeiten, *unterlegen* sind. An Schapiro kritisiert sie aber, dass diese die kindlichen Defizite in ihrer Konzeption von Kindheit *hervorhebt*:

„The Kantian conception of humanity as based on rationality and autonomy leads to a focus on the shortcomings of childhood. In working withthin the Kantian framework, Schapiro has to give precedence to (a Kantian form of) rationality, autonomy and morality, and to examine children in light of their (in)capacity, or mere potential, to exhibit these traits“ (Benporath 2003, S. 131).

Die Konzentration auf Eigenschaften, welche Kinder noch nicht in vollem Ausmaß haben, so die Kritik, lässt Kinder als defizitär erscheinen. In normativer Hinsicht wird Kindheit als minderwertige („inferior“) Phase des menschlichen Lebens dargestellt. Während das Erwachsenenalter als vollkommener Zustand des Menschen gilt, ist die Kindheit nur eine Durchgangsphase auf dem Weg dahin. Schapiros Sichtweise, so ein weiterer Aspekt der Kritik, nimmt Kinder nur als zukünftige oder potenzielle Erwachsene in den Blick und akzeptiert sie nicht als das, was sie in der Gegenwart sind: „A child should be accepted for what she is *now*, and not be regarded as lacking in comparison to others“ (ebd., S. 132).

Damit vereinbar sind, wie gesagt, Freiheitsbeschränkungen zum unmittelbaren Schutz des Kindes: „This weaker form of paternalism – protective rather than directive – can shield children from various violations of their interests and well-being, while allowing them to grow at their own place“ (ebd., S. 136). Hier verwendet Benporath das rousseauistische Schlagwort des „Wachsenlassens", um ihre Erziehungsauffassung zu charakterisieren und von Auffassungen abzugrenzen, welche „lenkenden" Paternalismus befürworten. Sie erläutert weiter: „The struggle to change the other cannot be the basis upon which just moral relations between social groups are formed" (ebd., S. 133). Diese Aussage scheint explizit gegen pädagogischen Paternalismus gerichtet zu sein, welcher darauf zielt, Kinder zu verändern oder zu verbessern.

Neben rousseauistischen und antipädagogisch angehauchten Vorstellungen von Erziehung verwendet Benporath auch die Vorstellung von Erziehung als Initiation. Sie vergleicht den Einführungsprozess von Kindern in eine Lebensform mit der Einführung eines Erwachsenen in eine ihm fremde Kultur:

> „Being a stranger in a strange land offers a partial opportunity to experience what it means to be a child in an adult world. At first, you cannot understand the language. For a long time after you get the words, it is hard to communicate your exact thoughts and meanings. Most of the time you miss social cues and fail to realise common wisdom and practices" (ebd., S. 136).

Wie der Fremde muss das Kind über die Verhältnisse in der betreffenden Lebensform informiert oder unterrichtet werden. Es muss davor beschützt werden, wegen seiner Unwissenheit und mangelnden Vertrautheit mit den Verhältnissen Fehler zu machen. Es muss aber, genau wie der Ausländer, nicht bevormundet oder erzogen werden.

Zu diesen Ausführungen ist zunächst zu bemerken, dass Benporath es versäumt, eine eigentliche Rechtfertigung dafür bereitzustellen, warum Kinder zu ihrem Schutz bevormundet werden sollen. Der bloße Hinweis auf deren Verletzlichkeit genügt hier nicht, da auch gewisse Erwachsene, insbesondere kranke oder alte Menschen, in hohem Maße abhängig und verletzlich sind. Es ist, wie ich meine, allein die mangelnde Autonomie und Kompetenz von Kindern, welche ihre Bevormundung legitim erscheinen lässt. Es sind diese „Defizite", welche Kinder in gewisser Weise besonders verletzlich machen, in anderer Weise aber auch unverletzlich. Meiner Auffassung nach muss im Sinne des dritten oben formulierten Kriteriums auf die mangelnde Autonomie-Verletzlichkeit von Kindern verwiesen werden.

Von diesen Kriterien für legitimen Paternalismus ist es ein kurzer Weg zur Rechtfertigung von *Erziehung*, verstanden als *pädagogischer Paternalismus* im oben erläuterten Sinne (vgl. Kapitel 2.1). Diejenige Art von pädagogischem Paternalismus, die hier im Mittelpunkt steht, ist, wie Fürsorglichkeit und fürsorglicher Paternalismus, auf die Förderung des kindlichen Wohls gerichtet.

Worin aber unterscheidet sich Erziehung von diesen beiden anderen Praktiken? Während Fürsorge bestimmte Güter direkt bereitstellt und beschützender Paternalismus das Kind daran hindert, sich zu schädigen, soll Erziehung ihm ermöglichen, diese Güter *selbst, aus eigener Einsicht in ihren Wert* und *durch eigenes Handeln* zu erlangen. Ein nicht-autonomes Wesen, für dessen körperliches Wohl *gesorgt* wird und das daran *gehindert* wird, seine Gesundheit aufs Spiel zu setzen, wird man naheliegenderweise auch dazu bringen wollen, selbst für seine eigene Gesundheit zu sorgen. Was bezüglich des körperlichen Wohls gesagt werden kann, gilt in gleicher Weise für eine Reihe anderer wenig kontroverser Güter, die als Ziele fürsorglichen Handelns gesehen werden können. Wie im obigen Exkurs ausgeführt, muss der Wert dieser Güter unabhängig von den subjektiven Einstellungen der Betroffenen bestimmbar sein.

Aus Fürsorge und Bevormundung soll Selbstsorge werden. Aus Abhängigkeit, Unselbständigkeit, mangelnder Kompetenz und mangelnder Stabilität des Willens soll Autonomie werden. In diesem Sinne meine ich, Erziehung – wie beschützenden Paternalismus – als Aspekt von fürsorglichem Handeln beschreiben zu können. Erziehung ist auf dieselben Ziele gerichtet wie Fürsorge und Paternalismus, wirkt aber, wenn sie erfolgreich ist, nachhaltiger, da das Kind lernt, selbst für das eigene Wohl zu sorgen. Grundlage für die Rechtfertigung von paternalistischer Erziehung ist die mangelnde Autonomie des Kindes (*drittes Kriterium*), Ziel ist die Förderung des Wohls, bzw. die Verhinderung von Übel (*erstes Kriterium*).

Besondere Beachtung in diesem Zusammenhang verdient das *zweite Kriterium*. Kann sich Erziehung negativ auf kindliches Lernen, auf Entwicklungs- und Bildungsprozesse auswirken? Hier muss nochmals betont werden, dass pädagogisches Handeln nicht in jedem Fall in kindliche Handlungsabläufe interveniert. Wenn *Unterlassen*, also gezieltes Nichtstun (Rousseau 1762/1971, S. 72f) der kindlichen Bildung und dem Erlernen von Fähigkeiten und Fertigkeiten förderlich zu sein verspricht, so ist dieses pädagogisch angemessen. Erziehung kann Raum schaffen für *individuelle Lernprozesse* im Sinne Tomasellos. Im Gegensatz zu individuellem Lernen bei Primaten oder Säuglingen finden solche Prozesse bei älteren Kindern stets in einem kulturellen Kontext - auf der Basis von *sozial* Erlerntem - statt. Das Lern-Argument gegen Paternalismus verliert also seine Kraft, wenn es auf pädagogischen Paternalismus bezogen wird. In gewissen Fällen kann es *aus pädagogischer Sicht* angemessen sein, auf einen direkten paternalistischen Eingriff zu verzichten, auch wenn das Kind sich dadurch eine leichte Schädigung zuzieht. Dieser gezielte Verzicht auf Intervention kann aber seinerseits als paternalistisch bezeichnet werden, wenn er, wie angenommen, aus pädagogischen Gründen geschieht, also mit dem Ziel der Ermöglichung von Bildungsprozessen.

Es muss gefragt werden, ob diese Überlegungen auch für die Entwicklung der Fähigkeit, kompetent und autonom zu entscheiden, gelten. Beeinträchtigt es die Entwicklung der praktisch-rationalen Fähigkeiten einer Person, wenn *an ihrer Stelle* Entscheidungen über ihre Charakterentwicklung getroffen werden? Gerade die Förderung dieser Fähigkeiten stellt ein wichtiges Ziel von Erziehung dar, und da auch in diesem Bereich Prozesse individuellen Lernens zu erwarten sind, erscheint es aus pädagogischer Sicht angemessen, Kindern gewisse wichtige Entscheidungen zu überlassen, selbst wenn sie diese nicht in voller Kompetenz fällen können. Die Entscheidung, welche Entscheidungen das sein sollen, ist paternalistisch zu nennen. Es ist meines Erachtens aber nicht einzusehen, inwiefern diese Art von Bevormundung Lernprozesse behindern sollte: Wenn ein Vater an einem Regentag seinem dreijährigen Sohn die Entscheidung überlässt, Gummistiefel oder gewöhnliche Schuhe anzuziehen, so besteht die Chance, dass der Sohn aus einer falschen Entscheidung lernen wird. Die Tatsache, dass der Vater aus pädagogischen Gründen entschieden hat, ihm diese Entscheidung zu überlassen, dürfte aber kaum negative Effekte haben.

Das Lern-Argument gegen Paternalismus lässt also Raum für einen *pädagogischen Antipaternalismus*.

Moralpädagogischer Paternalismus

Der Argumentation, die beim Begriff der Fürsorglichkeit ihren Ausgang nahm, wird jetzt ein letztes Element beigefügt. Dieses ergibt sich aus dem Scheitern der ersten Argumentation zur Rechtfertigung von Moralerziehung (Kapitel 2.1). Selbst eine Erziehung, die sich auf die Kommunikation gängiger moralischer Erwartungen beschränkt, muss nach dem dort Gesagten als paternalistisch betrachtet und in diesem Sinne gerechtfertigt werden. Im Folgenden können die im Rahmen des vorliegenden Kapitels erarbeiteten Kriterien zur Rechtfertigung von fürsorglichem und pädagogischem Paternalismus auf das Problem der Moralerziehung bezogen werden.

Entscheidend ist wiederum das *dritte Kriterium*, welches autonome Personen, die über einen kohärenten und stabilen Willen verfügen, vor paternalistischen Interventionen schützt. Nach diesem Kriterium darf der gewalttätige Ehemann, sofern er dieses Kriterium erfüllt, zwar getadelt oder bestraft, nicht aber erzogen werden. Kinder, welche das genannte Kriterium noch nicht erfüllen, sind hingegen angemessene Adressaten von Moralerziehung.

In Bezug auf sie kommen die beiden anderen Kriterien zum Tragen. Das *erste Kriterium*, welches auf die mögliche Schädigung für das kindliche Wohl abstellt, ist in diesem Zusammenhang neu zu formulieren: Im moralpädagogischen Kontext ist der *Gehalt der moralischen Erwartungen*, die an Kinder gerichtet werden, zu prüfen. Die Legitimität des moralpädagogischen Paternalismus hängt von der Korrektheit der moralischen Maßstäbe ab, die ihn leiten. Nur wenn wir von der moralischen Verwerflichkeit von Rassismus überzeugt sind, werden wir es legitim finden, wenn Eltern pädagogisch gegen rassistische Bemerkungen ihrer Kinder vorgehen. Während zur Rechtfertigung von beschützendem Paternalismus eine Auffassung vom kindlichen Guten vonnöten ist, brauchen wir an dieser Stelle inhaltliche Moralvorstellungen. Im vorliegenden Rahmen genügt es festzuhalten, dass grundlegende moralische Normen unter vernünftigen Personen kaum kontrovers sind: Andere nicht zu töten, zu verletzen oder in ihrer Freiheit einzuschränken, nicht zu lügen, Abmachungen einzuhalten, andere zu unterstützen, wenn sie in Not sind, und so weiter. Auf der Basis einer solchen Liste allgemein anerkannter Normen können pädagogische Eingriffe gerechtfertigt werden. Die Tatsache, dass daneben moralische Kontroversen über die Legitimität von Erziehungszielen stattfinden können, bringt die vorliegende Argumentation nicht in Gefahr.

Betrachten wir zum Schluss das *zweite Kriterium*: Auch *moralisches* Lernen kann unter Umständen durch pädagogische Zurückhaltung gefördert werden. Um hier genauere Angaben machen zu können, wäre allerdings eine ausgereifte Theorie des moralischen Lernens vonnöten. Könnte Kindern eine „natürliche Moralität", etwa ein natürliches Mitgefühl oder ein angeborenes Gewissen, zugesprochen werden, welche sich außerhalb sozialer Kontexte entwickelt, so wäre hier pädagogischer Antipaternalismus sicherlich angebracht. In der früher (in Kapitel 1.4) vorgestellten Skizze des Bildungsprozesses jedoch wurde dem *sozialen* Faktor eine bedeutende Rolle in der Entwicklung des Selbst zugeschrieben. Auch wenn Kinder Moralität in sozialen Interaktionen erwerben, bietet sich genügend Raum für Lernprozesse, die nicht pädagogisch kontrolliert sind. Besondere Bedeutung kommt hier sicherlich den spontanen moralischen Reaktionen Gleichaltriger zu, die einem Fehlverhalten normalerweise ohne pädagogische Intentionen begegnen. Als zweites sind Situationen zu nennen, in denen das Kind selbst Opfer des Fehlverhaltens anderer wird und dadurch verstehen lernt, warum gewisse Handlungsweisen als schlecht anzusehen sind. Drittens kann auf die kindliche Neigung zur Imitation der Handlungsweisen anderer Personen hingewiesen werden. Selbst wenn Erwachsene oder Gleichaltrige nicht die pädagogische Intention haben, sich als Vorbild zu profilieren, wird ihr Verhalten unter Umständen nachgeahmt.

Exkurs 2: Gegenwart und Zukunft

In der soeben formulierten Rechtfertigung von Erziehung wurde ein Problem vernachlässigt, der in der pädagogischen Tradition seit Rousseau präsent ist. Das Problem entsteht daraus, dass pädagogisches Handeln zu einem bestimmten Zeitpunkt (in der *Gegenwart*) stattfindet, aber in hohem Masse auf die *Zukunft* hin angelegt ist. Die erwartete Wirkung wird in der Regel nicht im Moment der pädagogischen Intervention oder kurz danach sichtbar, sondern erst langfristig. Es ist zu betonen, dass dieses Problem nicht auf pädagogisches Handeln im strengen Sinne beschränkt ist, sondern auch die nicht-pädagogische Bevormundung von Kindern betreffen kann. Gewisse gesundheitliche Schäden etwa, vor denen Kinder beschützt werden sollen, zeigen sich erst längerfristig. Die Frage lautet nun, inwiefern es moralisch akzeptabel ist, dem Kind in der Erwartung eines zukünftigen Guten in der Gegenwart ein Übel aufzuerlegen. Rousseaus Antwort ist bekannt:

„Was soll man [...] von jener barbarischen Erziehung denken, die die Gegenwart einer ungewissen Zukunft opfert, die ein Kind mit allen möglichen Fesseln bindet und damit beginnt, es unglücklich zu machen, um ihm für die Zukunft ein angebliches Glück zu bereiten, das es vielleicht nie genießen wird? Selbst wenn ich diese Erziehung in ihrem Ziel für vernünftig hielte, wie kann ich ohne Entrüstung mitansehen, wie diese Unglücklichen einem unerträglichen Joch unterworfen werden, und wie Galeerensträflinge zu dauernder Fron verurteilt sind, ohne jemals die Gewissheit zu haben, dass ihnen soviel Leiden auch einmal nützt! So vergeht das Alter der Fröhlichkeit unter Tränen, Strafen, Drohungen und Sklaverei“ (Rousseau 1762/1971, S. 55).

Rousseau betont, dass erzieherisches Handeln nicht schon als legitim gelten kann, wenn sich das *Ziel* dieses Handelns rational rechtfertigen lässt. Hintergrund seiner Kritik an der Zufügung pädagogischer Übel ist die Überzeugung, dass diese für eine gute, „natürliche“ Entwicklung des Kindes weder nötig noch förderlich sind. Aus dem zitierten Text sind vor allem zwei Argumente gegen die Aufopferung der Gegenwart herauszulesen. *Zum einen* ist diese unangemessen, da das Kind das zukünftige Glück „vielleicht nie genießen wird“, da es womöglich vorher sterben wird – Rousseau erläutert: „Die Hälfte aller Neugeborenen erreicht höchstens das Jünglingsalter“ (ebd.). *Zum anderen* meint er, es sei unsicher, ob das zugefügte Leiden tatsächlich den erwarteten Nutzen bringt.[21] In dieses Argument kann ein Hinweis auf das *Technologieproblem* der Pädagogik hineingelesen werden. Insbesondere in der allgemeinen Pädagogik ist heute die Auffassung weit verbreitet, in der Pädagogik fehle es an verlässlichem Wissen über die kausalen Folgen pädagogischen Handelns.

21 Vgl. auch ebd., S. 56: „Warum tut ihr dem Kinde mehr Leid an, als sein Zustand selbst schon hat, ohne sicher zu sein, dass seine gegenwärtigen Leiden ihm zukünftige ersparen werden?“

Eine Methode zur Prüfung solcher Argumente ist deren Übertragung vom pädagogischen Kontext in den Kontext der individuellen Rationalität: Inwiefern soll ein Individuum, das nach einem guten Leben strebt, gegenwärtige Übel zur Erreichung zukünftigen Glücks in Kauf nehmen?[22]

Das *erstgenannte Argument* ist, wie ich meine, auch in diesem Kontext - losgelöst von der historischen Tatsache der hohen Kindersterblichkeit - sinnvoll: Der Verzicht auf *jegliches* Glück - in der Hoffnung, dass sich dies in Zukunft auszahlen wird - erscheint angesichts der unsicheren Lebenserwartung des Menschen nicht angemessen. Daraus kann aber nicht gefolgert werden, dass zur Erreichung zukünftigen Glücks - oder zur Vermeidung von Übel - keinerlei Unannehmlichkeiten in Kauf genommen werden sollen. Es ist durchaus rational, sich vom Zahnarzt einen Zahn flicken zu lassen, auch wenn man nicht unter akuten Schmerzen leidet. Ähnliches gilt auch im Kontext der Eltern-Kind-Beziehung: Gerade im medizinischen Bereich wird es kaum zu vermeiden sein, Kindern gewisse Übel zuzufügen.

Das *zweite Argument* betrifft den kausalen Zusammenhang zwischen derartigen Übeln und den erhofften positiven Folgen. Auch dieses Argument hat im prudentiellen Bereich eine gewisse Bedeutung: So ist es sicherlich irrational, ein gravierendes Übel für einen geringen Nutzen, der mit geringer Wahrscheinlichkeit eintreten wird, in Kauf zu nehmen. Eine allgemeine Antwort auf die Frage, in welchen Fällen es rational ist, in der Gegenwart ein Übel auf sich zu nehmen, dürfte aber schwierig sein.

Übertragen wir diese Überlegungen zurück in den pädagogischen Bereich, so sehen wir, dass Rousseaus Argumente zwar einiges für sich haben, dass sie aber nicht dazu taugen, die *generelle* Verwerflichkeit der Zufügung pädagogischen und paternalistischen Übels zu begründen.

Ein *drittes Argument* wird von Friedrich Schleiermacher vorgebracht. Seine Grundidee kommt bereits in der Fragestellung zum Ausdruck: „Darf man überhaupt zugestehen, dass ein Lebensaugenblick *als bloßes Mittel* für einen anderen diesem anderen könne aufgeopfert werden?" (Schleiermacher 1826/2000, S. 51f) Hier

22 Eine Antwort auf diese prudentielle Frage kann aber nicht direkt für den Bereich von Paternalismus und Erziehung nutzbar gemacht werden.

wird also sozusagen Kants kategorischer Imperativ, der sich gegen die Instrumentalisierung von *Personen* wendet, auf *Lebensaugenblicke* angewandt. Schleiermachers Antwort bewegt sich zunächst im prudentiellen Bereich; grundsätzlich hält er (ebd., S. 52) fest: „Unsere ganze Lebenstätigkeit zeigt ein beständiges Widerstreben gegen ein solches Verfahren". Dann nimmt er sich eines Beispiels an: „Die Ernährung z.B. als ein Akt gedacht, der einen Moment ganz ausfüllt, nichts weiter, erscheint uns als eines Menschen unwürdig" (ebd.). Wiederum leiht Schleiermacher einen Begriff bei Kant aus („unwürdig"), und wie bei Kant ist dieser Begriff mit demjenigen des Instrumentalisierens verknüpft: Nach Schleiermacher verletzt es die Würde des Menschen, sich in einem bestimmten Lebensaugenblick vollständig einer Tätigkeit hinzugeben, die bloß instrumentellen Wert hat. Die Nahrungsaufnahme ist für Schleiermacher, biologisch gesehen, eine solche Tätigkeit: „Es darf dieser Akt nicht den ganzen Moment ausfüllen, wir verbinden damit die Unterhaltung und machen diese Momente der Ernährung zugleich zu geselligen, humanisieren auf diese Weise den Prozess" (ebd.). Diese Äußerung kann auch aristotelisch interpretiert werden: Demnach konstituiert sich ein gutes Leben durch Tätigkeiten, die *in sich wertvoll* sind. In der Hierarchie der Werte stehen diese Tätigkeiten über den instrumentell wertvollen, da deren Wert sich aus in sich wertvollen Dingen und Tätigkeiten ableitet. Aus der Einsicht in die besondere Bedeutung, die intrinsisch wertvolle Tätigkeiten für ein gutes Leben haben, kann aber nicht geschlossen werden, dass instrumentelle Tätigkeiten ganz vermieden werden sollten.

In Schleiermachers weiterer Argumentation deutet sich ein *viertes Argument* an, welches ihm zur Stützung des dritten Arguments dient, das aber unabhängig von diesem betrachtet werden kann. Schleiermacher schreibt:

> „Der Mensch, in seiner Erscheinung gesehen, ist wie alles Zeitliche und Werdende in einer beständigen Veränderung begriffen und streng genommen in keinem Augenblick derselbe, der er vorher war [...]. Nehmen wir nun zwei weit auseinanderliegende Momente, einen in der Kindheit und den anderen aus dem späteren Leben, wo die selbstbewusste Tätigkeit aufs bewussteste hervortritt: so wird jeder gestehen, dass diese Momente ganz verschieden sind" (ebd.).

Eine bestimmte, nicht ganz korrekte Interpretation dieses Abschnitts lässt das obige Instrumentalisierungs-Argument in neuem Licht erscheinen. Demnach ist der Mensch im Erwachsenenalter *nicht derselbe*, der er im Kindesalter war. Damit wird nicht nur auf unterschiedliche Eigenschaften des Kindes und des Erwachsenen hingewiesen, nicht nur auf *qualitative* Verschiedenheit oder mangelnde *Gleichheit*. Vielmehr wird ausgesagt, dass Kind und Erwachsener *numerisch* verschieden sind, also *nicht ein und dieselbe* Person. Vor diesem Hintergrund könnte Schleiermachers Instrumentalisierungs-Argument so formuliert werden, dass der Rahmen des kategorischen Imperativs nicht verlassen wird: Die eine Person (das Kind) darf nicht als bloßes Mittel zur Förderung des Glücks der anderen Person (des Erwachsenen) gebraucht werden.

Diese Interpretation scheitert an Schleiermachers Unterscheidung zwischen der „Erscheinung" und dem „Wesen" des Menschen. Die Aussage, der Mensch sei „in keinem Augenblick derselbe", bezieht sich auf den Menschen „in seiner Erscheinung". Schleiermacher schreibt weiter: „Je vollständiger infolge dieser Zugehörigkeit zu einem gemeinsamen größeren Gebiete des menschlichen Lebens in jedem Moment des Lebens *das Wesen des Menschen* hervortritt: desto vollkommener ist das Leben." (ebd.). Auch wenn der Begriff des menschlichen Wesens an dieser Stelle interpretationsbedürftig ist, kann davon ausgegangen werden, dass für Schleiermacher die (numerische) Identität des Menschen in der Zeit, die Einheit und Ganzheit des menschlichen Lebens, nicht in Frage steht.

Ohne hier in eine Diskussion über personale Identität eintreten zu können, möchte ich kurz auf die Position Derek Parfits hinweisen, der – in Schleiermachers Begrifflichkeit – die Existenz eines in der Zeit bestehenden menschlichen „Wesens" bestreitet. Parfits „Reduktionismus" konzentriert sich auf die Ebene der „Erscheinung", auf der ein ständiger Wandel im psychischen und physischen Bereich festzustellen ist. Menschen sind demnach zu vergleichen mit Nationen (oder Firmen oder Gebäuden), die nach gängiger Auffassung nicht über ein stabiles Wesen oder eine „Seele" verfügen:

„When we consider nations, most of us are Reductionists. We believe that the existence of a nation involves nothing more than the existence of its citizens, living together on its territory, and acting together in certain ways. In contrast, when considering persons, most of us believe the Non-Reductionist View. We believe that our identity must be determinate" (Parfit 1984, S. 322).

Bei einer Firma, die mit einer anderen fusioniert oder bestimmte Geschäftsteile abstößt, die den Namen oder den Besitzer wechselt, ist die Frage nach deren Identität in der Zeit - nach dem stabilen Kern, der „Seele" - normalerweise nicht drängend. Wir können damit leben, dass unklar ist, ob „Novartis" *dieselbe* Firma ist wie „Ciba Geigy". Parfit meint, dass wir auch in Bezug auf Menschen - in Bezug auf uns selbst - mit solchen Unklarheiten leben müssen. Wie bei Firmen bestehen vielfältige Kontinuitäten zwischen früheren und späteren Erscheinungsformen - bei Menschen sind es physische und psychische Kontinuitäten -, aber es existiert „hinter" den psychischen und physischen Eigenschaften kein stabiles Ich.

Diese radikale Auffassung, welche eine gewisse Nähe zur buddhistischen Auffassung vom Selbst aufweist, wirft Fragen im Bereich der praktischen Rationalität und der Moral auf, die von Parfit in verwinkelten Diskussionen verfolgt werden. Eine Frage ist, ob man einen Menschen, der sein „zukünftiges Selbst" zu schädigen droht, in seiner Autonomie beschränken darf. Auf diese Frage gibt Parfit eine klare Antwort: Da dieses zukünftige Selbst nicht *dieselbe* Person ist wie der Handelnde, macht sich dieser eines *moralischen* Vergehens schuldig: „We should claim that great imprudence is morally wrong. […] We ought to prevent anyone from doing to his future self what it would be wrong to do to other people" (ebd., S. 321). Es scheint moralisch unproblematisch, die Autonomie einer Person zum Schutz einer anderen Person zu beschränken.

Rousseaus und Schleiermachers Kritik an der „Aufopferung der Gegenwart" bezieht sich nicht nur auf die Beschränkung der Autonomie, sondern allgemein auf die Zufügung instrumentell (vermeintlich) wertvoller Übel. Unter dem Titel „A Child's Burden" diskutiert Parfit einen Fall, der in diesem Zusammenhang relevant ist: „We must decide whether to impose on some child some hardship. If we do this, this will either (i) be for this child's own greater benefit in adult life, or (ii) for the similar benefit of someone else - such as this child's younger brother" (ebd., S. 333). Die alltägliche Sichtweise ist, dass die Zufügung eines Übels weit weniger bedenklich ist, wenn die geschädigte Person - und nicht jemand anders - davon profitiert. Aus konsequenzialistischer Sicht hingegen erscheint es irrelevant, wem der erwartete Nutzen zu Gute kommen wird. Überraschenderweise meint Parfit, die reduktionistische Position unterstütze in diesem Fall *nicht* den Konsequenzialismus: „A Reductionist is more likely to regard this child's relation to his adult self as being like a relation to a different person. He is thus more likely to claim that it is unfair to impose burdens on this child merely to benefit his adult self" (ebd., S. 335). Während es also aus reduktionistischer Sicht angemessen erscheint zu verhindern, dass jemand sein zukünftiges Selbst schädigt, ist der umgekehrte Fall - die Schädigung des gegenwärtigen Selbst eines Kindes zum Vorteil seines Erwachsenen-Selbst - nach Parfit moralisch verwerflich.[23] Dies ergibt sich aus einer Erweiterung des Anwendungsbereichs (*scope*) von Verteilungsprinzipien: Während diese gewöhnlich die Verteilung von Gütern zwischen Personen regeln, werden sie von Parfit auf die Teile eines einzelnen Lebens angewandt.[24]

Nach Parfit wird man auf der Basis des Nicht-Reduktionismus dazu tendieren, dem Kind in der Gegenwart Unannehmlichkeiten zu bereiten, wenn dies zu dessen langfristigem Vorteil ist: „It is on the Non-Reductionist View that we can plausibly reply, ‚This cannot be unfair, since it will be just as much *he* who will later benefit'" (ebd.). Dies ist, wie gesagt, nur eine Tendenz, nicht eine zwingende Konsequenz der nicht-reduktionistischen Position.

Schleiermacher nimmt - als Nicht-Reduktionist - eine reduktionistische Perspektive auf das menschliche Leben ein: Er betrachtet das Leben als Aneinanderreihung von „Lebensaugenbli-

23 Man kann sich fragen, ob die beiden Fälle wirklich derart verschieden beurteilt werden sollen. Im ersten Fall könnte der Freiheitseingriff, der die Schädigung des zukünftigen Selbst verhindern soll, selbst als Schädigung interpretiert werden, die dem zukünftigen Selbst einen Nutzen (in Form einer nicht erfolgten Schädigung) bringen soll. In dieser Sichtweise wären die beiden Fälle moralisch nicht unterscheidbar.

24 In einem weiteren Schritt allerdings fragt sich Parfit, wieviel *Gewicht* man solchen Verteilungsprinzipien überhaupt zubilligen soll: „(I)f we give this principles *no* weight, it will make no difference that we have given them wider scope. This is how the net effect might be the Utilitarian view" (ebd., 335).

cken", und diese Sichtweise widerstrebt – wie obige Überlegungen zeigen – dem Gedanken der Kompensation von Schlechtem durch (zu einem anderen Lebensaugenblick zu erwartendes) Gutes. Gesteht man der reduktionistischen Perspektive – innerhalb des Nicht-Reduktionismus – eine gewisse Berechtigung zu, so dürfte allerdings kaum eindeutig anzugeben sein, welche Konsequenzen daraus für praktische Rationalität und Erziehung zu ziehen sind.

Schleiermachers Schluss ist bekannt: „Die Lebenstätigkeit, die ihre Beziehung auf die Zukunft hat, muss zugleich auch ihre Befriedigung in der Gegenwart haben" (Schleiermacher 1826/2000, S. 54). Er merkt an, eine *Befriedigung in der Gegenwart* sei auch gegeben, wenn das Kind einer allenfalls unangenehmen Tätigkeit *zustimmt*: „Entweder liegt die Befriedigung unmittelbar in dem Moment oder in der Zustimmung" (ebd., S. 54). Wie immer man diese Aussage genau interpretiert[25]: Jetzt ist klar, dass das Problem

25 Am einleuchtendsten erscheint mir folgende Interpretation: Ältere Kinder sehen die Notwendigkeit eines momentanen Übels ein und können deshalb ihre Zustimmung dazu geben. Die Einsicht in den Sinn des Übels macht dieses erträglich oder „befriedigend". Schleiermacher scheint darüber hinaus etwas Weiteres im Blick zu haben: Nicht allein die *Einsicht* bringt Befriedigung, sondern das Übel selbst beginnt einem Freude zu bereiten, wenn man seine Notwendigkeit erkennt. Hier ist anzumerken, dass Schleiermacher nicht an Übel wie z.B. Schmerzen denkt, sondern an eine (mühsame) „Übung": „Was in dem Leben des Kindes Befriedigung des Momentes ohne Rücksicht auf die Zukunft ist, nennen wir Spiel im weitesten Sinn; die Beschäftigung dagegen, die sich auf die Zukunft bezieht, Übung. Soll also die Erziehung mit dem sittlichen Zweck vereinbar sein, so muss unsere Formel diese sein, Im Anfang sei die Übung nur an dem Spiel, allmählich aber trete beides auseinander in dem Mass, als in dem Zögling der Sinn für die Übung sich entwickelt und die Übung ihn an und für sich erfreuet. Letzteres nannten wir früher die Zustimmung des Zöglings" (ebd., S. 56). Den Schluss dieses Zitats interpretiere ich folgendermassen: Das erste Element im Prozess der Zustimmung ist die Einsicht in den Sinn der Übung, das zweite die Freude an der Übung selbst. Das Zitat kann so interpretiert werden, dass diese Freude Zustimmung impliziert. Eine andere Interpretation ist, dass die Zustimmung sich aus der Freude ergibt.

der Instrumentalisierung (*drittes Argument*) nur bei mangelnder Zustimmung besteht.

Schleiermacher spricht, wie oben deutlich wurde, meist von der Instrumentalisierung von Lebensaugenblicken, nicht von *Personen*. Trotzdem scheint er der Auffassung zu sein, dass *ein Kind* instrumentalisiert wird, wenn ihm eine bloß instrumentell wertvolle Tätigkeit *ohne seine Zustimmung* auferlegt wird.[26] Es ist allerdings nicht einzusehen, warum von einer Instrumentalisierung des Kindes zu sprechen ist, wenn es gegen seinen Willen zum Zahnarzt geschickt wird. Dieses Übel nützt - nach alltäglicher Auffassung - *ihm selbst;* von Instrumentalisierung könnte meines Erachtens nur gesprochen werden, wenn vor allem andere davon profitieren würden.[27]

Nach der oben erwähnten *aristotelischen* Interpretation von Schleiermachers Überlegungen müsste dem Zustimmungsprinzip keine zentrale Bedeutung zugestanden werden. Diese Interpretation, welche die besondere Bedeutung in sich wertvoller Tätigkeiten hervorhebt, bewegt sich auf der Ebene des guten Lebens. Was für die individuelle Klugheit gilt, gilt (nach der hier vertretenen Moralauffassung) auch für die Erziehung: Ein Leben, das in hohem Masse von instrumentell wertvollen Tätigkeiten bestimmt ist, soll vermieden werden. Meiner Auffassung nach ist das Instrumentalisierungs-Argument nur in dieser Version sinnvoll.

Wie das Argument der unsicheren Lebenserwartung (*erstes Argument*) und das Technologieargument (*zweites Argument*) spricht das aristotelisch verstandene Instrumentalisierungs-Argument gegen eine „Aufopferung der Gegenwart“. Nach keinem der

26 Jedenfalls sagt er, wenn die Zustimmung (zu einer „Übung“) vorliege, sei sichergestellt, dass das Kind „in jedem Augenblick als Mensch“ (ebd., S. 56) behandelt werde.

27 Um sagen zu können, dass durch den Zahnarztbesuch „jemand anders“ profitiert, müsste das dritte Argument, also das Identitätsargument, gestärkt werden. Genau dieses Argument verliert aber durch die starke Gewichtung der kindlichen Zustimmung seine Bedeutung. Nach Schleiermacher kann nicht von Instrumentalisierung gesprochen werden, wenn das Kind der Übung zustimmt. Übertragen auf den Bereich der individuellen Klugheit heisst das, dass gegen Kompensationen von Schlechtem durch Gutes nichts einzuwenden ist, sofern wir sie selbst beschliessen. Das Problem der Identität spielt hier keine Rolle mehr.

Argumente aber erscheint es – im Bereich des individuellen Guten oder der Erziehung – als unangebracht, gewisse Übel durch spätere Güter zu kompensieren.

Fazit: Fürsorglichkeit, Erziehung, Moralerziehung

Nach dem Scheitern der Argumentation in Kapitel 2.1 musste in Kapitel 2.2 ein Neuanfang gemacht werden. Gewisse Formen von paternalistischer Erziehung konnten als Aspekt von fürsorglichem Handeln herausgestellt werden. Eltern, die um das Wohl ihrer Kinder besorgt sind, so der Grundgedanke, werden ihre Kinder konsequenterweise nicht nur umsorgen oder beschützen, sondern auch erziehen.

Auf dieser Basis ließ sich abschließend auch eine Rechtfertigung von Moralerziehung formulieren. Betrachtet man Moralität oder Tugendhaftigkeit als Aspekt des guten Lebens, so kann auch die moralische Erziehung als Aspekt fürsorglichen Handelns gesehen werden. Folgt man hingegen dem Trend der neuzeitlichen Ethik, Fragen der Moral von Fragen des Guten loszulösen, kann dies nicht mehr gesagt werden. In diesem Sinne meint Robert Noggle (2002, S. 115), der pädagogische Akteur sei nicht nur als „Agent" des kindlichen Wohls zu sehen, sondern auch als „Agent" der moralischen Gemeinschaft. Er richtet diejenigen Erwartungen an das Kind, welche die Mitglieder der moralischen Gemeinschaft aneinander haben.

2.3 Erziehung und die Verletzlichkeit des Selbst im Bildungsprozess

Ergänzend zur soeben formulierten Argumentation soll eine weitere Überlegung skizziert werden, welche den Begriff der *Bildungs-Verletzlichkeit* (Kapitel 1.4) in den Mittelpunkt stellt.

Schutz vor schädlichen Einflüssen

Erinnern wir uns zuerst an Benporaths Vergleich des kindlichen Initiationsprozesses mit der Einführung einer Person in eine ihr fremde Kultur (Kapitel 2.2). Es ist der Mangel an Informationen, die Unvertrautheit mit den herrschenden Verhältnissen, welche die besondere Verletzlichkeit von Kindern und Fremden begründen. Wie gesagt, ist Benporath der Auffassung, Kinder müssten im Initiationsprozess genausowenig wie Fremde pädagogisch bevormundet werden.

Dem ist entgegenzuhalten, dass Benporath einen wesentlichen Unterschied zwischen Kindern und erwachsenen Ausländern ignoriert. Diese verfügen beim ersten Kontakt mit einer ihnen fremden Kultur bereits über ein ausgebildetes Selbst, über entwickelte normative Maßstäbe, die sie an die fremde Kultur anlegen. Sie werden also die Handlungsweisen dieser Kultur nicht unbesehen imitieren und die entsprechenden Handlungsgründe nicht ohne weiteres in ihre praktische Identität integrieren. Manche Handlungsweisen werden bei ihnen moralisches Befremden auslösen. Sie werden es nicht „mit sich selbst" vereinbaren können, sie zu übernehmen. Ähnliches wird Kindern kaum passieren. Sie sind, wie oben deutlich wurde, den normativen Einflüssen aus ihrer Umgebung ausgesetzt, ohne dass sie sich in einer gefestigten Art und Weise zu ihnen verhalten könnten. Sie sind nicht dafür *verantwortlich* zu machen, welchen Einflüssen sie sich öffnen.

Die Tatsache dieser besonderen Bildungs-Verletzlichkeit von Kindern, welche die Kehrseite ihrer mangelnden Autonomie ist, lässt es naheliegend erscheinen, ihr Selbst im Bildungsprozess besonders zu *schützen*. Dies legt sich im Rahmen der in Kapitel 1.2 formulierten Moralauffassung nahe. Eltern oder Erzieher, welche sich bemühen, dem Kind gegenüber Wertschätzung auszudrücken, indem sie um dessen Wohl – oder allgemeiner: um eine angemessene Entwicklung von dessen Selbst – besorgt sind, werden das Kind auch vor „schädlichen" Einflüssen bewahren wollen.

Gerade Benporath fordert unmissverständlich den Schutz des verletzlichen Kindes, mahnt aber gleichzeitig an, das Kind nicht in einem paternalistischen Sinne zu erziehen, sondern primär *wachsen zu lassen*. Wird sie sich also dagegen wenden, das Kind vor schädlichen Einflüssen zu schützen?

Eltern, welche dies tun, nehmen eine Selektion vor: Sie unterscheiden „gute" von „schlechten" Einflüssen, wobei sie zu Unterscheidung des Guten vom Schlechten moralische, prudentielle und andere Wertmaßstäbe beiziehen. Ohne pädagogische Wertmaßstäbe, also ohne inhaltliche Vorstellung davon, wie sich die praktische Identität ihres Kindes entwickeln sollte, sind sie nicht in der Lage, das Kind im beschriebenen Sinne zu schützen. Sobald sie aber gemäß solchen pädagogischen Wertvorstellungen handeln, praktizieren sie bereits eine paternalistische Form von Erziehung, selbst wenn sie das Kind nicht direkt in seinem Tun beschränken.

Sie stellen sich in dem Sinne über das Kind, dass sie an seiner Stelle und ohne seine Zustimmung entscheiden, wie sich sein Selbst entwickeln sollte. Sie dringen in einen Bereich ein, welcher bei gewöhnlichen Erwachsenen normativ geschützt ist. Genau diese Art von paternalistischer Erziehung möchte Benporath vermeiden. Konsequenterweise müsste sie es als moralisch schlecht betrachten, wenn Eltern und andere pädagogische Akteure die ihnen anvertrauten Kinder vor schlechten Einflüssen zu schützen versuchten. Einer Kinderfrau, welche rassistisch denkt und dies deutlich zum Ausdruck bringt, werden Eltern, die nicht rassistisch denken, ihr Kind kaum überlassen. Auch wenn diese Frau einen guten Umgang mit Kindern pflegt und das Kind von ihr keine direkte Verletzung seiner Interessen zu befürchten hat, werden sie sich zum Schutz des kindlichen Selbst lieber nach einer anderen Betreuungsmöglichkeit umsehen.

Von der indirekten zur direkten Erziehung

Eltern, welche ihre Kinder vor schlechten Einflüssen zu beschützen suchen, haben bereits die Schwelle zum pädagogischen Paternalismus überschritten. Gehen wir aber noch einen Schritt weiter: Es wäre kaum verständlich, wenn Eltern, die ihre Kinder keiner schädlichen Umgebung aussetzen wollen, von sich aus keinerlei pädagogische Einflussnahme anstreben würden. Es ist nicht vorstellbar, dass solche Eltern lediglich *bereits vorhandene* Einflüsse einer pädagogischen Selektion unterwerfen, ohne selbst Einfluss zu nehmen. Die Selektion bestehender normativer Faktoren kann als eine Form indirekter Erziehung gesehen werden.[28] Von indirekter

28 Betrachtet man die Geschichte der Pädagogik, so wird das grundlegende Konzept indirekter Erziehung von Rousseau bereitgestellt. Der größte Unterschied des hier vertretenen Konzepts zu demjenigen Rousseaus besteht darin, dass Rousseau eine „natürliche" Erziehung propagiert, wogegen hier ein Konzept „kultureller" und „so-

Erziehung kann meines Erachtens auch gesprochen werden, wenn die Eltern aktiv die Lebensform gestalten, in welche die Kinder hineinwachsen. Wie gesagt (Kapitel 1.4), bildet sich die praktische Identität von Kindern durch das Hineinwachsen in eine Lebensform. Das heißt, dass die Bildung des Selbst abhängig ist von der normativen Gestaltung dieser Lebensform: Die Kinder tun, was „man in dieser Lebensform tut", und legen sich auf entsprechende Handlungsgründe fest. Als primäre Gestalter der familiären Lebensform können Eltern also indirekt die Charakterbildung ihrer Kinder beeinflussen. Eingebettet in einem sozialen und kulturellen Kontext treffen Eltern wichtige Entscheidungen zur Gestaltung der gemeinsamen Lebensform der Familie. Übernehmen Erwachsene elterliche Rollenverantwortung, so sind sie verpflichtet, ihre Lebensform an dieser neuen Rolle auszurichten. Sie haben die Lebensform so zu gestalten, dass die Kinder und sie selbst darin gut leben können. Bei der Wahrnehmung ihrer elterlichen Verantwortung genießen sie eine gewisse *Rollenautonomie*, die aber zumindest durch die in diesem Buch angedeutete Liste unkontroverser Grundgüter begrenzt werden muss.[29] Demnach liegt es zum

---

zialer" Erziehung vorgeschlagen wird. Rousseaus Begriff der Natur hat verschiedene Fazetten: Die Natur des Menschen – sein *Wesen* – stellt für Rousseau den *objektiven normativen Maßstab* der Erziehung dar. Zudem verwendet Rousseau den Naturbegriff als Gegensatz zum Begriff der *Kultur*: Das Wesen des Menschen ist a-kulturell und a-sozial. Durch indirekte Erziehung, durch Kontrolle der sozialen und natürlichen Umgebung, soll der Erzieher nach Rousseau dafür sorgen, dass sich der Mensch „seiner Natur gemäß" – und ohne die Beeinträchtigung durch Gesellschaft und Kultur – entfalten kann. In seiner Schrift „Über die Ungleichheit unter den Menschen" (Rousseau 1755/1995, S. 61ff) zeichnet Rousseau den „Naturmenschen" als weitgehend autarkes, asoziales Wesen. Diese Bild ist auch für die Pädagogik prägend, kann aber hier nicht durchgehalten werden: Der Zögling Emile ist stets in Gesellschaft anderer Menschen. Wäre es anders, so wäre nicht nur sein nacktes Überleben gefährdet, sondern die Entwicklung grundlegender menschlicher Fähigkeiten – etwa der Spracherwerb – würde verunmöglicht. Auch bei Rousseau ist der Zögling also faktisch auf kulturelle Interaktion angewiesen, um sich angemessen entwickeln zu können.

29 Auf diesen Grundgedanken zur elterlichen Rollenautonomie lässt sich eine Konzeption zur Beziehung von Staat und Familie aufbau-

Beispiel nicht in der Rollenautonomie von Eltern, ihre Kinder hungern zu lassen. Auf der Basis universaler Maßstäbe jedoch können Eltern eine partikulare Familienkultur aufbauen. Sie sind verpflichtet, ihre Kinder angemessen zu ernähren; wie sie aber die „Koch-“ und „Esskultur“ ihrer Familie gestalten, liegt in ihrer Rollenautonomie. Die Gestaltung der Esskultur - wie der ganzen Familienkultur - kann als *paternalistisch* angesehen werden. Eltern entscheiden stellvertretend für die Kinder über deren alltägliches Leben; sie treffen Entscheidungen, die der autonomen Entscheidung gewöhnlicher Erwachsener überlassen sind. Dies kann mit spezifisch *pädagogischen* Zielen verbunden werden, und hier ergibt sich, wie gesagt, die Möglichkeit indirekter Erziehung.[30]

Wer sein Kind vor schädlichen Einflüssen zu schützen sucht, so die Überlegung, wird aktiv darum besorgt sein, dass sein Kind in eine Lebensform - eine „Familienkultur“ - hineinwächst, welche dem Gedeihen seines Selbst förderlich ist. Von hier ist es nur

---

en, insbesondere zur Frage, in welchen Fällen staatliche Institutionen berechtigt sind, in Familien zu intervenieren. Es sind die Fälle, in denen Eltern ihre grundlegenden Rollenverpflichtungen, also die Verpflichtungen, die sich aus der Konzeption des Guten ergeben, missachten.

30 Von diesen Überlegungen kann eine Verbindung zur Kommunitarismusdebatte hergestellt werden. Als „kommunitaristisch“ kann die Forderung nach einer normativ homogenen Lebensform bezeichnet werden, einer „Gemeinschaftskultur“, die von einem „gemeinsamen Guten“ getragen wird. Aus pädagogischer Sicht, so scheint es, muss eine solche Forderung unterstützt werden, da sie eine Ausweitung des „Raums indirekter Erziehung“ über die Familie hinaus ermöglicht. Konflikte zwischen der Familienkultur und andersartigen Wertsystemen, welchen die Kinder außerhalb der Familie ausgesetzt sind, würden weitgehend verschwinden. Der Preis für diesen Zuwachs an pädagogischer Kontrolle wäre jedoch eine Verminderung der persönlichen Autonomie aller. Aus liberaler Sicht trägt eine solche Gemeinschaftskultur, welche die gesamte Lebensform der Individuen prägt, paternalistische Züge. Die in dieser Arbeit vertretenen Auffassungen sind bezüglich der Familie kommunitaristisch, jedoch nicht bezüglich der gesamten Gesellschaft. Durch das Hineinwachsen in eine partikulare Familienkultur bildet sich die charakterliche Basis, die eine autonome Gestaltung der eigenen Lebensform ermöglichen soll.

ein kleiner Schritt zur Befürwortung *direkter* Formen von Erziehung. Wer eine Familienkultur aufbaut, wird kaum darauf verzichten, die in der gemeinsamen Lebensform verkörperten Werte bisweilen dem Kind gegenüber explizit zu machen. Er wird nicht darauf verzichten, direkte pädagogische Erwartungen an das Kind zu richten. Wer nichts dagegen einzuwenden hat, dass Kinder vor schlechten Einflüssen geschützt werden müssen, wird kaum ein Argument gegen diese Art direkter Erziehung vorbringen können. In beiden Fällen handelt es sich um pädagogischen Paternalismus; ein normativ relevanter Unterschied zwischen beiden, der die eine Handlungsweise als moralisch richtig, die andere aber als verwerflich erscheinen ließe, besteht meines Erachtens nicht.

Die Berechtigung dieser Art von erzieherischer Bevormundung ergibt sich (nach dem *dritten Kriterium*) aus der mangelnden Autonomie-Verletzlichkeit des Gegenübers. Der Mangel an Autonomie, verbunden mit der besonderen Bildsamkeit von Kindern, bringt die besondere Bildungs-Verletzlichkeit mit sich, die pädagogischen Paternalismus allererst unumgänglich macht. Es ist moralisch richtig, angemessene pädagogische Erwartungen an das Kind zu richten, da es sonst beliebigen anderen Erwartungen nachgeben würde. Diese Überlegungen betreffen das *Ziel*, um dessentwillen paternalistisches Handeln erwogen wird, und insofern können sie dem *ersten Kriterium* zugeordnet werden.

Damit wird eine allgemeine Formulierung der drei Kriterium, die im Laufe des zweiten Kapitels entwickelt wurden, möglich: Das *erste Kriterium* nimmt in der ersten Formulierung auf die Interessen-Verletzlichkeit der paternalisierten Personen, auf die mögliche *Schädigung* ihrer Interessen, Bezug (Kapitel 2.2, dritter Abschnitt). Von einer möglichen Schädigung, einer Schädigung des verletzlichen Selbst im Bildungsprozess, war auch zuletzt die Rede. Das *Ziel* von pädagogischem Paternalismus kann einerseits *negativ*, als Verhinderung eines Schadens, zum anderen *positiv*, als Förderung des Guten formuliert werden. Das erste Kriterium enthält sozusagen die Erziehungsziele, das heißt inhaltliche Vorstellungen darüber, wie der Charakter oder die praktische Identität des Kindes sich entwickeln sollte. Damit sind nicht nur prudentielle Ziele, sondern auch moralische Massstäbe angesprochen. Das *zweite Kriterium*, welches auf mögliche Lerneffekte durch Nicht-Intervention verweist, muss auf diese pädagogischen Wertvorstellungen, welche als Handlungsgründe Teil des kindlichen Selbstverständnisses werden sollen, Bezug nehmen. Es muss also gefragt werden, ob durch einen Verzicht auf Paternalismus die Eigenaktivität des Kindes in einer Weise gefördert wird, die ihm eine selbständige Erreichung der pädagogischen Ziele ermöglicht. Von zentraler Bedeutung ist das *dritte Kriterium*, welches die Legitimität von Paternalismus von der Autonomie-Verletzlichkeit des Betroffenen abhängig macht. Diese allgemeine Formulierung der drei Kriterien verdeutlicht, dass die unterschiedlichen Überlegungen des zweiten Teils letztlich zu einer einheitlichen Argumentation verdichtet werden können. Die drei Argumentationen sind *eine* Argumentation.

2.4 Paternalismus und Partizipation

„How should children be heard?“ Diese Frage stellt Harry Brighouse (2003), und er berührt damit eine in den bisherigen Überlegungen vernachlässigte Frage. Brighouses Ausführungen zur Frage, in welcher Weise Kindern Gehör gegeben werden sollte, basieren auf einer Rechtfertigung von Paternalismus gegenüber Kindern. Gerade weil Kinder als legitime Adressaten von Bevormundung und Erziehung zu gelten haben, stellt sich die genannte Frage in spezifischer Weise, ist doch damit eine vollständig *egalitäre* Beziehung zwischen Erwachsenen und Kindern ausgeschlossen. Die Vorstellung, dass Kinder als gleichberechtigte Teilnehmer an Diskursen ihre eigenen Anliegen vertreten, führt nicht weiter. Ebenso unbefriedigend ist die Vorstellung, dass Kinder zu ihren eigenen Leben überhaupt nichts zu sagen haben. Insbesondere Schapiros Ausführungen lassen *diesen* Eindruck entstehen: Kinder verfügen nicht über einen ausgereiften Willen und haben deshalb in Entscheidungsprozessen, die ihr eigenes Leben betreffen, nichts beizutragen. Dies, so mag man vermuten, legitimiert Erwachsene, alles Wichtige *über die Köpfe von Kindern hinweg* zu entscheiden. Ähnlich wie die Position Schapiros steht auch die in den letzten Abschnitten vertretene Rechtfertigung von Paternalismus unter dem Verdacht, Kinder aus relevanten Entscheidungsprozessen vollständig auszuschliessen.

Diesem Eindruck soll im Folgenden entgegengewirkt werden, indem eine Form von Bevormundung skizziert wird, die man als *partizipativen Paternalismus* bezeichnen könnte. Benporath (2003) äusserte ein starkes Unbehagen gegenüber dem umfassenden, „lenkenden" oder erzieherischen Paternalismus, der von Schapiro, so scheint es, gerechtfertigt wird. Die von Benporath intendierte Begrenzung des paternalistischen Handelns gegenüber Kindern – bloss beschützen, nicht erziehen – hat sich jedoch als illusorisch erwiesen (vgl. 2.2). Ihre Bedenken gegen die totale Paternalisierung von Kindern können mit der Idee des partizipativen Paternalismus in neuer Weise aufgenommen werden.

Zur Erläuterung dieser Idee wird teilweise auf diskursethisches Vokabular zurückgegriffen, ohne dass der entsprechende Theorierahmen vollständig übernommen wird. Nach Habermas (vgl. 1.2) kommen Kinder auf Grund mangelnder Diskursfähigkeit nicht als Diskursteilnehmer in Frage. Stattdessen soll in *advokatorischen Diskursen,* in denen diskursfähige Erwachsene als Stellvertreter von Kindern auftreten, über ihre Belange entschieden werden. Problematisch ist, dass Entscheidungen hier über die Köpfe der Betroffenen hinweg getroffen werden. Da es nicht möglich ist, Kinder als vollwertige Diskursteilnehmer zu akezptieren, muss ein dritter Weg beschritten werden. Es handelt sich dabei um einen *Diskurs unter paternalistischem Vorzeichen*. Was dies bedeutet, kann durch Abgrenzung dieses *paternalistischen Diskurses* gegenüber einem *Beratungs-Diskurs* herausgearbeitet werden. Als Beratungs-Diskurs charakterisiere ich ein Gespräch, in dem sich eine Person, die sich in Bezug auf eine wichtige Entscheidung unsicher ist, von einer anderen Person mit Informationen versorgen und argumentativ beraten lässt. Die Beraterin zielt nicht darauf, ihr Gegenüber zu einer *bestimmten* Entscheidung zu bewegen, etwa durch Überredung oder Druck, sondern will ihm einen überlegte, autonome Entscheidung ermöglichen. Entsprechend hat dieser, nicht die beratende Person, das letzte Wort. Es steht ihm frei, alle Informationen oder Ratschläge in den Wind zu schlagen. Dies gilt in paternalistischen Diskursen gerade nicht. Hier, so könnte man sagen, hat das Kind *beratende* Stimme. Betrachten wir dazu die von Habermas (1983, S. 99) formulierten Diskursregeln. Regel 3.1 lautet: „Jedes sprach- und handlungsfähige Subjekt darf an Diskursen teilnehmen", und es wird ausgeführt, diese Regel bestimme

„den Kreis der potentiellen Teilnehmer im Sinne einer Inklusion ausnahmslos aller Subjekte, die über die Fähigkeit verfügen, an Argumentationen teilzunehmen". Diese Regel ist zwar geeignet, Kinder aus Diskursen *auszuschliessen*, aber eine grosszügige Auslegung der Bestimmungen ist durchaus möglich: Bereits kleine Kinder *sind* fähig zu argumentieren. Sie können nicht nur ihre Wünsche ausdrücken, sondern auch Gründe dafür angeben, warum diese Wünsche zu erfüllen sind. Der Vorschlag lautet deshalb, Kinder zu Diskursen zuzulassen, obwohl sie noch weit vom Ideal der diskursfähigen Person entfernt sind, dem im Übrigen auch viele Erwachsene nicht entsprechen. Die Inklusion von Kindern soll aber unter einem Vorbehalt erfolgen: Ihre Stimme wird als *beratend*, nicht als *entscheidend* aufgenommen.[31] Kinder sollen *nicht* das letzte Wort haben in Belangen, die sie selbst angehen. Trotzdem gelten für sie die Diskursregeln 3.2: „a. Jeder darf jede Behauptung problematisieren. b. Jeder darf jede Behauptung in den Diskurs einführen. c. Jeder darf seine Einstellungen, Wünsche und Bedürfnisse äussern" (ebd.). Regel 3.3 lautet: „Kein Sprecher darf durch innerhalb oder ausserhalb des Diskurses herrschenden Zwang daran gehindert werden, seine in (3.1) und (3.2) festgelegten Rechte wahrzunehmen" (ebd.). Durch diese Regel soll gemäss Habermas „das Recht auf chancengleiche Teilnahme am Diskurs ohne eine noch so subtile und verschleierte Repression [...] wahrgenommen werden können" (ebd.). Lässt sich diese Regel auf den paternalistisch geführten Diskurs anwenden? Ist nicht gerade dieser unausweichlich von einem Ungleichgewicht der Kräfte gekennzeichnet? Selbstverständlich kann diese Art von Diskurs dem Ideal des herrschaftsfreien Gesprächs nur teilweise entsprechen. Nicht nur besteht von vornherein die Möglichkeit, dass im Falle eines Dissenses im Diskurs *anschliessend* paternalistischer Zwang gegenüber den Kindern ausgeübt wird. Auch innerhalb der Diskurssituation sind die Kinder den Erwachsenen faktisch *unterlegen*. Sie verfügen (in der Regel) über weniger Erfahrung und Information, und ihre Argumentationsfähigkeit ist weniger entwickelt. Dies führt dazu, dass sie auch schwachen Argumenten Erwachsener oftmals wenig entgegenzusetzen haben. Auch kann es vorkommen, dass sie gute Argumente Erwachsener nicht ver-

31 Brighouse (2003) verwendet hier die Begriffe „consultative" und „authoritative".

stehen oder nicht akzeptieren. Die faktische Stärke von Erwachsenen *legitimiert* sie aber *nicht* dazu, *im Diskurs* Macht auszuüben und die Schwäche der Kinder auszunützen. Im Gegenteil ist es die Aufgabe der Überlegenen, die Unterlegenen so weit als möglich zu stärken: Kinder sollen die Möglichkeit haben, angstfrei am Diskurs teilzunehmen und ihre Bedürfnisse und Überlegungen authentisch zu äussern. Dabei muss stets die Möglichkeit in Betracht gezogen werden, dass die Kinder - nicht die Erwachsenen - über das gute Argument verfügen. Der *zwanglose Zwang des besseren Arguments* soll unabhängig davon wirken, wer das Argument vorbringt. Damit, so scheint mir, kann in einem paternalistisch vorstrukturierten Diskurs einiges von dem bewahrt werden, was nach Habermas den Kern des echten Diskurses ausmacht.

Die hier formulierte Forderung nach einem *partizipativen* Paternalismus wird in ähnlicher Weise in Artikel 12 der Kinderrechtskonvention von 1989 formuliert: „Die Vertragsstaaten sichern dem Kind, das fähig ist, sich eine eigene Meinung zu bilden, das Recht zu, diese Meinung in allen das Kind berührenden Angelenheiten frei zu äussern, und berücksichtigen die Meinung des Kindes angemessen und entsprechend seinem Alter und seiner Reife" (Verschraegen 1996, S. 98). Auch hier wird dem Kind einerseits das Recht zugestanden, sich *frei zu äussern*: Es soll Gelegenheit bekommen, seine Meinung zu sagen und dabei nicht unter Druck gesetzt oder manipuliert werden. Andererseits erhält das Kind nicht das Recht, frei zu *entscheiden*: Seine Meinung soll in angemessener Weise *berücksichtigt* werden.

Abschließend möchte ich aufzeigen, wie sich diese Position ausgehend von den drei Kriterien zur Rechtfertigung von Paternalismus begründen lässt. Betrachten wir zunächst das *erste Kriterium*, welches unter anderem auf die Frage nach dem kindlichen Wohl Bezug nimmt. An früherer Stelle (vgl. Exkurs 1) wurde die Auffassung vertreten, dass man bei der Rechtfertigung von Paternalismus gegenüber Kindern letztlich nicht umhin kommt, gewisse objektiv gültige Werte anzunehmen. Zumindest können wir uns bei der Bestimmung des kindlichen Guten *nicht ausschliesslich* auf *subjektive* Wünsche abstützen. Es wäre jedoch anmassend, die Willensäusserungen von Kindern als irrelevant abzutun. Subjektive

Wünsche müssen, wie auch subjektive Empfindungen[32], zumindest als *Indikatoren* des Guten anerkannt werden. Als *Kriterium* des Guten sind sie ungeeignet, aber sie liefern wertvolle Hinweise darauf, was für eine Person gut ist. Deshalb ist es für die bevormundende Person von grosser Bedeutung zu wissen, was die Bevormundeten *wollen* und wie sie sich in bestimmten Situationen oder bei bestimmten Tätigkeiten *fühlen*. Das bedeutet, dass in paternalistischen Entscheidungsprozessen die Stimme des Kindes nicht ausgeblendet werden darf, weil ansonsten die Gefahr besteht, das kindliche Gute zu verfehlen. Aus dem ersten Kriterium ergeben sich also gute Gründe für einen *partizipativen* Paternalismus.

Gleiches kann über das *zweite Kriterium* gesagt werden, welches auf dem Lern-Argument gegen Paternalismus basiert. Dieses Argument rechtfertigt es, wie bereits früher deutlich wurde, Kindern gewisse Entscheidungen *vollständig* zu überlassen, da dies der Entwicklung ihrer Fähigkeit zu urteilen und zu entscheiden förderlich sein kann. In anderen Fällen wird dies nicht zu verantworten sein, weil das Risiko einer gravierenden Schädigung des Kindes zu gross ist. Auch in solchen Fällen jedoch ist es nicht angezeigt, Entscheidungen über den Kopf des Kindes hinweg zu fällen. Ein partizipativer Ansatz ermöglicht dem Kind gewisse Lernprozesse durch die Teilnahme am paternalistischen Diskurs.

Von grosser Bedeutung ist in diesem Zusammenhang auch das *dritte Kriterium*: Die Beteiligung von Kindern an Überlegungen und Entscheidungen ist Ausdruck von Respekt gegenüber ihrer bereits entwickelten Kompetenz und Autonomie. Umgekehrt können sie sich durch einen Ausschluss zu Recht *verletzt* fühlen.

---

32 Hier ist zum einen die bereits im Exkurs 1 besprochene Wunschtheorie des Guten angesprochen, zum anderen die hedonistische Theorie, die besagt, dass positives Empfinden (Wohlbefinden, Freude, Lust) als (höchstes oder einziges) Kriterium des Guten zu gelten hat. Demnach ist dasjenige gut für einen Menschen, das bei ihm Wohlbefinden auslöst, schlecht hingegen ist, was ihm Unlust bereitet. Obwohl hier von *subjektiven* Empfindungen die Rede ist, muss der Hedonismus – im Gegensatz zur Wunschtheorie – als *objektivistisch* in dem Sinne betrachtet werden, dass ein von subjektiven Überzeugungen und Wünschen unabhängiger Wert (Wohlbefinden) angenommen wird. Auf eine ausführliche Diskussion der hedonistischen Position muss an dieser Stelle verzichtet werden.

3 Erwachsene und Kinder

3.1 Die pädagogische Differenz

Im Folgenden skizziere ich die Grundzüge dessen, was ich eine *normative Konzeption von Kindheit* nenne. Es ist eine *Konzeption* (im Sinne Archards), insofern sie nicht bloß die Unterscheidung in Kinder und Erwachsene – also das *Konzept* von Kindheit – rechtfertigt, sondern diese mit Inhalt füllt. Sie ist normativ, da sie sich auf die Frage des normativen Status von Kindern, also ihre Stellung in der moralischen Gemeinschaft, konzentriert. Insofern fällt die zweite der anfangs genannten Fragen mit der ersten, der Frage nach dem moralischen Status, zusammen.

Wenn es, wie Nemitz (1996)[1] behauptet, Kinder und Erwachsene *nicht gibt*, so bedeutet dies, dass ein Status-Unterschied zwischen den beiden Gruppen nicht behauptet werden kann. Nemitz' Grundaussage kann folgendermaßen wiedergegeben werden: Wenn wir eine Gruppe von Menschen vor uns sehen, ist es nicht sinnvoll möglich, diese (auf Grund ihrer empirischen Eigenschaften) in zwei Gruppen einzuteilen, die mit den Begriffen „Kinder" und „Erwachsene" beschrieben werden könnten. Diese Unterscheidung, wiewohl in der Alltagssprache verankert, entbehrt einer Begründung, die sich aus der Realität ergibt.

Vor diesem Hintergrund mag es überraschen, dass Nemitz gewisse Unterscheidungsmerkmale zwischen Kindern und Erwach-

1 An dieser Stelle danke ich Rolf Nemitz für eine angeregte, schriftlich geführte Debatte zu den hier verhandelten Fragen.

senen angibt. Es sind physische und rechtliche Unterschiede, die er als *pädagogisch irrelevant* betrachtet.

Bezüglich der physischen Unterschiede hebt er zwei Aspekte hervor: Geschlechtsentwicklung und Körpergröße:

„Binär ist erstens die Entwicklung der Geschlechtsorgane. Man darf jedoch nicht [...] nach deren Funktion fragen; man muß sich an die Oberfläche halten, an die sichtbare Erscheinung. In der Pubertät kommt es bekanntlich zu einer schubhaften Veränderung der Genitalien; das Auftreten der Schambehaarung erzeugt eine Zweiteilung menschlicher Wesen in, wenn man so will, Behaarte und Nackte“ (ebd., S. 126).

Die Fortpflanzungsfähigkeit als Unterscheidungskriterium lehnt Nemitz ab, da nach diesem Kriterium der weibliche Lebenslauf nicht in zwei, sondern in drei Phasen zerfällt: „[D]ie Zeit vor dem Erreichen der Gebärfähigkeit, die Zeit der Gebärfähigkeit, die Zeit danach“ (ebd., S. 106). Die Fortpflanzungsfähigkeit kann demnach nicht als Unterscheidungskriterium zwischen Kindern und Erwachsenen gelten, da gewisse erwachsene Frauen nicht mehr fortpflanzungsfähig sind. Zu überlegen wäre, ob allenfalls der *Beginn* der Fortpflanzungsfähigkeit als Kriterium bei der Bestimmung des Übergangs von der Kindheit zum Erwachsenenalter beizuziehen wäre.

Bezüglich der unterschiedlichen Körpergröße präzisiert Nemitz:

„Binär strukturiert ist nicht die wahrnehmbare Größe, sondern das Wachstum; einige Jahre nach dem Durchlaufen der Pubertät kommt das Längenwachstum bekanntlich zum Abschluß, die Etymologie von ‚erwachsen‘ verweist auf diesen Zusammenhang. Den Unterschied zwischen ‚noch wachsend‘ und ‚nicht mehr wachsend‘ kann man nicht erblicken, man kann ihn nur wissen“ (ebd.).

Diese beiden Einschnitte in der physischen Entwicklung finden im Abstand von wenigen Jahren statt, und in diesem Zeitraum kann nach Nemitz der Beginn des Erwachsenenalters situiert werden (ebd.).

Wenig überzeugend sind Nemitz' Bemerkungen zur rechtlichen Differenzierung von „Minderjährigen“ und „Volljährigen“ (ebd., S. 127). Nach Nemitz ist das Merkmal, das diese beiden

Gruppen unterscheidet, ihr *Alter* (ebd., S. 129). Tatsächlich verweisen die verwendeten Begriffe auf das Lebensalter von Personen; trotzdem ist es verwunderlich, dass Nemitz andere Begründungen für die rechtliche Differenzierung von Kindern und Erwachsenen gar nicht in Betracht zieht, so etwa ihr unterschiedlicher Entwicklungsstand im Bereich der praktischen Rationalität.[2] Grundsätzlich kann festgehalten werden, dass die rechtliche Unterscheidung zwischen Kindern und Erwachsenen sich bereits aus bestimmten Vorstellungen über die Eigenheiten dieser Gruppen speist und deshalb ihre Differenzierung nicht begründen kann.

Die genannten Unterschiede, insbesondere das Alter und der körperliche Entwicklungsstand, bestimmen die alltägliche Verwendung der Begriffe „Kind" und „Erwachsener" zumindest ein Stück weit. Einen siebenjährigen Menschen, der noch im Wachstumsprozess steht und nicht fortpflanzungsfähig ist, wird man nicht als erwachsen bezeichnen. Nemitz ist aber insofern zuzustimmen, dass auf der Basis dieser faktischen Differenzen die „pädagogische Differenz" nicht begründet werden kann.

Meines Erachtens - und hier wird mir Nemitz wohl nicht folgen - kann die pädagogische Differenz nicht anders denn als Status-Differenz, als Differenz der Handlungsrollen, begriffen werden. Nemitz' „Kritik der pädagogischen Differenz" ist sinnvollerweise als Kritik am unterschiedlichen Status von Kindern und Erwachsenen im pädagogischen Denken und Handeln zu verstehen. Kinder erscheinen hier traditionell als „Zöglinge", als Adressaten von Erziehung, Erwachsene als „Erzieher", als pädagogische Akteure. Diese Differenz verschwindet, wenn es „Kinder" und „Erwachsene" nicht gibt, und damit wird auch einer paternalistischen Erziehung die moralische Legitimation entzogen.

3.2 Verletzlichkeit und Unselbständigkeit

Vier Begriffe von Verletzlichkeit wurden im ersten Teil unterschieden. Die hier zu formulierende Konzeption von Kindheit gründet auf diesen Unterscheidungen. Benporaths Idee, den Begriff der Verletzlichkeit in den Mittelpunkt stellen, wird also über-

2 Der Begriff der „Mündigkeit", auf den Nemitz nicht näher eingeht, verweist auf diese Dimension.

nommen. Nach Benporath hat die Konzentration auf diesen Begriff den Vorteil, dass Kinder *als das, was sie sind*, ernst genommen werden. Sie werden, mit Barbara Arneil (2002) gesprochen, nicht nur als „becomings", sondern als „beings" wahrgenommen: Kinder sind *jetzt* verletzlich, und benötigen als verletzliche Wesen besondere Aufmerksamkeit.

Kinder sind nach Benporath in besonderem Maße verletzlich im Sinne der *Interessen-Verletzlichkeit.* Es ist unter anderem ihre umfassende *Unselbständigkeit*, welche sie verletzlich macht (Kapitel 1.1). Wie Benporath selbst bemerkt, lassen sich Kinder und Erwachsene auf dieser Basis nicht scharf unterscheiden.

Wie Erwachsene wurden Kinder weiter als *moralisch verletzlich* beschrieben (Kapitel 1.2). Insofern in diesem Zusammenhang von einer Differenzierung in Kinder und Erwachsene gesprochen werden kann, so muss auch der Begriff der *Bildungs-Verletzlichkeit* beigezogen werden (Kapitel 1.4). Obwohl der Mensch als Erwachsener weiterhin Bildungsprozesse durchlaufen kann, ist er als Kind besonders anfällig für „schlechte" Einflüsse aus der sozialen Umwelt. Dies liegt an der mangelnden Autonomie und der besonderen Bildsamkeit von Kindern. Kinder sind entsprechend wenig verletzlich im Sinne der *Autonomie-Verletzlichkeit* (Kapitel 1.3).

Mit dem Mangel an Autonomie ist eine bestimmte Art von Unselbständigkeit angesprochen, eine rationale Unselbständigkeit, welche zusammen mit der körperlichen Unselbständigkeit für die Phase der Kindheit charakteristisch ist. Daneben können die *politisch-rechtliche und die ökonomische Unselbständigkeit* angesprochen werden.

Der politische und rechtliche Status von Kindern ist, wie angedeutet, nicht fundamental. Er ist durch positives Recht festgelegt, und im Rahmen einer ethischen Argumentation muss man sich fragen, inwiefern die entsprechenden Altersgrenzen *moralisch* zu rechtfertigen sind. Hier wird man am ehesten auf die rationale Unselbständigkeit von Kindern verweisen. Diese ist es, welche es angemessen erscheinen lässt, sie rechtlich nicht im vollen Ausmaß zur Verantwortung zu ziehen, ihnen aber auch die politische Partizipation weitgehend zu verwehren. Interessanterweise macht Kant die politische Selbständigkeit, mit der das Recht zur politischen Partizipation verbunden ist, abhängig von der ökonomischen Selbständigkeit. Auf diesem Wege werden nicht nur Bedienstete oder Handwerkergesellen, die in Abhängigkeit von anderen Personen leben, sondern zudem alle Frauen und Kinder zu „passiven Staatsbürgern“ erklärt (Kant 1797/1977, S. 432ff). Bisher wurde nicht erwähnt, dass Schapiro (1999, S. 718ff) diesen Gedanken in modifizierter Form übernimmt: *Kinder* müssen ihrer Ansicht nach nicht auf Grund ihrer ökonomischen Abhängigkeit, sondern wegen ihrer mangelnden Autonomie als passive Bürger betrachtet werden. Dass Kinder ökonomisch unselbständig sind, beruht im Übrigen, wie bei den Frauen zu Kants Zeiten, auf gesellschaftlichen Entscheidungen. Ältere Kinder sind durchaus fähig, einer Erwerbstätigkeit nachzugehen, aber dies wird ihnen zumindest in westlichen Staaten weitgehend verwehrt. Das Verbot der Kinderarbeit kann als bedeutendes Element der westlichen Konzeption von Kindheit gesehen werden. An die Stelle der Erwerbsarbeit tritt in der westlichen Konzeption von Kindheit zunächst das Spiel, später die schulische Bildung, welche in modernen Gesellschaften eine unabdingbare Voraussetzung für sozialen und ökonomischen Erfolg darstellt. Die Kehrseite der Medaille ist die ökonomische Abhängigkeit von Kindern. Es ist anzumerken, dass eine Abschaffung des Verbots der Kinderarbeit, verbunden mit einer Aufhebung der allgemeinen Schulpflicht, kaum zur Stärkung der kindlichen Selbständigkeit führen würde. Unter den gegebenen sozialen und ökonomischen Bedingungen ist das Verbot der Kinderarbeit aus moralischer Sicht angemessen. Die ökonomische Unselbständigkeit von Kindern ist also, wie die politisch-rechtliche Unselbständigkeit, bereits die Folge einer bestimmten Konzeption von Kindheit und kann diese nicht begründen.

Für die normative Differenzierung zwischen Kindern und Erwachsenen ist die körperliche Verletzlichkeit und Unselbständigkeit, vor allem aber die rationale Unselbständigkeit von Kindern relevant. Kinder sind weniger kompetent als Erwachsene und vor allem weniger autonom in dem Sinne, dass ihnen ein „eigener Wille“ noch weitgehend fehlt. Bevor genauer erläutert wird, inwiefern diese Tatsachen normativ relevant sind, müssen naheliegende Einwände in Betracht gezogen werden.

3.3 Eine scharfe Grenze?

Es kann angezweifelt werden, dass es überhaupt sinnvoll ist, „Erwachsenen" Rationalität oder Autonomie zuzuschreiben. Oder es kann – weniger radikal – angezweifelt werden, dass jeglicher „Erwachsene" jedem „Kind" hinsichtlich seiner Rationalität überlegen ist.

Betrachten wir zunächst den *ersten Einwand*, der Rationalität bestenfalls als Ideal erscheinen lässt, das kaum erreichbar ist. Wäre dem so, so könnte der Begriff der Autonomie allenfalls zur Unterscheidung einer kleinen Elite vom Rest der Menschheit dienen, nicht aber zur Differenzierung von Kindern und Erwachsenen. Die Unterscheidung von Kindern und gewöhnlichen Erwachsenen ist nur möglich, wenn die Begriffe der Rationalität, der Handlungsfähigkeit und der Autonomie in einer alltäglichen Weise verstanden werden. Wie in Kapitel 1.4 erläutert, kommen wir nicht darum herum, andere als rational und frei und damit als verantwortlich zu sehen. Dies gilt meines Erachtens für die große Mehrzahl derjenigen, die wir im alltäglichen Sprachgebrauch als erwachsen bezeichnen.

Damit komme ich zum *zweiten Einwand*, der sich aus der Erfahrung speist, dass gewisse Zehn- oder Zwölfjährige einen vernünftigeren Eindruck machen als manche Erwachsene. Wir sehen „Erwachsene", die ständig inkompetente oder irrationale Entscheidungen treffen, sei es in der Partnerwahl oder im Umgang mit Drogen und Geld. Daneben sehen wir „Kinder", die mit großer Sorgfalt überlegte Entscheidungen fällen, die in keiner Weise als unvernünftig abqualifiziert werden können.

Zunächst muss darauf verwiesen werden, dass es der *alltägliche Gebrauch* der Begriffe „Kind" und „Erwachsener" ist, auf den dieser Einwand Bezug nimmt. Im Alltag bezeichnen wir bisweilen eine Person als erwachsen, die nicht sonderlich vernünftig oder autonom handelt. Wenn wir solche Verwendungsweisen, gemessen an den Standards unserer sprachlichen Gemeinschaft, nicht als inkorrekt bezeichnen wollen, so stellt sich die Frage, ob das *Kriterium der Rationalität* im alltäglichen Gebrauch der genannten Begriffe überhaupt eine Rolle spielt.

Die alltägliche Bedeutung von „Kind" und „Erwachsener" hat unterschiedliche Aspekte. Die wichtigsten sind, soweit ich sehe, die folgenden: Die Begriffe verweisen, wie gesagt, auf das unterschiedliche *Lebensalter* von Personen und auf ihren unterschiedlichen *körperlichen Entwicklungsstand*. Weiter, so scheint mir, ist auch deren *kognitive* Reife, deren *Autonomie* oder *Rationalität* von Belang. Ein *vierter Aspekt*, der sich aus den bereits genannten ergibt, kann beigefügt werden. Kinder sind charakterisiert als Menschen, die *noch nicht* erwachsen sind, es aber mit großer Wahrscheinlichkeit einmal sein werden. Kindheit ist eine zeitliche Vorstufe zum Erwachsenenalter (erster Aspekt), in der sich die körperlichen (zweiter Aspekt) und kognitiven (dritter Aspekt) Eigenschaften in Entwicklung befinden. Kinder sind *potenzielle Erwachsene* (vierter Aspekt).

Im Sprachgebrauch nun gelten auch Menschen als Erwachsene, auf die nicht *alle* genannten Merkmale zutreffen. Es ist sinnvoll, die obige Liste, die möglicherweise um weitere Elemente ergänzt werden könnte, im Sinne von Ludwig Wittgensteins Ausführungen zu den *Familienähnlichkeiten* zu sehen (Wittgenstein 1953/1971, §66/67). Demnach steht hinter dem Begriff „Erwachsener" nicht eine zentrale Gemeinsamkeit, eine „Idee" des Erwachsenen. Der Begriff ist vielmehr auf eine Gruppe von Menschen anwendbar, auf die gewisse der genannten Merkmale zutreffen.

Betrachten wir etwa einen dreißigjährigen Mann mit Down Syndrom. Er ist bezüglich des dritten Aspekts wohl nicht vollständig erwachsen, bezüglich des ersten und zweiten Aspekts aber schon. Auf dieser Grundlage ist es wohl angemessen, ihn als erwachsen zu bezeichnen. Interessant ist in diesem Zusammenhang ein weiterer Punkt: Betrachten wir den erwähnten Mann im Alter von drei Jahren, so werden wir ihn ohne Zweifel als Kind bezeichnen. Er ist bezüglich der ersten drei Aspekte auf der Stufe eines Kindes, erfüllt aber den vierten Punkt nicht vollständig: Er besitzt nicht das gleiche kognitive Potenzial wie ein gewöhnliches Kind, wird aber dennoch zu Recht als Kind bezeichnet.

Weiter kann das Beispiel eines zwölfjährigen Mädchens herangezogen werden, dessen Entscheidungen als nicht weniger reif oder kompetent erscheinen als die Entscheidungen von gewissen Erwachsenen. Das Mädchen erfüllt die *ersten beiden Punkte* nicht, den *dritten* aber schon. Werden wir dieses Mädchen als erwachsen bezeichnen? Ich neige zu der Ansicht, dass wir eher sagen werden, sie „entscheide *wie eine Erwachsene*".

Die Abgrenzung von Erwachsenen und Kindern wird im Alltag zusätzlich erschwert dadurch, dass die Veränderungen beim Kind fließend vor sich gehen. Kognitive und körperliche Fähigkeiten entwickeln sich kontinuierlich, ohne dass ein großer Sprung festzustellen ist, durch den das Kind von einem Tag auf den anderen die Kindheit hinter sich lässt und vollständig erwachsen wird.

An dieser Stelle kann auf die Überlegungen Schapiros verwiesen werden, welche die Differenzierung in Kinder und Erwachsene im Anschluss an Korsgaard als „pragmatische", nicht als „metaphysische" versteht. Wäre sie metaphysisch, so müsste sich jedes menschliche Individuum *allein* auf Grund seiner Eigenschaften klar der Gruppe der Erwachsenen oder Kinder zuordnen lassen. Diese Differenzierung, so Korsgaard (1988/1996a, S. 341), unterteilt ein „Kontinuum". Sie erläutert:

> „A concept that divides a continuum is often pragmatic, and must for practical purposes be to some extent arbitrarily set. This need not mean that we have no good reason for drawing the line at the point that we do [...], but it will mean our reasons are considerations other than features of the objects to which the concept is applied. The distinction between the child and the adult [...] [is] in this way pragmatic".

Wo genau die Grenze zwischen Kindheit und Erwachsenenalter angesetzt wird, ist in gewisser Weise willkürlich, da es *auch* von pragmatischen Überlegungen abhängt, die nichts mit den Eigenschaften der Individuen zu tun haben. Daraus kann aber, so Korsgaard, nicht geschlossen werden, dass es illegitim sei, überhaupt eine Grenze zu ziehen.

Ein sich entwickelndes menschliches Individuum also ist zunächst ein *Kind*, später wird es *erwachsen*, aber zu welchem Zeitpunkt es von der einen in die andere Phase übergeht, lässt sich aus seinen jeweiligen Eigenschaften nicht präzis bestimmen. Die einzelnen Fähigkeiten entwickeln sich kontinuierlich, aber unter Umständen nicht mit gleicher Geschwindigkeit. So entsteht insbesondere im Übergang zwischen Kindheit und Erwachsenenalter eine Phase, in der es ungewiss ist, ob jemand „noch ein Kind" oder „schon erwachsen" ist. Daraus kann aber nicht geschlossen werden, Kinder und Erwachsene *gebe es nicht*.

Die Alltagssprache markiert keine klare, keine scharfe Grenze zwischen „Kindheit" und „Erwachsenenalter". Bezieht man die

Frage „Was ist ein Kind?“ ausschließlich auf den Sprachgebrauch, so kann man zum Schluss kommen, dass sich diese Frage nicht klar beantworten lässt. Gewisse ältere Kinder oder Jugendliche, so scheint es, können nach dem alltäglichen Verständnis bestimmten Erwachsenen hinsichtlich ihrer Vernünftigkeit überlegen sein. Schapiros Antwort auf die Frage „Was ist ein Kind?“ orientiert sich einzig an der Eigenschaft der Vernünftigkeit und wird damit dem Sprachgebrauch nicht vollständig gerecht. Aus ihrer Sicht ist ein Kind, das in ihrem Sinne autonom ist, eben kein Kind mehr. Mit Blick auf die Rechtfertigung von Paternalismus im zweiten Kapitel kann immerhin gesagt werden, dass ein solches Kind, ob es nun Kind genannt werden soll oder nicht, kein angemessener Adressat von Paternalismus und Erziehung ist.

Andererseits ist ein vierzigjähriger „Erwachsener“, dem keine Autonomie zugesprochen werden kann, durchaus als Adressat von Paternalismus zu sehen. Sein Mangel an Autonomie macht ihn nicht zu einem Kind. Um „Kinder“ zu charakterisieren, wird man zusätzliche Merkmale heranziehen müssen, insbesondere ihre potenzielle Autonomie, ihre besondere Bildsamkeit und die damit verbundene Bildungs-Verletzlichkeit. Kinder sind potenziell autonom in dem Sinne, dass sie sich unter normalen Bedingungen mit hoher Wahrscheinlichkeit zu autonomen Erwachsenen entwickeln werden. Die Tatsache, dass sie sich in Entwicklung befinden und dabei stark von sozialen Einflüssen bestimmt werden, macht ihr Selbst in besonderer Weise verletzlich.[3] Diese Charakterisierung des Kindes deckt sich weitgehend, aber nicht vollständig mit dem alltäglichen Sprachgebrauch. Die Aufgabe, die sich in der Auseinandersetzung mit skeptischen Positionen wie derjenigen von Nemitz stellt, kann nicht darin bestehen, eine rationale Rekonstruktion *aller* alltäglichen Verwendungen von „Kind“ und „Erwachsener“ zu liefern. Nemitz' radikaler These kann meines Erachtens begegnet werden, indem man aufzeigt, dass es sinnvoll ist, zwei Gruppen von Menschen zu unterscheiden, die man „Kinder“ und „Erwachsene“ nennen kann, auch wenn der damit vor-

3 Für den nicht-autonomen Erwachsenen gilt, dass er wie das Kind keine rationale Kontrolle darüber ausübt, welchen Einflüssen er sich öffnet. Er ist aber doch bereits in gewisser Weise „gefestigt“ und dadurch weniger bildsam als ein Kind. Folglich ist er weniger verletzlich im Sinne der Bildungs-Verletzlichkeit.

geschlagene Gebrauch dieser Begriffe dem gängigen Gebrauch *bloß ungefähr* entspricht.

Zu beachten ist, dass die Aussagen in den beiden letzten Kapiteln sich auf einer deskriptiven Ebene bewegten, während im Folgenden nach der normativen Relevanz dieser Fakten gefragt wird.

3.4 Die Unterordnung der Kinder

Die in den letzten Abschnitten gemachten Aussagen über die Eigenschaften von „Kindern" und „Erwachsenen" können mit den im zweiten Kapitel entwickelten normativen Argumentationen verbunden werden. Dort nämlich erwiesen sich diese Eigenschaften, insbesondere die mangelnden Autonomie-Verletzlichkeit, aber auch die besondere Interessen- und Bildungs-Verletzlichkeit, als normativ relevant.

Personen, die besondere Interessen-Verletzlichkeit aufweisen, benötigen Fürsorge und Unterstützung. Das gilt für Kinder genauso wie für alte und kranke Erwachsene. Personen, die wenig autonomie-verletzlich sind, haben als angemessene Adressaten von Paternalismus zu gelten. Auch Erwachsene, auf die das zutrifft, dürfen nach dem oben Gesagten bevormundet werden. Auch auf sie trifft zu, dass sie, wiewohl auf Grund ihrer moralischen Verletzlichkeit moralisch vollwertig, anderen Personen in gewisser Weise normativ untergeordnet sind.

Ähnliches kann von Kindern gesagt werden. Sie sind, folgt man den Argumentationen im zweiten Teil, nicht nur auf Fürsorge, Unterstützung und Bevormundung angewiesen, sondern auch auf Erziehung. Die umfassende Verletzlichkeit und Unselbständigkeit von Kindern lässt es nötig erscheinen, bestimmte Personen zu ihrer Betreuung vorzusehen. Damit ist eine Frage angesprochen, die in den bisherigen Überlegungen bewusst ausgeklammert wurde, die Frage nach der *Eltern-Kind-Beziehung*.

4 Eltern und Kinder

Samantha Brennan und Robert Noggle schreiben über den moralischen Status von Kindern (1997, S. 2):

„We think that any acceptable theory of the moral status of children must be compatible with three claims: that children deserve the same moral consideration as adults, that they can nevertheless be treated differently from adults, and that parents have limited authority to direct their upbringing".

Kinder als moralisch verletzliche Personen verdienen die gleiche moralische Berücksichtigung wie Erwachsene. Diese Behauptung wurde im *ersten Kapitel* (insbesondere 1.2) erläutert.[1] Sie müssen dennoch *anders behandelt werden* als Erwachsene. Sie sind, so das Resultat der Argumentation im *zweiten Kapitel*, im Gegensatz zu gewöhnlichen Erwachsenen, als angemessene Adressaten von Paternalismus und Erziehung zu sehen. In diesem Sinne sind sie Erwachsenen normativ untergeordnet (*drittes Kapitel*). Die dritte Behauptung von Brennan und Noggle verwendet, im Gegensatz zu den ersten beiden, nicht die Unterscheidung von Kindern und *Erwachsenen*, sondern die Unterscheidung von Kindern und *Eltern*. An dieser Stelle kann auf die *Ambiguität* des Wortes „Kind" hingewiesen werden. In den bisherigen Überlegungen erschien das Wort primär in seiner erstgenannten Bedeutung, als Gegenbegriff

1 Auch Brennan/Noggle (ebd., S. 3) sind der Auffassung, dass die moralische Gleichwertigkeit von Kindern sich aus ihrer Personalität ergibt.

zu „Erwachsener". Jetzt kommt die zweite Bedeutung ins Spiel. Wer im zweiten Sinne Kind ist, also Sohn oder Tochter, kann längst dem Kindesalter (im ersten Sinne) entwachsen sein. Im Folgenden geht es um Kinder im zweiten Sinne, die auch im ersten Sinne noch Kinder sind. In Bezug auf diese gilt die dritte Aussage von Brennan und Noggle, wonach Eltern über eine begrenzte Befugnis verfügen, den Prozess des kindlichen Aufwachsens zu kontrollieren. Wichtig ist der Hinweis auf die normativen *Grenzen* elterlicher Autorität: Das Fehlen solcher Grenzen, also ein *absolutes* elterliches Verfügungsrecht über das Kind, würde dieses der elterlichen Willkür ausliefern. Damit wäre die in der ersten Behauptung geforderte moralische Gleichwertigkeit von Kindern gegenüber Erwachsenen in Frage gestellt: Es sind, gemäss der kantischen Unterscheidung, *Sachen,* welche der Willkür ihrer Eigentümer unterliegen. Insofern Kinder als *Personen* zu sehen sind, müssen dem elterlichen Tun moralische Grenzen auferlegt werden.

Die extreme Gegenposition zur Sichtweise von Kindern als Eigentum der Eltern wäre die Position von Kinderrechtlern und Antipädagogen, welche die erste der Behauptungen von Brennan und Noggle betonen, hingegen die zweite und in der Folge auch die dritte Behauptung bestreiten würden. Wie die Position von Brennan und Noggle bewegt sich die hier vertretene Auffassung zwischen den genannten Extrempositionen. Das Kind als moralisch eigenständiges Individuum wird bestimmten Personen zu- und untergeordnet, sozialen Eltern, welche entsprechend *elterliche Verantwortung* für das Kind übernehmen. Damit ist der Grundbegriff der folgenden Überlegungen genannt. Eltern sind für ihre Kinder *verantwortlich.* Diese wenig kontroverse Aussage wird in einem ersten Schritt (4.1) einer Prüfung unterzogen. Kapitel 4.2 wendet sich der Frage zu, wer verpflichtet und berechtigt ist, elterliche Verantwortung zu übernehmen. Im abschließenden Kapitel 4.3 wird untersucht, ob es in diesem Kontext angemessen ist, Kinder als Inhaber von moralischen Rechten zu sehen.

4.1 Elterliche Verantwortung

Um dem Problem der elterlichen Verantwortung auf die Spur zu kommen, sollen in einem *ersten Schritt* zwei Begriffe von Verantwortung unterschieden werden, Rollenverantwortung auf der einen und Zuschreibungsverantwortung auf der anderen Seite. Dadurch wird der Blick frei auf das zentrale Problem der Verantwortung für die *Folgen* pädagogischen Handelns, welches im *zweiten Abschnitt* behandelt wird. *Im dritten Abschnitt* wird erläutert, wie sich das Problem elterlicher Verantwortung im Rahmen des kommunikativen Modells der moralischen Beziehung darstellt, bevor im *vierten Abschnitt* das Kind als handelndes und verantwortliches Wesen in den Blick genommen wird. Im *fünften Abschnitt* wird geprüft, ob Eltern und Kinder allenfalls gemeinsam für die kindliche Entwicklung verantwortlich gemacht werden können.

Zwei Begriffe von Verantwortung

„Eltern", so Thomas Fuhr (1998, S. 326), „haben eine umfassende Verantwortung für ihre Kinder. Sie sind dafür verantwortlich, dass das Kind mit der Tatsache seines Lebens zufrieden sein kann. Die elterliche Erziehung als stellvertretendes Handeln hat die Interessen des Kindes zu befördern".

Fuhr gibt an, welche inhaltlichen Verpflichtungen Eltern gegenüber ihren Kindern haben: Ihr Handeln soll den Interessen, dem Wohlergehen der Kinder dienen. Wenn Fuhr in diesem Zusammenhang den Begriff der Verantwortung verwendet, so meint er ohne Zweifel diejenige Art von Verantwortlichkeit, die Thomas Scanlon (1998, S. 248) als „substantive responsibility" bezeichnet. Fragt man in diesem Sinne nach der Verantwortlichkeit einer Person, so fragt nach nach ihren inhaltlichen Verpflichtungen. In einem weiten Sinn kann dieser Verantwortungsbegriff nach Scanlon auf nahezu alle (moralischen) Verpflichtungen bezogen werden; enger gefasst bezieht er sich vor allem auf Verpflichtungen, die Personen als Inhaber bestimmter sozialer Rollen zukommen (ebd., S. 249).[2] In diesem Falle ist von *Rollenverantwortung* zu sprechen:

2 Hans Jonas (1979) macht den Begriff der Verantwortung zum Kern einer Moralauffassung. Verantwortung wird hier zu einem *substanziellen* moralischen Prinzip. Interessant ist, dass Jonas (unter anderem) die Eltern-Kind-Beziehung, die einen paradigmatischen Fall substanzieller *Rollenverantwortung* darstellt, als Paradigma der moralischen Beziehung kennzeichnet. Zur Rezeption von Jonas' „Prinzip Verantwortung" im pädagogischen Bereich vgl. Löwisch (1995).

Übernehmen Personen innerhalb der Gesellschaft bestimmte Rollen, so übernehmen sie damit spezifische Verpflichtungen. Zur *elterlichen* Rollenverantwortung schreibt Jeffrey Blustein (1982, S. 147): „Parents in general, whether biological or another kind, are responsible for the upbringing of their charges because they occupy a distinctive place in a social organization, to which place specific duties are attached to provide for the welfare of young children".

Eltern sind für ihre Kinder verantwortlich – diese von Fuhr und Blustein formulierte Aussage ist unkontrovers, insofern sie auf die spezifischen Rollenverpflichtungen verweist, die Eltern übernehmen. Die Ausübung der Elternrolle besteht gerade in der Übernahme der entsprechenden Verantwortlichkeiten.

Von der substanziellen oder inhaltlichen Verantwortung unterscheidet Scanlon (1998, S. 248) die *Zuschreibungsverantwortung* („responsibility as attributability"): „Questions of ‚moral responsibility' are most often questions about whether some actions can be attributed to an agent in the way it is required in order for it to be a basis for moral appraisal. I will call this sense of responsibility *responsibility as attributability*". Die Frage lautet hier, ob einer Person bestimmte Handlungen *zugeschrieben* werden können. Einer Person können Handlungen zugeschrieben werden, wenn sie diese ausgeführt hat, wenn also eine kausale Verbindung besteht zwischen einer Person und einer Handlung. Aber das genügt nicht, wie auch Scanlon meint: Gefragt ist eine Verbindung zwischen Person und Handlung, welche eine *moralische Beurteilung* der Handlung erlaubt. Tiere oder kleine Kinder *tun* gewisse Dinge und verändern damit den Zustand der Welt. Sie sind *kausal* für ihre Taten und deren Resultat *verantwortlich*, jedoch kann ihnen ihr Tun nicht *in einem moralischen Sinne* zugeschrieben werden. Trotz ihrer kausalen Verantwortlichkeit sind sie nicht verantwortlich im Sinne der Zuschreibungsverantwortung.

Diese Auffassung jedenfalls drückt sich in unseren moralischen Alltagseinstellungen, insbesondere den von Strawson beschriebenen *reaktiven Haltungen* aus. Die Idee der *Zuschreibungs-Verantwortung* kommt nach Strawson in diesen alltäglichen Haltungen zum Ausdruck. Strawson erläutert jedoch, wie gesagt (vgl. Kap. 1.4), nicht näher, auf welcher Basis es angemessen ist, einem Menschen Verantwortung für sein Tun (oder dessen Folgen) zuzuschreiben. Nach Nida-Rümelin (2005, S. 29f) sind die von Strawson beschriebenen reaktiven Haltungen gegenüber denjenigen Menschen angemessen, deren Handeln von Gründen bestimmt ist:

„Die entscheidende Frage ist, ob das Verhalten der Person einsehbar für andere von Gründen gesteuert ist oder nicht. Ob die Person zur Abwägung von Gründen fähig ist, ob sie Einwänden, d.h. Gegengründen gegenüber zugänglich ist, kurz: ob man ein hinreichendes Maß an Rationalität voraussetzen kann Mit *Rationalität* ist nichts anderes gemeint als genau dies: *Das Handeln ist von Gründen geleitet*".

Demnach findet die moralische Zuschreibung von Verantwortlichkeit auf der Basis einer *rationalen Beziehung* zwischen einer Person und ihrer Handlung (und deren Folgen) statt. Eine kausale Beziehung genügt hier, wie gesagt, nicht. Eine rationale Beziehung besteht, insofern eine Handlung und deren Folgen auf ein Selbst zurückbezogen werden kann, welchem die Fähigkeit zugeschrieben wird, sein Tun von Gründen leiten zu lassen. Eine solche Person ist sich selbst der rationalen Beziehung zwischen sich und ihrem Tun bewusst und ist deshalb rational ansprechbar auf ihr Handeln. Das heißt, sie ist fähig, sich bei Bedarf dafür zu rechtfertigen, indem sie Gründe angibt und auf Einwände reagiert. Eine Person, der Handlungen rational zugeschrieben werden können, ist aber auch fähig, Erklärungen und Entschuldigungen anzugeben, sofern sie selbst der Auffassung ist, eine Handlung oder bestimmte Folgen könnten ihr moralisch *nicht* zugeschrieben werden. Macht eine Person glaubhaft, dass sie die unangenehmen Folgen ihres Handelns, die sie kausal verantwortet, nicht beabsichtigt hat oder (auf Grund eines Mangels an Wissen) nicht voraussehen konnte, so werden ihr diese Folgen moralisch nicht zugeschrieben. Dann nämlich kann gesagt werden, dass diese Folgen wohl in einer kausalen, nicht aber in einer rationalen Beziehung zu dieser Person und ihrem Handeln stehen.

Von der Zuschreibungsverantwortung muss, wie gesagt, die substanzielle Verantwortung, insbesondere die Rollenverantwortung, unterschieden werden. Um Missverständnissen vorzubeugen, kann ein *dritter* Verantwortungsbegriff erwähnt werden, der Begriff der *Folgen-Verantwortung*. Diesem Begriff kommt meines Erachtens keine eigenständige Bedeutung zu. Vielmehr kann die

Frage nach der Verantwortung für Handlungsfolgen in Zusammenhang mit jedem der beiden genannten Verantwortungsbegriffe erfolgen: So kann man *erstens* fragen, ob bestimmte Folgen einer Person und ihrem Handeln zugeschrieben werden können, und *zweitens* kann man die Frage stellen, ob man inhaltlich verpflichtet ist, bestimmte Folgen herbeizuführen.

Verantwortung für die Folgen pädagogischen Handelns

Eltern sind nach Fuhr verpflichtet, gute Folgen für die Interessen ihrer Kinder herbeizuführen. Auf dieser Grundlage mag folgende Aussage Fuhrs (1998, S. 274), in der wieder der Verantwortungsbegriff verwendet wird, erstaunen: „Eine Verantwortung für die tatsächlichen Folgen des Handelns besteht nicht". Hier kommt der Begriff der Folgen-Verantwortung ins Spiel, und Fuhr scheint diesen primär im Sinne der Rollenverantwortung zu verstehen. Im Folgenden möchte ich aufzeigen, dass die zitierte Aussage Fuhrs nur dann angemessen eingeordnet werden kann, wenn auch der Begriff der Zuschreibungsverantwortung beigezogen wird.

Hintergrund von Fuhrs Aussage zur Folgen-Verantwortung ist die Auffassung, in der Pädagogik bestehe ein Mangel an *Erziehungstechnologie*. Entsprechend schreibt Fuhr (ebd., S. 262):

> „Eltern können wissen, wie bedeutsam ihre Erziehung für das Kind ist. Welche Erziehung richtig ist, können sie aber nicht sicher wissen. Sie wissen nicht, was sie tun sollen, damit die Kinder nicht zu schüchtern oder eingebildet werden, nicht zu Drogen greifen und keine puritanischen Verächter jeder Freude am Leben werden".

Eltern, so scheint es, stehen vor einer unmöglichen moralischen Aufgabe. Ihre inhaltliche Verpflichtung, das Glück der Kinder zu fördern, können sie auf Grund mangelnden Wissens nicht erfüllen. Es ist darauf zu verweisen, dass diese Bestimmung der elterlichen Aufgabe in einem *konsequenzialistischen* Verständnis von Moral wurzelt. Das Problem des mangelnden Wissens stellt sich dem konsquenzialistischen Denken insgesamt, wie etwa diese Aussage Shelly Kagans (1998, S. 64) zeigt: „Perhaps the most common objection to consequentialism is this: it is impossible to know the future. This means that you will never be absolutely certain to what all the consequences of your act will be".

Das hier vorliegende Problem liegt nach meiner Interpretation auf der Ebene der *Zuschreibungsverantwortung*. Wie angedeutet, können bestimmte Folgen einer Person nicht rational zugeschrieben werden, wenn sie *nicht wissen konnte*, dass ihr Tun diese Folgen haben würde. Fehlt das Wissen, so kann keine rationale Beziehung zwischen der handelnden Person und einem eintretenden Ereignis angenommen werden. Wenn also den Eltern und anderen pädagogisch Tätigen das nötige Wissen über angemessene Erziehungsmittel fehlt, so können sie für die tatsächliche Entwicklung der ihnen anvertrauten Kinder nicht oder nicht vollständig verantwortlich gemacht werden. Dem trägt Fuhr Rechnung, wenn er sagt, dass eine Verantwortung für die tatsächlichen Folgen nicht bestehe; er präzisiert:

> „Weil das Wissen begrenzt ist und für Reflexionen nur eine begrenzte Zeit zur Verfügung steht, können Eltern für die Konsequenzen ihrer Erziehung nur dann verantwortlich gemacht werden, wo sie vorhandenes Wissen hätten berücksichtigen müssen oder die Absicht gefehlt hat, im Interesse des Kindes zu handeln" (Fuhr 1998, S. 292).

Die moralische Aufgabe wird nur erfüllbar, wenn man Eltern nicht auf die *tatsächlichen* Folgen behaftet, sondern auf die *beabsichtigten* oder *voraussehbaren* Folgen. Als *voraussehbar* gelten Folgen, deren Eintreten zwar nicht beabsichtigt ist, aber auf Grund des verfügbaren Wissens als wahrscheinlich angenommen werden muss. Mit dieser Modifikation des *reinen* Konsequenzialismus, der den moralischen Wert einer Handlung *ausschließlich* an den *tatsächlichen* Folgen misst, schließt sich Fuhr der vorherrschenden Position unter den Vertretern der konsequenzialistischen Ethik an. Das Festhalten am reinen Konsequenzialismus würde zu Irrationalitäten führen. Bei der Verschreibung eines Medikaments etwa muss sich eine Ärztin an das verfügbare Wissen über die Wirkungen dieses Medikaments halten. Sie würde irrational handeln, wenn sie dies nicht täte. Es wäre absurd, von ihr zu verlangen, sie müsse Informationen berücksichtigen, die sie gar nicht haben kann. Nicht die reine Tatsachenwahrheit über die Folgen einer Handlung zählt demnach bei deren Beurteilung; der Blick muss auch auf den Handelnden selbst, seine Absichten und seinen Wissensstand gerichtet werden.

Die Abkehr von der reinen Folgenorientierung geschieht auf der Basis von Überlegungen zur Zuschreibungsverantwortung. Offensichtlich haben diese Überlegungen Einfluss auf die inhaltliche Bestimmung von Verpflichtungen, also auch von Rollenverpflichtungen. Der Zusammenhang zwischen Verpflichtung und Zuschreibungsverantwortung ist einfach zu beschreiben: Wir können zu nichts verpflichtet werden, wofür wir nicht verantwortlich gemacht werden können. Wir können nicht dazu verpflichtet sein, bestimmte Folgen herbeizuführen, deren Auftreten wir auf Grund mangelnden Wissens nicht kontrollieren können. Wenn wir unter Rückgriff auf moraltheoretische Überlegungen inhaltliche Verpflichtungen bestimmen, so müssen wir die Grenze der moralischen Zuschreibungsverantwortung als Grenze des Sollens anerkennen. Auch die pädagogische Rollenverantwortung bewegt sich innerhalb dieser Grenze. In diesem Sinne sind Fuhrs Überlegungen zur elterlichen Verantwortung nachvollziehbar: Eltern sind zwar *rollenverantwortlich* für ihre Kinder, aber ihre Rollenverantwortung umfasst nicht die Verantwortung für die tatsächlichen Folgen ihres Tuns, da ihnen diese moralisch *nicht zugeschrieben* werden können. Damit ist das letzte Wort gesprochen, solange man das konsequenzialistische Paradigma nicht verlässt. Im Folgenden soll der Frage nachgegangen werden, wie sich das Problem der pädagogischen Verantwortung im Rahmen des in früheren Kapiteln - insbesondere in 1.2 und 2.1 - entwickelten *kommunikativen Modells* der pädagogischen Beziehung darstellt.

Verantwortung in der kommunikativen Beziehung

Nach dem kommunikativen Modell von Moral wird menschliches Handeln nicht nach dessen Folgen beurteilt, sondern nach den moralischen Botschaften, die in dessen Gründen oder Zielen zum Ausdruck gebracht werden. Auch der modifizierte Konsequenzialismus wendet sich, wie gesagt, von den objektiven Folgen ab und dem Handelnden, seinen Absichten und seinem Wissensstand, zu. Allerdings geschieht dieser Blickwechsel hier nur aus Not, aus der Einsicht nämlich, dass der reine Konsequenzialismus zur Forderung nach irrationalem Handeln führen würde. Die kommunikative Moralauffassung vollzieht den Schritt weg von den Folgen, da diese moralisch nicht interpretierbar sind. Nicht auf die Folgen kommt es an, sondern darauf, ob Eltern in ihrem Handeln *moralische Wertschätzung* zum Ausdruck bringen. Für ihre Einstellungen, ihre Ziele oder Gründe, die vom Gegenüber als wert- oder geringschätzend interpretiert werden können, sind Eltern verantwortlich zu machen. Zudem können sie dafür verantwortlich gemacht werden, wenn sie verfügbares Wissen ignorieren und dadurch unbeabsichtigt voraussehbar schlechte Folgen hervorbringen.

Damit ist schon angedeutet, dass die hier vertretene Moralauffassung sich des im letzten Abschnitt behandelten Problems nicht entledigt. Solange das teleologische (oder konsequenzialistische) Element nicht *vollständig* aus dem Erziehungs- und Moralbegriff getilgt wird, bleibt das Technologieproblem erhalten. Auch im Rahmen des kommunikativen Modells ist unbestritten, dass beispielsweise pädagogischer Tadel das *Ziel* hat, *künftiges* Handeln des Gegenübers zu beeinflussen. Trotzdem wird Tadel primär als moralische Reaktion verstanden, als Reaktion auf das Handeln eines verantwortlichen Gegenübers im Rahmen einer moralischen Beziehung. Tadel, so könnte man sagen, ist Ausdruck einer bestimmten Art von Beziehung, in der die Beteiligten zueinander stehen. Indem wir ein Kind tadeln, drücken wir aus, dass wir ihm *nicht* in einer objektiven Haltung begegnen, sondern uns mit ihm als einem ansprechbaren Gegenüber in spezifischer Weise verbunden fühlen. Diese interpersonale Verbindung zerreißt, sobald wir uns vollständig in die objektive Haltung begeben. Wir schließen das Kind damit sozusagen aus der menschlichen Praxis aus. Das kommunikative Modell der pädagogischen Beziehung erlaubt es, Erziehung als Teil der spezifisch menschlichen Praxis zu sehen, an der das Kind als Adressat dieser Erziehung beteiligt ist. Demgegenüber kann darauf hingewiesen werden, dass die konsequenzialistische Einstellung mit der objektiven Haltung durchaus vereinbar ist.[3] Man muss den anderen Menschen *nicht* als Teilnehmer der moralischen Praxis, nicht als handelnde Person sehen, um den

3 Jan Masschelein (1991, S. 225) formuliert es etwas schärfer: Seiner Ansicht nach herrscht im Konsequenzialismus „die objektivierende Einstellung vor, in der andere als Wesen betrachtet werden, die in ihrem *eigenen* Interesse behandelt werden müssen. Eine solche objektivierende Einstellung, in der wir unsere normalen reaktiven Gefühle ausschliessen, schliesst zugleich bestimmte Elemente des Begriffs einer pädagogischen Praxis aus".

Anspruch zu erheben, für ihn gute Folgen hervorzubringen oder sein Verhalten zu steuern. Die objektive Haltung ist gerade dadurch gekennzeichnet, dass das Gegenüber *nur noch* als Objekt kausaler Einwirkung erscheint und nicht mehr als personales Gegenüber.

Trotzdem, wie gesagt, behält auch im kommunikativen Modell der Begriff der Folgen-Verantwortung seinen Sinn. Jedoch ist die Verantwortung von Eltern nicht primär als Folgen-Verantwortung zu fassen, sondern, um es pointiert auszudrücken, als „Beziehungs-Verantwortung". Eltern sind dafür verantwortlich, wie sie dem Kind gegenübertreten, wie sie die Beziehung zu ihm gestalten. Sie sind verantwortlich für ihren Anteil an der Beziehung, ihre Botschaften, ihre normativen Erwartungen, ihre Handlungen in der Beziehung. Ihre moralische Aufgabe besteht nicht primär in der Hervorbringung von Folgen, sondern in der Gestaltung der moralischen Beziehung.

Das Handeln des Kindes

Und das Kind? Worin besteht dessen Verantwortung? Immerhin erscheint es im Rahmen des kommunikativen Modells als *handelnde* Person, die an moralischen Praktiken beteiligt ist. In einem anderen Kontext (vgl. Kapitel 1.4, letzter Abschnitt) wurde bereits ausgeführt, dass Kinder nur begrenzt für ihr Tun und insbesondere ihren eigenen Bildungsprozess verantwortlich gemacht werden können.

Trotzdem, so muss betont werden, bildet die Handlungsfähigkeit von Kindern eine *faktische* Grenze pädagogischer Einflussnahme. Kinder können pädagogisch angesprochen werden, sie handeln aber letztlich selbst. Eine vollständige Kontrolle ihres Wollens und Tuns wäre zwar möglich, hätte aber einen hohen Preis: Den Kindern würde jegliche Kontrolle über den eigenen Willen und das eigene Handeln entzogen. Peter Bieri (2001, S. 90ff) nennt verschiedene Methoden, mit denen eine Person vollständig zu kontrollieren ist. Bei der *Hypnose* beispielsweise wird die Reflexionsfähigkeit umgangen; einer Person wird von außen ein Wille eingepflanzt, ohne dass diese die Möglichkeit zur Kontrolle hat. Verliert die Hypnose ihre Wirkung, ist auch der fremde Wille verschwunden. Eine andere Möglichkeit zur Kontrolle einer anderen Person stellt die *Gehirnwäsche* dar. Dieses Phänomen beschreibt Bieri (ebd., S. 94) folgendermaßen:

„Mit sanfter, unsichtbarer Gewalt redet man Ihnen einen Willen ein. Sie haben – das ist das Tückische – nicht den Eindruck, als Überlegende übergangen zu werden. Sie fühlen sich respektiert als einer, der nachdenken und selbst entscheiden kann. In Wirklichkeit trichtert man Ihnen lauter ideologische Dinge ein, die schon bei der ersten kritischen Prüfung in sich zusammenfallen würden. Es sind nicht selbständige Überlegungen. [...] Es fehlt Ihnen jede kritische Distanz dazu. Sie sind nicht ihr Urheber, sondern nur der Ort des Geschehens."

Bei der Gehirnwäsche wird unsere Reflexionsfähigkeit nicht umgangen, sondern manipuliert. Wir fühlen uns als selbständig Entscheidende, obwohl wir von außen gesteuert sind. Diese und andere Methoden ermöglichen dem Handelnden, das Gegenüber als eigenständiges personales Zentrum auszuschalten und selbst die Kontrolle über sein Verhalten in die Hand zu nehmen. Der Manipulator nimmt dabei die *objektive Haltung* ein, welche, wie gesagt, mit der konsequenzialistischen Einstellung vereinbar ist.

Wird das Kind *als handelndes* erhalten, so kann sein freies Tun im Rahmen des konsequenzialistischen Paradigmas als Störfaktor erscheinen. Seine Unberechenbarkeit kann als Ursache für den Mangel an pädagogischer Technologie erscheinen (vgl. auch Hügli 1999, S. 96f). Anders die Sichtweise im Rahmen des alternativen Modells der pädagogischen Beziehung: Die Handlungsfähigkeit und moralische Verletzlichkeit des Kindes ist hier die Bedingung für dessen Teilnahme an der pädagogischen Beziehung. Nur wenn es moralisch ansprechbar ist, erscheint beispielsweise der moralische Tadel als angemessene Reaktionsweise ihm gegenüber. Das Gegenüber wird vom Tadel nicht kausal verändert, sondern angesprochen. Um wirksam zu werden, muss er vom Gegenüber verstanden und aufgenommen werden.

Gemeinsame Verantwortung?

Deshalb kann den Eltern nicht die *vollumfängliche* Verantwortung für das Handeln und die Entwicklung des Kindes zugesprochen werden: Nur wenn sie volle Kontrolle über dessen Tun ausüben würden, wenn also das Kind als personales Zentrum ausgelöscht würde, könnten die Eltern für dessen Verhalten voll verantwortlich gemacht werden. Insofern Techniken zur Manipulation von Personen tatsächlich verfügbar sind, könnte auf diese Weise auch das Technologiedefizit behoben oder zumindest abgeschwächt werden. Auf diese Weise aber würde, wie gesagt, das Kind aus der spezifisch menschlichen Praxis ausgeschlossen. Als Teilnehmer an dieser Praxis kann es zumindest ansatzweise für sein Tun verantwortlich gemacht werden.

Da aber weder das Kind noch die Eltern vollständig für die charakterliche Entwicklung des Kindes verantwortlich gemacht werden können, könnte man sich fragen, ob man ihnen die entsprechende Verantwortung allenfalls *gemeinsam* zuschreiben könnte.

Ein klarer Fall gemeinsamer Verantwortung ergibt sich aus dem *gemeinsamen Entscheiden oder Handeln* mehrerer Personen. Kinder und Eltern nehmen innerhalb einer „Familienkultur" an gemeinsamen Praktiken teil, deren Entwicklung zumindest teilweise auf gemeinsamen Entscheidungen beruhen kann. Insofern hier von gemeinsamer Verantwortlichkeit gesprochen werden kann, muss einschränkend gesagt werden, dass die Eltern *stärker* in der Verantwortung stehen als die Kinder.

Personale Nahbeziehungen wie die Eltern-Kind-Beziehung sind dadurch charakterisiert, dass das individuelle Handeln der einen Person als *Reaktion* auf das Handeln der anderen Person gesehen werden kann. Diese Reaktion löst wiederum eine Reaktion auf Seiten des Gegenübers aus. Einzelhandlungen sind sozusagen Teil einer Beziehungsgeschichte, und in diesem Sinne sind die Beteiligten immer ein Stück weit *mitverantwortlich* für das Handeln der anderen, welches unter Umständen durch ihr Handeln ausgelöst wurde. Das Kind, das sich inkorrekt verhält, ist mitverantwortlich für die Reaktion des Tadels, die hauptsächlich den tadelnden Eltern zugeschrieben werden muss. Die Eltern wiederum sind mitverantwortlich für eine allfällig eintretende Verhaltensänderung auf Seiten des Kindes, ohne dass das Kind dadurch jeglicher Verantwortung enthoben wäre. Eltern und Kind, so könnte man auch sagen, *teilen* sich die Verantwortung für das kindliche Handeln. Im Zuge der gemeinsamen Beziehungsgeschichte entsteht ein kaum mehr entwirrbares Geflecht individueller Verantwortlichkeiten und in diesem Sinne kann, zugegebenermaßen etwas vage, von gemeinsamer Verantwortung gesprochen werden, wobei wiederum die stärkere Verantwortung der Eltern betont werden muss.

Auch hier bleibt jedoch ein Problem bestehen: Was, wenn das Kind den pädagogischen Tadel ignoriert und sein Verhalten weiterhin nicht nach den Wünschen der Eltern richtet? Sind die Eltern *dafür* verantwortlich? Hier bleibt nichts anderes übrig, als auf Fuhrs Antwort zurückzugreifen: Ja, wenn sie verfügbares Wissen über angemessenes, das heißt wirkungsvolles pädagogisches Handeln in den Wind geschlagen haben. Nein, wenn sie taten, was sie tun konnten.

Fazit: Elterliche Verantwortung

Ist von elterlicher Verantwortung die Rede, so ist dies primär im Sinne der *Rollenverantwortung* zu sehen. Die soziale Elternrolle zu übernehmen bedeutet, elterliche Rollenverantwortung zu übernehmen. Alle spezifisch elterlichen Aufgaben oder Verpflichtungen finden darin Platz. Bei der Bestimmung des *Gehalts* dieser Aufgaben kann auf die Überlegungen in den ersten beiden Kapiteln zurückgegriffen werden: Die grundsätzliche Forderung ist diejenige der Wertschätzung, welche die Verpflichtung zu fürsorglichem und unterstützendem Handeln, aber auch zu Erziehung und Paternalismus mit sich bringt. Insbesondere die pädagogische Aufgabe bewegt sich innerhalb der durch Überlegungen zur *Zuschreibungsverantwortung* gesetzten Grenze.

4.2 Die Übernahme elterlicher Verantwortung

Wer aber soll elterliche Verantwortung übernehmen? Diese Frage, der ich mich nun zuwende, umfasst zwei Aspekte. *Erstens* stellt sich, angesichts der Belastungen und Beschränkungen, welche die elterliche Aufgabe mit sich bringt, die Frage, *wer verpflichtet ist,* diese Aufgabe zu übernehmen. *Zweitens* aber muss die Frage beantwortet werden, *wer überhaupt berechtigt ist* zur Übernahme elterlicher Verantwortung. Für das Kind, für sein Wohlergehen und seine Entwicklung ist es von höchster Bedeutung, dass diese Verantwortung angemessen wahrgenommen wird. Schwach und verletzlich ist das Kind, und dieses verletzliche Wesen wird anderen Personen normativ untergeordnet. Es besteht ohne Zweifel eine erhebliche Gefahr des *Missbrauchs* elterlicher Befugnisse. Zur Errichtung einer paternalistischen Stellvertreterbeziehung gibt es, nach den Argumentationen in den ersten beiden Kapiteln, jedoch keine Alternative. Die genannte Gefahr, also etwa die Gefahr von Vernachlässigung, von körperlicher und psychischer Misshandlung oder sexuellem Missbrauch muss stets im Blick behalten werden, wenn es um die Übertragung elterlicher Befugnisse an bestimmte Personen geht.

Die biologischen Eltern als soziale Eltern

Die naheliegende Auffassung ist, die biologischen Eltern als soziale Eltern vorzusehen. Die Frage ist, ob sich aus der Tatsache, dass die biologischen Eltern ihr Kind *erzeugt* haben, eine *Verpflichtung* und eine *Berechtigung* ergeben, das Kind zu betreuen und zu erziehen. Betrachten wir zunächst den *zweiten* Aspekt: Haben Eltern ein *Recht* auf das von ihnen hervorgebrachte Produkt, *weil sie es hervorgebracht haben*? Die Auffassung, dass Personen über ihrer Erzeugnisse verfügen können, leuchtet intuitiv ein und ist auch vom philosophischen Denken aufgenommen worden (ausführlich dazu Archard 1993, S. 98ff). Insbesondere ist klar, dass Personen über ihrer biologische Erzeugnisse, ihr Blut oder ihre Zähne, frei verfügen können. Blut und Zähne jedoch sind *Sachen*[4], Kinder hingegen *Personen*. Die Argumentation, die in Bezug auf Sachen plausibel ist, scheint es, sobald sie auf Personen bezogen wird, gerade nicht zu sein. Betrachten wir dazu folgendes Gedankenexperiment: Nehmen wir an, die Menschen wären bereits bei der Geburt geistig und körperlich ausgereifte, erwachsene Personen. In diesem Fall würde man wohl kaum sagen, dass ihre biologischen Eltern, weil sie die Erzeuger sind, irgendwelche Verfügungsrechte über

---

4 Dies gilt zumindest, sobald diese nicht mehr Teil des Körpers einer Person sind. Der Zahn, nachdem er gezogen wurde, ist eine Sache. Die Frage, ob er dies bereits vorher ist, kann nicht ohne weiteres beantwortet werden, da sich hier weitreichende Probleme zum Verhältnis von Person und Körper stellen: Ist der Körper der Person eine *Sache*, über welche die Person frei verfügen kann?

ihre Kinder (im zweiten oben genannten Sinn) haben. Diese Kinder, die nie Kinder (im ersten Sinn) waren, könnten gehen, wohin sie wollten. Der zweite denkbare Fall ist, dass diese Kinder körperlich Babys sind, aber über eine voll entwickelte Fähigkeit zur Autonomie verfügen. Sie sind geistig selbständig, körperlich aber völlig unselbständig. Damit sind sie in der Lage eines körperlich schwerbehinderten Erwachsenen wie Stephen Hawking, dessen geistige Fähigkeiten nicht beeinträchtigt sind. Die Tatsache, dass ein derartiges besonderes Baby von seinen Eltern biologisch erzeugt wurde, gibt diesen kaum ein Recht, das Kind zu umsorgen oder gar zu bevormunden. Wenn die erwachsenen Babys von jemand anderem umsorgt werden wollen, wird man kaum einen moralischen Grund finden, ihnen das abzuschlagen. Die Tatsache, dass Eltern ihre Kinder biologisch verursacht haben, gibt ihnen demnach keine besonderen Rechte über sie.

Weitere mögliche Gründe für die Verknüpfung von biologischer und sozialer Elternschaft sind in den Interessen der Eltern oder der Kinder zu sehen. Die meisten biologischen Eltern haben den starken Wunsch, ihre Kinder selbst aufzuziehen. Schlägt man ihnen diesen Wunsch aus, verstößt man in gravierender Weise gegen ihre Interessen.

Ebenso, so scheint es, ist es im Interesse der Kinder, mit ihren biologischen Eltern aufzuwachsen. *Erstens* kann darauf hingewiesen werden, dass biologische Eltern in besonderer Weise *motiviert* sind, gut für ihre Kinder zu sorgen. Jedoch kann an der entsprechenden Motivation von *Adoptiveltern* gewöhnlich ebenfalls nicht gezweifelt werden. Allerdings – und das ist ein *zweiter* Punkt – bemühen sich viele adoptierte Kinder, ihre biologischen Eltern kennenzulernen: „It could well be", schreibt Archard (1993, S. 104) dazu, „that one's genetic nature is crucial to one's sense of identity. Or even, simply, that a sense of affinity, given by biological relations, exerts a very real influence on people's discovery of their ‚self'". Dies spricht dafür, dass es im Interesse des Kindes ist, bei seinen biologischen Eltern aufzuwachsen.[5]

5 Archard räumt allerdings ein, dass der Wunsch von Adoptivkindern, ihre biologischen Eltern zu kennen, zum Teil durch die Existenz sozialer Normen erklärt werden kann, welche die biologisch fundierte Familie als Normalfall erscheinen lassen.

Der Hinweis auf *kindliche Interessen* kann insbesondere dazu verwendet werden, eine *Verpflichtung* der biologischen Eltern zur Versorgung ihrer Kinder zu begründen. Eine weit komplexere Argumentation zur Begründung elterlicher Verpflichtungen ist bei Kant zu finden. Er ist der Auffassung, die Verpflichtung zur Übernahme elterlicher Verantwortung ergebe sich aus dem Faktum der Zeugung. In der „Rechtslehre" der „Metaphysik der Sitten" (1797/1977, S. 393f) schreibt er, „[a]us der *Zeugung*" eines Kindes folge „eine Pflicht der Erhaltung und Versorgung in Absicht auf ihr *Erzeugnis*", das heißt

> „die Kinder, als Personen haben hiermit zugleich ein ursprünglich angebornes [...] Recht auf ihre Versorgung durch die Eltern, bis sie vermögend sind, sich selbst zu erhalten [...]: so ist es eine in *praktischer Hinsicht* ganz richtige und auch notwendige Idee, den Akt der Zeugung als einen solchen zu sehen, wodurch eine Person ohne ihre Einwilligung auf die Welt gesetzt, und eigenmächtig in sie herübergebracht haben; für welche Tat auf den Eltern nun auch die Verbindlichkeit haftet, sie, so viel in ihren Kräften ist, mit diesem Zustande zufrieden zu machen."[6]

Dieser Text enthält verschiedene Aspekte: Ansatzpunkt ist die biologische Beziehung zwischen den Eltern und dem Kind, die als kausale Beziehung zu sehen ist: Das Kind erscheint als Erzeugnis der Eltern. Jedoch unterliegt die Entstehung des Kindes, so ein *zweiter Aspekt*, im Gegensatz zur Entstehung anderer körperlicher Produkte, zumindest teilweise der rationalen Kontrolle der Erzeuger. Es ist die *Tat* der Eltern, welche das Kind hervorbringt. Elterliches Handeln, so ein *dritter Aspekt*, verursacht die Existenz des Kindes *ohne Zustimmung* des Kindes. Damit verbunden ist ein *vierter Aspekt*: Aus der eigenmächtigen Handlung der Eltern, der Missachtung der kindlichen Freiheit sozusagen, entsteht den Eltern eine *Verpflichtung* gegenüber dem Kind. Diese Verpflichtung wird *fünftens* inhaltlich präzisiert: Die Eltern müssen das Kind mit dem Leben *zufrieden* machen.

Betrachten wir zunächst die entscheidenden Aspekte 3 und 4: Nach Dieter Thomäs Interpretation (1992, S. 119) ergibt sich die elterliche Verpflichtung aus einem *Fehlverhalten* der Eltern: Die elterliche Verpflichtung „ist die Bringschuld nach einem zugefügten

6 Otfried Höffe (1999, S. 78) vertritt diese Argumentation in Kurzform und ohne direkten Verweis auf Kant.

Schaden, ein im Grunde zivilrechtlich zu wertender Ausgleich". Sie wird „den Eltern wie eine Strafe auferlegt [...]. Der Schadensfall ist schon eingetreten." Das Kind wird dadurch geschädigt, dass die Eltern über seinen Kopf hinweg gehandelt und seine Freiheit nicht respektiert haben.

Wie ist Kants Argument zu beurteilen? Es ist eine Tatsache, dass Eltern ihr Kind nicht fragen, ob es gezeugt und geboren werden will – sie *können* es *nicht fragen* und seine Zustimmung einholen. Weil Sollen Können impliziert, kann ihnen kein moralischer Vorwurf für ihre „Eigenmächtigkeit" gemacht werden. Da den Eltern kein Fehlverhalten anzulasten ist, besteht auch kein Grund für Schadenersatzforderungen seitens des Kindes.

Ein Grund für solche Forderungen würde vielleicht bestehen, wenn es für das Kind einen Schaden bedeuten würde, geboren zu werden und zu leben. Obwohl Kant dieses Argument nicht verwendet hat, lohnt es sich doch, es kurz zu prüfen – vielleicht kann es zur Verbesserung von Kants Gedankengang dienen. Ohne direkte Bezugnahme auf Kant zieht Onora O'Neill (1979, S. 28) ein derartiges Argument in Betracht, wobei sie es auf Menschen zuspitzt, die *unabsichtlich* zu Eltern werden: „One model for thinking about the obligation of unintending begetters and bearers might be by analogy with the strict liability often imputed to persons who have unintentionally caused harm by foreseeably risky actions".

Ein Autounfall, so O'Neill, geschieht gewöhnlich *unabsichtlich*, aber jeder Autofahrer weiß, dass er das *Risiko* eines Unfalls eingeht. Wenn er einen Schaden verursacht, muss er, beziehungsweise seine Versicherung, den Opfern Kompensation für die ihnen zugefügten Leiden zahlen. Bei der Übertragung dieses Modells auf ungewollte Schwangerschaften stellen sich allerdings Probleme. Bei Autounfällen ist klar, worin der Schaden besteht: In einer *Verschlechterung* des Lebens der Opfer. Eine solche Verschlechterung des Lebens ist aber im Fall ungeplanter Kinder nicht festzustellen; hier kann nicht ein besseres mit einem schlechteren Leben verglichen werden, sondern die *Nicht-Existenz* der Kinder steht ihrer *Existenz* gegenüber. Nur wenn ihre Existenz *schlechter* ist als ihre Nicht-Existenz, kann von einem Schaden gesprochen werden. O'Neill (ebd., S. 29) merkt an: „[T]he comparison between the merits of not existing and of particular lives seems thoroughly obscure". Wenn ein Wertvergleich von Existenz und Nicht-Existenz unmöglich ist, kann nicht festgestellt werden, ob ein Schaden vorliegt. Deshalb verwirft O'Neill die Idee, die elterlichen Verpflichtungen auf Schadenersatzforderungen zu gründen.

Kants Schadenersatz-Modell kann nicht verbessert, sondern muss aufgegeben werden. Dieser Ansicht ist auch Thomä, der allerdings der Auffassung ist, dass der *erste* und *zweite* der genannten Aspekte von Kants Argumentation in einer Weise weiterentwickelt werden können, dass sie die Last der Begründung elterlicher Verpflichtungen allein tragen können. Sein Grundgedanke ist, dass wir für die Konsequenzen unseres Handelns geradestehen müssen:

> „Diese Konsequenz ist im Falle werdender Eltern zunächst einmal nichts anderes als ein Kind. Und auch die Bedürfnisse, die dieses Kind haben wird, gehören mit zu den Folgen von deren Tun. Sie haben insofern auch automatisch einen Adressaten, an den sie gerichtet sind: nämlich die Eltern. Diese sind, so wird jetzt deutlich, für die Pflege und Erziehung ihres Kindes nicht deshalb verantwortlich, weil sie ihm – mit Kant – bei der Geburt etwas antun, das sie hinterher wieder gutzumachen haben. Im Prinzip ist die Verpflichtung, für die Kinder zu sorgen, der handlungstheoretische Normalfall, dass man für die Folgen seines Tuns einzustehen hat" (Thomä 1992, S. 124; ähnlich Olafson 1973).

Nach Thomä also ergibt sich die elterliche Rollenverantwortung aus der Verantwortung von Eltern für die Folgen ihres sexuellen Handelns. Eltern haben diese Verantwortung auch dann zu tragen, wenn sie das Kind *nicht absichtlich*, sondern durch *fahrlässiges* Handeln hervorbringen.[7] Diese Argumentation leuchtet zwar ein (vgl. auch Archard 1993, S. 102). Trotzdem muss bedacht werden, dass sie, im Verbund mit Argumentationen für die *Berechtigung* von biologischen Eltern zur Übernahme der Elternrolle, ein bestimmtes Modell von Familie und Kinderbetreuung nahelegt. Dieses Modell, nennen wir es das *organische Modell*, sieht Familie als biologisch gewachsene Einheit, die den primären Rahmen für die

7 Was Thomä ausser Acht lässt, ist die Tatsache, dass in bestimmten Fällen mindestens einer der biologischen Elternteile nicht für die Schwangerschaft verantwortlich gemacht werden kann, so etwa bei einer Vergewaltigung, oder wenn die Frau dem Mann vortäuscht, für sichere Verhütung gesorgt zu haben.

Betreuung und Erziehung der Kinder bildet. Anstatt biologische und soziale Elternschaft voreilig zu verknüpfen, so Jeffrey Blustein, sollte besser über *angemessene soziale Arrangements zur Kinderbetreuung* diskutiert werden. Er schreibt (1979, S. 116):

„[T]he biological fact that parents have caused their child to exist is not in itself morally decisive. The moral issue is not who caused the child to exist but who is to bear primary responsibility for preventing harm or suffering that might come to this needy being. [...] The fact that parents have caused the needy being to exist does not in itself imply that they have any more of a duty to prevent harm and suffering coming to that child than anyone else."

Blustein unterscheidet also strikte zwischen biologischer Fortpflanzung auf den einen und sozialen Praktiken der Kinderbetreuung auf der anderen Seite. Elterliche Verpflichtungen erwachsen seiner Auffassung nach aus sozialen Arrangements. Ob ein soziales Arrangement zur Kinderbetreuung moralisch gerechtfertigt ist, hängt nach Blustein davon ab, ob es die *Interessen* aller Beteiligten – die Interessen des Kindes, der Eltern oder Betreuer und der Gesellschaft – in angemessener Weise berücksichtigt (ebd., S. 119). Thomä, so darf man annehmen, lehnt die *begriffliche* Unterscheidung von biologischer und sozialer Elternschaft keineswegs ab. Er formuliert aber ein *moralisches* Argument, welches beide eng verknüpft. Daraus ergibt sich, dass die Betreuung von Kindern durch ihre biologischen Eltern das moralisch angemessene Arrangement zur Kinderbetreuung ist.

Kollektive Verantwortung für Kinder?

Damit erscheint die Betreuung und Erziehung von Kindern als privates Projekt der Eltern. Im relativ abgeschlossenen Raum der Familie übernehmen vor allem Frauen diese Aufgabe. Mit der Verbreitung von Möglichkeiten der Geburtenkontrolle wird es mehr und mehr eine Frage der *persönlichen Entscheidung*, ob man Kinder haben und elterliche Verantwortung übernehmen will. Jeder ist frei, sich fortzupflanzen, lautet die dominante Ansicht in der liberalen Gesellschaft, aber die Entscheidung zur Fortpflanzung bringt elterliche Verpflichtungen mit sich. Damit verstärkt sich in gewisser Weise die Tendenz, die Betreuung von Kindern als Privatangelegenheit der Eltern zu sehen. In jüngster Zeit jedoch werden zunehmend Betreuungsaufgaben an soziale Institutionen delegiert. Dies findet Barbara Arneil (2002, S. 92) ebenso problematisch wie das traditionelle Modell der privaten Kinderbetreuung, welches das männliche Familienoberhaupt von Betreuungsaufgaben entlastet. Das Leben eines autonomen Akteurs im öffentlichen Raum, so die traditionelle Auffassung, ist unvereinbar mit Fürsorgeverpflichtungen innerhalb der Familie. Wenn nun auch Frauen in den öffentlichen Raum eintreten, erscheinen ihnen solche Verpflichtungen ebenso hinderlich, und dies führt zur Institutionalisierung und Professionalisierung von Fürsorge. Arneil wendet sich grundsätzlich gegen die liberale Vorstellung, die besagt, wer sein eigenes Leben leben wolle, könne keine Fürsorgeaufgaben übernehmen: „If we take care-giving seriously", sagt sie (ebd.), „it will necessarily change the concept of autonomy which lies [...] at the heart of liberal theory". Sie erläutert: „[T]he need for care [...] should be a fundamental moral constraint on all adults within a community, and not just one choice amongst many that a particular autonomous individual adult may make, nor left as the responsibility of the welfare state".

Arneil postuliert also eine Verantwortung *jedes einzelnen* Akteurs für die Umsorgung schwacher und hilfsbedürftiger Personen. Dies ist kein abwegiger Gedanke. In der Tat wird meist angenommen, dass eine Verpflichtung zur Unterstützung und Umsorgung hilfsbedürftiger Personen besteht, dass aber diese Verpflichtung *nicht von vornherein bestimmten Personen* obliegt.[8] *Alle* stehen demnach in der Pflicht, auch wenn letztendlich nicht alle die entsprechenden Aufgaben übernehmen können und müssen. In diesem Sinne kann also von einer *kollektiven* Verantwortung für die Umsorgung kleiner Kinder, kranker, behinderter oder alter Personen gesprochen werden. Was Kinder anbelangt, hat diese Überlegung nach Thomä jedoch keine Gültigkeit. Hier ist *von vornherein* bestimmt, wer die entsprechenden Belastungen auf sich zu nehmen hat, nämlich die biologischen Eltern. Dem widerspricht Arneil. Und hier ist zumindest folgende Überlegung zu berücksichtigen: Personen, die ein Kind zeugen und gebären, erbringen da-

8 In diesem Kontext ist bisweilen (vgl. z.B. O'Neill 1988; dazu Kapitel 4.3) von *unvollkommenen* (nicht vollständig bestimmten) Pflichten die Rede.

durch eine Leistung für die Gemeinschaft. Diese Leistung muss von Gemeinschaftsmitgliedern erbracht werden, wenn der Fortbestand der Gemeinschaft gesichert werden soll. Vor diesem Hintergrund ist es irritierend, dass Personen, welche diese Leistung zu erbringen bereit sind, zusätzlich auch noch ganz allein für die Betreuung der Kinder verantwortlich sein sollen. Arneils Ansicht, wonach hier die ganze Gemeinschaft in der Verantwortung steht, ist durchaus plausibel. Der Gemeinschaft obliegt es, angemessene soziale Arrangements zur Kinderbetreuung zu entwickeln. Dabei scheinen zwei Dinge klar:

Erstens müssen Kinder bestimmten Personen in Obhut gegeben werden, welche die hauptsächliche elterliche Verantwortung für sie übernehmen. Damit wird vor allem dem Interesse der Kinder an stabilen Bezugspersonen Rechnung getragen.

Zweitens jedoch hat die Gemeinschaft soziale Eltern nach Kräften bei der Erfüllung ihrer Aufgabe zu unterstützen. Hier ist insbesondere an institutionelle Unterstützung, zum Beispiel durch Einrichtung von Kindertagesstätten, gedacht (ebd., S. 91). Auch außerhalb des institutionellen Rahmens jedoch soll die Kinderbetreuung nach Arneil auf mehr Schultern verteilt werden. Archard (1993, S. 166f) vertritt in diesem Kontext eine Position, die er als *gemäßigten Kollektivismus* bezeichnet. Er spricht sich für eine breitere Streuung der elterlichen Aufgabe aus:

„The ‚diffusion of parenting' also means that, even where the family still retains its social role as the main form of child-rearing, responsibility for upbringing should not continually and exclusively fall upon parents. Parenting may be ‚embedded' in a network of kin and community, who can assume – occasionally and to varying degrees – parental responsibility" (ebd., S. 167).

Archard betont weiter, gegebenenfalls sei es an *jedem* Erwachsenen einer Gemeinschaft, punktuell elterliche Verantwortung für ein bestimmtes Kind zu übernehmen (ebd., S. 168). Auch er stimmt mit dem zuerst genannten Punkt überein, wonach jedes Kind soziale Eltern benötigt. Zur Frage, *wer* diese Rolle übernehmen soll, ist vorläufig folgendes zu bemerken: Es ist naheliegend, von einem Primat der biologischen Eltern auszugehen. Unter normalen Umständen sollen sie, die in der Regel besonders motiviert sind, mit dieser Aufgabe betraut werden. Allerdings soll niemand gegen seinen Willen die Elternrolle übernehmen müssen, wie etwa auch Brennan und Noggle (1997, S. 12) betonen: „[A]dults should have a choice as to whether to become parents". Dies ist nicht nur im Interesse der Erwachsenen, sondern vor allem der Kinder, die ansonsten Gefahr liefen, wenig motivierten Eltern anvertraut zu werden.

Eignung für die Elternschaft

Die freie Entscheidung zur Übernahme elterlicher Verantwortung ist aber keine Garantie dafür, dass die entsprechenden Aufgaben angemessen versehen werden. Entsprechend fordert Hugh LaFollette (1980; 1982) eine *Lizenzierung* von Eltern durch den Staat. Nur wer über eine Lizenz verfügt, soll berechtigt sein, Kinder aufzuziehen. LaFollette sieht die Lizenzierung von Eltern in Analogie zu anderen Tätigkeiten, für die wir mit Selbstverständlichkeit einen Befähigungsausweis verlangen, Autofahren etwa oder die Ausübung der ärztlichen Tätigkeit. Grundsätzlich, so hält LaFollette fest, sei eine staatliche Lizenzierung derjenigen Tätigkeiten sinnvoll, die erstens *potenziell gefährlich* für andere Personen sind, und für deren Ausübung man zweitens über eine *spezifische Kompetenz* verfügen muss. Beides trifft auf die elterliche Tätigkeit ohne Zweifel zu.

Lawrence Frisch (1982) bestreitet dies zwar nicht, sieht aber doch einen markanten Unterschied zwischen der möglichen Lizenzierung von Eltern und den gängigen Fähigkeitstests: Diese, so Frisch (ebd., S. 176f), würden prüfen, ob jemand *tatsächlich in der Lage ist*, die entsprechenden Tätigkeiten auszuführen. Ein Anwärter auf den Führerschein beispielsweise muss seine Fähigkeit, ein Auto sicher zu fahren, unter Beweis stellen. Anwärter auf die Übernahme elterlicher Verantwortung hingegen würden geprüft, *bevor* sie die entsprechenden Aufgaben je hätten übernehmen können. Es könnte nicht geprüft werden, ob sie diesen Aufgaben tatsächlich gerecht werden, vielmehr müsste die Lizenz auf der Basis einer *Prognose* über ihr späteres Verhalten vergeben werden.

In seiner Entgegnung weist LaFollette darauf hin, dass auch die Fahrprüfung nicht einfach die aktuellen Fähigkeiten eines Prüflings testet, sondern vor allem Aufschluss über dessen künftiges Fahrverhalten geben soll. Zu Frischs Einwand schreibt er:

„His difficulty with parental licensing lies not with its predictive role, I think, but with the grounds for the prediction. In the case of licensing drivers, for instance, we can ‚see' a direct correlation between the tested skill [...] and the ability to perform the said activity [...] safely. With parental licensing, however, we cannot ‚see' this connection" (ebd., S. 182f).

Obwohl wir aber nicht *sehen* können, ob potenzielle Eltern als soziale Eltern geeignet sind, ist LaFollette optimistisch bezüglich der Möglichkeit, zumindest die sehr schlechten Eltern, also diejenigen, welche ihre Kinder misshandeln oder missbrauchen würden, durch ein Testverfahren auszusondern (LaFollette 1980, S. 190f). Frisch (1982, S. 174ff) hingegen merkt an, elterliches Fehlverhalten beruhe meist auf Ursachen, die von einem Test gar nicht erfasst werden können. Leicht zu erfassen wäre etwa der Mangel an (pädagogischem) Wissen, der aber wohl selten die Ursache für die Misshandlung von Kindern ist. *Willentliches* Fehlverhalten beispielsweise kann, auch bei Autofahrern, kaum vorausgesagt werden. Das gleiche gilt für nachlässiges oder unkontrolliertes Verhalten: „I suspect that most cases of child abuse and neglect fall into this category, particularly if we include in it those cases in which a parent, meaning to punish a child, loses control and in anger inflicts serious injury. Social and economic stresses may play an often unanticipated role" (Frisch 1982, S. 175f).

Gegen Frischs gewichtigen Einwand der Unzuverlässigkeit prospektiver Tests in diesem Bereich kann LaFollette (1980, S. 193ff) die gängige Praxis im Bereich der Adoption ins Feld führen. Hier werden mögliche Adoptiveltern durchaus, und wie LaFollette betont, erfolgreich, einem Testverfahren unterzogen. Aus moralischer Sicht jedoch besteht, wie ich meine, ein relevanter Unterschied zwischen der Auswahl von Adoptiveltern und der möglichen Lizenzierung jeglicher Personen, die elterliche Verantwortung übernehmen möchten. Das hauptsächliche Problem der Lizenzierung ist, dass unzuverlässige Testverfahren möglicherweise zu gravierenden Ungerechtigkeiten bei der Vergabe von Lizenzen führen könnten: Man kann sich lebhaft vorstellen, dass gewisse ungeeignete Eltern, etwa, weil sie über eine pädagogische Ausbildung verfügen und sich entsprechend auszudrücken und zu verhalten wissen, problemlos in den Besitz einer Lizenz gelangen könnten. Umgekehrt könnte fähigen Eltern die Lizenz verweigert werden. Dies ist gravierend, weil es dazu führen würde, dass diesen Eltern – ungerechtfertigterweise – ihre biologischen Kinder gegen ihren Willen *weggenommen* werden könnten.[9] Dies ist bei möglichen Adoptiveltern, die ungerechtfertigterweise als unfähig eingestuft werden, nicht der Fall: Ihnen wird, was schlimm genug ist, die Möglichkeit vorenthalten, ein Kind zu adoptieren.

Von einer vorgängigen Lizenzierung von Eltern ist abzusehen. Jedoch ist LaFollettes Grundgedanke, wonach Eltern zur Übernahme der Elternrolle geeignet sein müssen, meines Erachtens aufzunehmen. Als *geeignet* können Personen betrachtet werden, die *fähig und willens* sind, die mit der Elternrolle verbundenen Aufgaben angemessen zu versehen. Eine Person hat nach LaFollette (ebd., S. 187) das Recht, Kinder aufzuziehen, wenn sie bestimmte minimale Standards erfüllt, wenn sie also die ihr anvertrauten Kinder nicht missbraucht oder vernachlässigt. Archard (1993, S. 109) bringt es folgendermaßen auf den Punkt:

> „[T]he parental right to rear derives from and is conditional upon the fulfilment of the duty of moral parenthood. It is not that a right to rear pre-exists but is limited by a duty to meet certain minimum conditions of upbringing. It is rather that those who undertake to discharge the duty to give children the best possible upbringing thereby acquire a right to rear".

Die Verfügungsrechte von Eltern über Kinder ergeben sich nach Archard also weder daraus, dass sie die Kinder „gemacht" haben, noch aus ihrem Interesse, mit ihren eigenen Kindern zusammenzuleben, sondern allein daraus, dass sie der elterlichen Verantwortung gerecht werden. Allein dadurch, das leuchtet ein, werden Eltern in ihrem elterlichen Handeln moralisch legitimiert. Es muss jedoch bemerkt werden, dass sich aus dieser Überlegung keine klare Aussage dazu ergibt, *wem* die elterliche Verantwortung für ein bestimmtes Kind übertragen werden soll. Die Frage, welche unter den dafür *geeigneten* Paaren und Einzelpersonen die Verantwortung für bestimmte Kinder übernehmen sollen, ist damit nicht beantwortet. Es gibt gute Gründe, in erster Linie die biologischen Eltern als soziale Eltern vorzusehen. Biologische Eltern verfügen damit sozusagen über ein *Vorrecht*, ihre eigenen Kinder aufzuzie-

9 Dies wäre der Fall, wenn sie – trotz fehlender Lizenz – ein Kind bekommen würden.

hen. Als soziale Eltern legitimieren sie sich aber allein dadurch, dass sie der Elternrolle moralisch gerecht werden. Diese Bedingung ist jedoch, im Gegensatz zu Archards Aussage, nicht nur dann erfüllt, wenn sie dem Kind „the best possible upbringing" garantieren. Die Vermutung, dass ein Kind in einer anderen Familie möglicherweise *besser* aufgehoben wäre, ist noch kein Grund, seinen Eltern die Legitimation zur Elternschaft zu abzusprechen, solange sie gewisse minimale Standards erfüllen. Sie haben dafür zu sorgen, dass grundlegende Interessen des Kindes befriedigt werden. Ansonsten verfügen sie, wie oben (vgl. Kapitel 2.3, zweiter Abschnitt) angedeutet, in der Wahrnehmung ihrer Verantwortung über einen Spielraum, den sie autonom gestalten dürfen. Sie sind berechtigt, ihre persönlichen Wertvorstellungen religiöser, politischer, ästhetischer oder moralischer Art in die Gestaltung einer *Familienkultur* einfließen zu lassen.

Fazit: Verpflichtung und Berechtigung zur Übernahme elterlicher Verantwortung

Als werdende Person, die unselbständig ist und in besonderer Weise verletzlich, ist das Kind für sein Gedeihen auf Unterstützung und Fürsorge angewiesen. Es benötigt insbesondere verlässliche Bezugspersonen, welche elterliche Verantwortung übernehmen. Dabei ist nicht von vornherein klar, dass es die biologischen Eltern sind, welche diese Verantwortung übernehmen müssen oder dürfen. Es wurde betont, dass grundsätzlich die ganze Gemeinschaft gegenüber dem Kind in der Pflicht steht. Es ist Aufgabe der Gemeinschaft, soziale Arrangements zu entwickeln, in deren Rahmen Kinder angemessen versorgt und vor Übergriffen geschützt sind. Um dies sicherzustellen, sind bei der Auswahl sozialer Eltern folgende drei Aspekte zu berücksichtigen:

Erstens ist von einem *Primat* der biologischen Eltern auszugehen. Es existiert, so ist anzunehmen, ein besonderes Interesse von Eltern *und* Kindern, das biologische Band nicht mutwillig zu zerreißen.

Zweitens ist das Element der *freien Entscheidung* zu nennen. In der liberalen Gesellschaft soll nach Möglichkeit niemand gezwungen werden, für Kinder zu sorgen. Biologische Eltern sollen die

Möglichkeit haben, die Verantwortung für ihre Kinder *nicht* zu übernehmen.

Drittens ist die Berechtigung zur Übernahme elterlicher Verantwortung daran geknüpft, dass die entsprechenden Aufgaben angemessen erfüllt werden.

Damit ist ein Modell elterlicher Verantwortung skizziert, das in bestimmter Hinsicht *individualistisch*, in anderer Hinsicht jedoch (gemäßigt) *kollektivistisch* ist. Es ist individualistisch, insofern das Kind in einem ersten Schritt *als Individuum* mit bestimmten Eigenschaften und Interessen betrachtet wird. Es ist kollektivistisch, insofern zunächst eine kollektive Verantwortlichkeit für dieses Individuum angenommen wird. Erst in einem zweiten Schritt ist von der Familie die Rede, von sozialen Eltern, welche sozusagen den Auftrag zur Betreuung dieses hilfsbedürftigen Individuums übernehmen.

Auf der Basis dieses Modells ist es naheliegend, Kindern *moralische Rechte* zuzuschreiben, welche deren *individuelle* Belange schützen. Eltern, so könnte man dann sagen, sind gehalten, diese Rechte zu respektieren. Genau dies könnte als der wesentliche, als der *universale* Gehalt elterlicher Verantwortung betrachtet werden: Eltern hätten kindliche Rechte zu achten, dürften darüber hinaus das Familienleben jedoch nach eigenen Gutdünken gestalten. Es wäre auf dieser Grundlage naheliegend, die Berechtigung zur Wahrnehmung elterlicher Verantwortung an die Berücksichtigung kindlicher Rechte zu knüpfen. Eltern könnte diese Verantwortung dann mit der Begründung entzogen werden, sie missachteten die Rechte der Kinder. Diese Sichtweise soll im abschließenden Kapitel auf den Prüfstand gestellt werden.[10]

4.3 Elterliche Verantwortung und kindliche Rechte

Es ist heute selbstverständlich, Kinder als Inhaber von Rechten zu sehen. Mit Blick auf die von den meisten Staaten anerkannte UNO-Kinderrechtskonvention (Verschraegen 1996) kann gesagt

10 Das hier Gesagte entspricht weitgehend den Überlegungen in Giesinger 2007.

werden, dass ihnen *legale* Rechte zukommen. Sie sind in diesem Sinne *Rechtssubjekte* – ihre Belange werden durch das *objektive* Recht (englisch: *law*) geschützt, indem ihnen *subjektive* Rechte (*rights*) zugeschrieben werden. Auf die juristische Debatte um Kinderrechte soll hier nicht näher eingegangen werden. Im Weiteren wird der Begriff der Rechte als *moralischer* Begriff verstanden. Von *moralischen Rechten* kann unabhängig von bestimmten positiven Rechtsordnungen oder konventionellen Moralvorstellungen gesprochen werden. Die Rede von moralischen Rechten wurzelt in der politischen Philosophie der Aufklärung. Sie geht zurück auf die frühen Formulierungen der *Menschenrechtsidee*, etwa bei John Locke (1690/1977, S. 200ff) oder Immanuel Kant (1797/1977, S. 337ff). Bei Locke, und ähnlich bei Kant, dient die Idee angeborener Rechte einerseits zur *Rechtfertigung* des Staates, der zum Schutz dieser Rechte errichtet werden soll, vor allem aber zur *Begrenzung* staatlicher Ansprüche: Menschenrechte schützen die Individuen vor staatlichen Übergriffen auf ihr Leben, ihre Freiheit und insbesondere ihr Eigentum.

Die Idee individueller Rechte hat seither eine erstaunliche Entwicklung durchlaufen, und sie hat sich dabei als äußerst flexibel erwiesen. Nicht nur wurde sie zur Grundlage nationaler und internationaler Rechtsordnungen. Bemerkenswert ist auch, dass der Begriff der Rechte in der moralischen Alltagssprache eine wichtige Stellung erlangt hat. Eine entsprechende Entwicklung ist in der Moralphilosophie zu beobachten. Der Begriff der Rechte gewann nicht nur in der politischen Philosophie, sondern auch in der Ethik personaler Beziehungen gegenüber anderen Grundbegriffen immer mehr an Bedeutung. So beantwortet etwa John Mackie die von ihm gestellte Frage „Can there be a right-based moral theory?" selbstverständlich positiv. Insbesondere von vielen an Kant orientierten Theoretikern wird der Begriff der Rechte, im Gegensatz zu den kantischen Vorgaben, als vorrangig gegenüber dem Pflichtbegriff gesehen.

Jegliches moralische Problem, so scheint es, kann unter Rückgriff auf den Begriff der Rechte formuliert und gelöst werden. Vor diesem Hintergrund überrascht es nicht, dass dieser Begriff auch zur moraltheoretischen Erläuterung der Beziehung zwischen Erwachsenen und Kindern (beziehungsweise Eltern und Kindern) verwendet wird.

Eine Inspirationsquelle für die moralphilosophische Beschäftigung mit kindlichen Rechten stellt zweifellos die Kinderrechtsbewegung dar, welche (gleiche) Rechte für Kinder forderte. Das Streben nach Emanzipation, nach Beseitigung von Diskriminierung, ist auch in der Bürgerrechtsbewegung der Schwarzen in den USA oder der Frauenbewegung eng mit der Forderung nach gleichen *Rechten* verknüpft. Indem Personen oder Gruppen, die unter Diskriminierung leiden, *ihre Rechte beanspruchen*, so der Philosoph Joel Feinberg (1970/1980), stärken sie ihre *Selbstachtung*. Unter einem Recht versteht Feinberg einen *valid claim*, einen legitimen Anspruch, den sein Träger gegen andere geltend machen kann. Es handelt sich dabei um einen besonders starken moralischen Anspruch, einen *Trumpf* sozusagen (Dworkin 1977/1984), mit dem das Individuum seine eigenen Belange insbesondere gegen kollektive Interessen schützen kann. Werden Kinder als unterdrückte soziale Gruppe angesehen, so ist es naheliegend, die Verwendung der Sprache der Rechte zur Stärkung ihres moralischen oder politischen Status zu verwenden. Dies kann in der Forderung nach *gleichen* Rechten für Kinder gipfeln, die bereits im zweiten Kapitel zurückgewiesen wurde. Im Folgenden soll also nicht die Beschäftigung mit *dieser* Forderung im Vordergrund stehen, sondern es soll erörtert werden, ob es überhaupt angemessen ist, Kindern *Rechte* zuzuschreiben. Dagegen nämlich, und nicht nur gegen die Gleichberechtigung von Kindern, wurden in den vergangenen Jahrzehnten immer wieder Bedenken laut. Dabei können zwei Arten von Einwänden unterschieden werden. Der erste Einwand lautet, dass Kinder als Träger von Rechten ungeeignet sind. Der zweite Einwand besagt, dass es nicht zum Vorteil von Kindern ist, wenn ihnen Rechte zugeschrieben werden. Dieser Einwand hat insbesondere die moralische Gestaltung der Eltern-Kind-Beziehung im Blick: Kinder in dieser Beziehung als Träger von Rechten zu sehen, wird gemäss diesem Einwand den kindlichen Bedürfnissen nicht gerecht. Entsprechend ist es unangemessen, den Gehalt der elterlichen Verantwortung in der Sprache der Rechte zu formulieren. Betrachten wir aber zuerst den grundlegenden ersten Einwand.

Kinder als Träger von Rechten

Warum sollten Kinder als Träger von Rechten ungeeignet ein? Diese Frage ist zu unterscheiden von der Frage, ob Kinder Rechte haben (Brennan 2002, S. 53). Letztere wird meist als Frage nach dem moralischen Status von Kindern gestellt. Im ersten Kapitel wurde dazu festgehalten, dass Kindern als moralisch verletzlichen Personen eigenständige moralische Bedeutung zukommt. Das impliziert jedoch nicht, dass es angemessen ist, sie als Inhaber von Rechten zu sehen. Die moralische Berücksichtigung einer Person ist nicht notwendig mit der Berücksichtigung ihrer *Rechte* gleichzusetzen. Die Frage, ob Kinder Rechte haben, verstanden als Frage nach deren moralischer Relevanz, setzt bereits voraus, dass der Begriff der Rechte in der Moraltheorie fundamental ist. Im vorliegenden Kontext soll es weder um die Statusfrage gehen, noch um die Frage, ob die Moraltheorie *right-based* sein soll, sondern um die Frage nach dem *Wesen* oder dem *Begriff* der Rechte. Hier steht die Frage im Vordergrund, ob die Sprache der Rechte auf Kinder anwendbar ist. Wie gesagt, hat sich die Verwendung dieses Begriffs im Laufe der Geschichte vielfältig verändert und erweitert. Die Suche nach dem *Kern* dieses Begriffs, der in der heutigen Bedeutung im Spätmittelalter erstmals auftaucht (Griffin 2002, S. 19), erweist sich deshalb als schwierig. Zudem steht immer die Frage im Raum, wie weit sich moralphilosophisches Denken an traditionellen Verwendungen eines Begriffs überhaupt zu orientieren hat, und wie weit es allenfalls sinnvoll ist, diesen Begriff unabhängig von Traditionen zu erläutern.

Der Begriff der Rechte steht, insbesondere seit der Aufklärungszeit, in enger Beziehung zu folgenden Begriffen: Person, Freiheit, Autonomie, Vernunft, Würde (Griffin 2002, S. 20). Diese Begriffe können in unterschiedlicher Weise zu einem kohärenten Ganzen verbunden werden. Naheliegend ist etwa folgende an kantischem Gedankengut orientierte Variante: Der Mensch ist eine Person, das heißt, er ist innerlich frei und fähig zu vernünftiger Selbstbestimmung (Autonomie). Auf Grund dieser Fähigkeit muss ihm eine besondere Würde zugeschrieben werden, die es zu schützen gilt. Die Würde des Menschen wird geschützt, indem ihm äußere Freiheit gewährt wird, damit er sich als Person entfalten kann. Entsprechend besitzt der Mensch ein Recht auf Freiheit, beziehungsweise verschiedene Rechte, welche seine Freiheit schützen.

Von diesem oder einem ähnlichen Modell gehen die Anhänger der *Freiheitstheorie* oder *Willenstheorie der Rechte* (*choice theory* oder *will theory of rights*) aus. Demnach gehört es zum Wesen von Rechten, dass sie Personen ein selbstbestimmtes Leben ermöglichen. Hier ist eine wichtige Differenzierung angebracht. Nach einer *ersten Interpretation* der Freiheitstheorie, die nach dem oben Gesagten naheliegend erscheint, macht Freiheit den *Gehalt* von Rechten aus. Nach einer *zweiten Interpretation* können Rechte, unabhängig von ihrem Gehalt, als *Freiheiten* verstanden, gewissermaßen als Handlungsoptionen, die man ergreifen oder verwerfen kann. Während die erste Interpretation die traditionellen Freiheitsrechte in den Vordergrund rückt und die Frage aufwirft, inwiefern Menschen beispielsweise auch ein Recht auf Nahrung oder Bildung zugesprochen werden kann, kann die zweite Interpretation auf beliebige Rechte, unabhängig von ihrem Gehalt, angewandt werden. Auch das Recht auf Nahrung stellt demnach insofern eine Freiheit dar, als sein Inhaber die Möglichkeit hat, es zu beanspruchen (*claim*) oder zu verwerfen (*waive*).

Die Freiheitstheorie der Rechte, in der einen oder anderen Interpretation, lässt es fraglich erscheinen, ob Kinder als Träger von Rechten in Frage kommen. Säuglinge, wie auch Tiere, sind nach dem oben genannten Verständnis keine Personen, die ein selbstbestimmtes Leben führen können, welches durch Rechte geschützt werden müsste. Vom zweiten oder dritten Lebensjahr an jedoch ist Personalität in Ansätzen vorhanden. Kinder sind von diesem Alter an zu Überlegungen und Entscheidungen fähig. Trotzdem ist es nach gängiger Meinung nicht angebracht, ihnen ein volles Recht auf Selbstbestimmung zuzugestehen, da ihre rationalen Fähigkeiten noch mangelhaft sind. Nach der *ersten Lesart* der Freiheitstheorie, nach welcher Rechte dem Schutz von Freiheit oder Selbstbestimmung dienen, ist es folglich zweifelhaft, ob Kinder, insofern ihnen gerade Selbstbestimmung weitgehend vorenthalten werden soll, überhaupt als Träger von Rechten gesehen werden können.

Ein analoges Problem ergibt sich für die *zweite Lesart* der Freiheitstheorie: Ältere Kinder sind, sofern ihnen bestimmte Rechte bekannt sind, fähig, diese zu beanspruchen oder zu verwerfen.

Auch kleine Kinder sind zu moralischen Reaktionen fähig, die dem Beanspruchen eines Rechts nahekommen. Es stellt sich aber insbesondere die Frage, ob Kindern die Freiheit in die Hand gegeben werden soll, ihnen zukommende Rechte zu *verwerfen*. Soll ihnen beispielsweise erlaubt werden, auf ihr *Recht auf Bildung* zu verzichten? „The ‚right to education'", so Feinberg (1970/1980, S. 157), „seems to be a kind of ‚mandatory right' in that children who possess it have no choice whether to go to school or not". Damit wird ihnen, so Feinberg weiter, nur eine *halbe Freiheit* gewährt, nämlich die Möglichkeit, zur Schule zu gehen, nicht aber die Möglichkeit, der Schule fernzubleiben. Warum also, fragt Feinberg, wird das Recht auf Bildung überhaupt als *Recht* bezeichnet?[11] *Jegliches* Recht nämlich – auch das Recht auf Nahrung – verleiht seinem Träger nach Feinberg *volle Freiheit*, es auszuüben oder zu verwerfen. Auf Grund dieser Überlegungen stellt sich nach der zweiten Interpretation der Freiheitstheorie die Frage, ob Kindern überhaupt Rechte zugesprochen werden können.

Diese Probleme entstehen aus der verbreiteten und im zweiten Kapitel verteidigten Auffassung, dass Kinder – primär auf Grund ihrer mangelnden rationalen Kompetenz oder Autonomie – angemessene Adressaten *paternalistischen* Handelns sind. Bestreitet man dies, so verschwinden die Probleme weitgehend. Dann erscheinen Kinder als gleichberechtigte Akteure, die über ein Recht auf Selbstbestimmung und über die Freiheit, jegliches Recht zu verwerfen, verfügen. Insofern ist die kinderrechtliche Forderung nach gleichen Rechten für Kinder mit der Freiheitstheorie der Rechte durchaus vereinbar.

Der Rechtsphilosoph Neil MacCormick (1976) teilt die kinderrechtliche Position nicht. Aber er kann sich auch mit der von der Freiheitstheorie nahegelegten Auffassung, wonach Kinder als Träger von Rechten ungeeignet sind, nicht anfreunden. Seine Argumentation lässt sich folgendermaßen auf den Punkt bringen (Brennan 2002, S. 58):

1. Wenn die Freiheitstheorie korrekt ist, können Kinder keine Rechte haben.

---

11 In seinem Aufsatz über die Rechte von Kindern (1980) schenkt Feinberg dieser Frage leider keine weitere Beachtung.

2. Kinder haben Rechte.
3. Also ist die Freiheitstheorie nicht korrekt.

Betrachten wir die zweite Prämisse. Für MacCormick (1976, S. 305) ist *intuitiv* klar, dass diese nicht verworfen werden darf: „[A]t least from birth, every child has a right to be nurtured, cared for, and, if possible, loved, until such time as he or she is capable of caring for himself or herself. [...] I should regard it as a plain case of moral blindness, if anyone failed to recognise that every child has that right" (1976, S. 305).

MacCormick stellt hier wohlweislich nicht das Recht auf Selbstbestimmung, sondern das Recht auf Fürsorge oder gar Liebe in den Vordergrund. Niemand würde bestreiten, dass Eltern ihre Kinder umsorgen sollen. Strittig ist, ob dieses moralische Geschehen in der Sprache der Rechte erfasst werden kann. Insofern ist der Vorwurf der *moralischen Blindheit* gegenüber denjenigen, welche es ablehnen, von kindlichen *Rechten* zu sprechen, übertrieben. MacCormick allerdings ist der Auffassung, dass Kinder nur dann ausreichend vor Vernachlässigung oder Misshandlung geschützt sind, wenn sie als Träger von Rechten gesehen werden können. Gefordert ist deshalb eine alternative Erläuterung des Begriffs der Rechte. Hier bietet sich die sogenannte *Interessen-Theorie* oder *Bedürfnis-Theorie der Rechte (interest theory* oder *need theory of rights)* an. Nach dieser Theorie schützen Rechte nicht primär die Freiheit ihrer Träger, sondern deren Interessen, deren Bedürfnisse oder deren Wohl. MacCormick (ebd., S. 311) erläutert entsprechend: „[T]o ascribe to all members of a class C a right to treatment T is to presuppose that T is, in all normal circumstances, a good for every member of C, and that T is a good of such importance that it would be wrong to deny it to or withhold it from any member of C".

Wenn Rechte, wie hier vorgeschlagen, grundlegende Interessen oder Güter schützen, können sie zweifellos auch Kindern zugeschrieben werden, da unbestritten ist, dass Kinder Interessen haben. Das kindliche Recht auf Fürsorge schützt demnach seine entsprechenden Interessen. Es muss darauf hingewiesen werden, dass die zweite Lesart der Freiheitstheorie auch hier zum Zuge kommen könnte. Ein Anhänger dieser Lesart könnte zugestehen, dass Rechte Interessen schützen, aber gleichzeitig darauf beharren, dass diese Rechte ihrem Träger die Freiheit geben, auf die Verfolgung der entsprechenden Interessen zu *verzichten*. Über diesen Punkt ist sich MacCormick im Klaren; entsprechend bestreitet er, dass diese Eigenheit für Rechte *konstitutiv* sei (ebd., S. 314).

Nach MacCormick können Rechte folglich jeglichen Wesen zugeschrieben werden, die über Interessen verfügen, neben Kindern auch Tieren. Damit entfernt sich MacCormick weit vom traditionellen Gebrauch des Begriffs. „There can be reasons", so James Griffin (2002, S. 20), „to take a tradition in a new direction or to break with it altogether". Aber Griffin selbst (ebd.) bevorzugt es, den Begriff der Rechte nicht vom Begriff der Personalität loszulösen: „Human rights can be seen as protections of our human standing, our personhood".

Aber müssen wir uns überhaupt für eine der beiden dominanten Theorien der Rechte entscheiden? Harry Brighouse (2002, S. 37ff) nimmt Amartya Sens Unterscheidung in *welfare rights* und *agency rights* auf. Während die einen ihrem Träger ein gutes Leben ermöglichen sollen, dienen die anderen dem Schutz seines Entscheidens und Handelns. Brighouse betont die grosse Bedeutung der *welfare rights* zu Beginn des menschlichen Lebens und die im Laufe der Kindheit zunehmende Bedeutung der *agency rights*. Jedoch sieht er eine gemeinsame Fundierung *beider* Arten von Rechten darin, dass sie der Förderung von *Interessen* dienen. Dies gilt also auch für die Möglichkeit zu freier Entscheidung. Freiheitsrechte dienen demnach unseren Interessen oder unserem Wohl, da sie uns ermöglichen, Projekte zu verfolgen, mit denen wir uns stark identifizieren (ebd., S. 38). In diesem Sinne versteht sich Brighouse, wie MacCormick, als Anhänger der Interessen-Theorie der Rechte, auf deren Basis er jedoch eine Unterscheidung zieht, die derjenigen zwischen Freiheits- und Interessen-Theorie entspricht.

Ähnlich, aber in einem wesentlichen Punkt doch ganz anders, geht Samantha Brennan (2002) vor. Sie bestreitet, dass die unterschiedlichen moralischen Rechte ihr gemeinsames Fundament darin haben, dass sie menschlichen Interessen dienen. Stattdessen schlägt sie eine *gemischte Konzeption* vor, die Freiheits- und Interessen-Theorie zusammenführt (ebd., S. 55). Sie erläutert (ebd., S. 63): „The picture I prefer is one in which children move gradually from having their rights primarily protect their interests to having their rights primarily protect their choices". Ob Freiheits- und Interessen-Theorie auf ein gemeinsames Fundament zurückgeführt werden können, lässt Brennan offen.

Im Anschluss an die Überlegungen im in Kapitel 1.2 möchte ich vorschlagen, hier auf den Begriff der *moralischen Verletzlichkeit* – und die damit verbundenen Begriffe der *Selbstachtung* und der *Würde* – zurückzugreifen: Rechte schützen Personen in ihrer moralischen Verletzlichkeit. Moralische Verletzlichkeit beruht *zum einen* auf der Fähigkeit, das Handeln anderer *als Handeln* zu verstehen, zum anderen auf der Fähigkeit, sich selbst einen moralischen Wert, eine Würde zuzuschreiben, auf der Fähigkeit zur Selbstachtung also. Mit der Verwendung des Begriffs der Würde, so könnte es scheinen, ist bereits eine Vorentscheidung zu Gunsten der Freiheitstheorie der Rechte gefallen: Üblicherweise wird *erstens* angenommen, die Fähigkeit zur Autonomie begründe die Würde der Person, und *zweitens*, Respekt vor der Würde werde dadurch ausgedrückt, dass der Person äußere Autonomie oder Freiheit gewährt werde. Diese beiden Aspekte jedoch wurden bereits im ersten Kapitel in Frage gestellt.

Zum *ersten* Punkt: Nida-Rümelin (2005) beispielsweise vertritt die traditionelle Ansicht, dass Selbstachtung und Würde durch die „kantische Freiheit" (ebd., S. 156) begründet seien, also die Fähigkeit, sein Tun von Gründen bestimmen zu lassen. Demgegenüber ziehe ich es vor, hier *keinen Begründungszusammenhang* zu konstruieren, sondern Autonomie und moralische Verletzlichkeit als *zwei Aspekte von Personalität* darzustellen, die *entwicklungspsychologisch* eng verknüpft sind. Als *Grund* für die moralische Berücksichtigung einer Person sollte meines Erachtens ihre moralische Verletzlichkeit angesehen werden, nicht ihre Autonomie.

Moralisch verletzliche Personen reagieren auf moralische Übergriffe mit spezifisch moralischen Reaktionen. In diesem Kontext kann die Rede von moralischen Rechten angesiedelt werden. Das Beanspruchen eines Rechts ist eine mögliche Reaktion auf eine moralische Verletzung. Indem sie Rechte beanspruchen, verwahren sich Personen gegen Angriffe auf ihre Selbstachtung. Da Kinder, zumindest vom zweiten Lebensjahr an, in Ansätzen als moralisch verletzlich betrachtet werden können, ist es meines Erachtens angemessen, ihnen moralische Rechte zuzuschreiben. Wie gesagt, sind bereits kleine Kinder fähig, auf Übergriffe in einer Weise zu reagieren, die dem Beanspruchen eines Rechts nahekommt.[12]

Nida-Rümelin verwendet an Stelle des Begriffs der moralischen Verletzung den enger gefassten Begriff der *Demütigung* oder *Erniedrigung*. Wer eine Person demütigt, *beraubt* sie ihrer Selbstachtung (ebd., S. 135) oder *beschädigt* diese zumindest (ebd., S. 134), das heißt, er verunmöglicht ihr, sich selbst weiter achten zu können. Nicht jede moralische Verletzung kann in dieser Weise verstanden werden: Personen mit intakter Selbstachtung sind fähig, moralisch entwertendes Handeln anderer Personen zurückzuweisen. Sie fühlen sich verletzt, verlieren aber nicht ihre Selbstachtung. Ein *Verlust* oder eine *Beschädigung* der Selbstachtung ist nur zu befürchten, wenn eine Person gravierenden moralischen Übergriffen, zum Beispiel Folter, ausgesetzt ist. In Fällen wie diesen wird man sagen, dass sie ihrer Selbstachtung beraubt wurde, in anderen Fällen wird man lediglich von einem *Angriff* auf ihre Würde oder Selbstachtung sprechen. Moralische Rechte schützen Personen nicht nur vor schweren Formen von Erniedrigung, sondern allgemein vor moralischen Verletzungen. Allerdings ist nicht jede moralische Verletzung als Verletzung von *Rechten* zu sehen.

Damit komme ich zum *zweiten* der oben erwähnten Punkte: Es entspricht der liberalen Tradition, dass die Achtung der Menschenwürde mit der Gewährung äußerer Freiheit gleichzusetzen ist. Die Frage lautet hier, ob die Würde oder Selbstachtung der Person *ausschließlich* dadurch angegriffen wird, dass der ihr zukommende *Freiheitsraum* beschnitten wird. Dies ist meines Erachtens nicht der Fall (vgl. Kapitel 1.2 und 1.3). Die willentliche Zufügung körperlicher Schmerzen kann als moralische Verletzung gesehen werden, ohne dass es naheliegend wäre, dies als Eingriff in die Autonomie zu charakterisieren. Ein Leben ohne Schmerzen stellt, unabhängig vom Wert der Autonomie, ein *grundlegendes*

12 Die Frage ist, ob auch Säuglinge als Inhaber von Rechten zu sehen sind. Griffin (2002) verneint dies, Melden (1980) argumentiert dafür. Insofern, wie in Kapitel 1.2 vorgeschlagen, der Begriff der moralischen Verletzlichkeit auf Säuglinge ausgedehnt werden kann, scheint es nicht ausgeschlossen, den Begriff der Rechte auch auf sie anzuwenden.

menschliches Interesse dar, und die Missachtung dieses Interesses ist als moralische Verletzung, als Verletzung der Selbstachtung, zu sehen. Auf dieser Basis kann gesagt werden, dass Rechte nicht nur Freiheit, sondern auch Interessen schützen. Brighouse und Brennan ist zuzustimmen, dass *Interessen-Rechte* zu Beginn des menschlichen Lebens gegenüber *Autonomie-Rechten* im Vordergrund stehen. Das Leben von Kleinkindern ist, auf Grund ihrer Schwäche und Unselbständigkeit, von besonderer *Verletzlichkeit* – Verletzlichkeit der Interessen - gekennzeichnet. In dieser Verletzlichkeit werden sie nicht primär durch Autonomie-Rechte geschützt; im Gegenteil kann die Gewährung solcher Rechte sie in ihren Interessen gefährden, da ihnen die rationale Kompetenz zur Verfolgung der eigenen Interessen fehlt. Der Hinweis auf die mangelnde Kompetenz von Kindern kann zur Rechtfertigung paternalistischen Handelns ihnen gegenüber verwendet werden. Die im zweiten Kapitel versuchte Rechtfertigung von Paternalismus stellt jedoch nicht diesen Mangel in den Vordergrund, sondern die mangelnde *Autonomie-Verletzlichkeit* von Kindern. Autonomie-Verletzlichkeit bildet die Grundlage für die volle Zuschreibung von *Autonomie-Rechten*. Diese Rechte schützen die autonome Person in ihrer spezifischen Verletzlichkeit. Sie kommen Kindern, deren Autonomie nicht voll entwickelt ist, nicht in vollem Umfang zu. Erst mit der Entwicklung von Autonomie kann auch ihnen die Freiheit zugestanden werden, ihre Rechte *nicht* auszuüben, sondern zu verwerfen. Fazit dieser Überlegungen ist, dass Kinder als Träger von moralischen Rechten grundsätzlich geeignet sind, dass ihnen aber gewisse derjenigen Rechte, die gewöhnlichen Erwachsenen zukommen, nicht zugeschrieben werden können.

Eltern, Kinder und Rechte

Obwohl Kinder als Träger von moralischen Rechten in Frage kommen, ist es gemäss einer zweiten Art von Einwänden unangebracht, sie als solche zu sehen. Es ist nämlich *nicht zu ihrem Vorteil*, Rechte zugeschrieben zu bekommen. Das Ziel, sie in ihrem moralischen Status zu stärken, wird dadurch verfehlt. In diese Richtung gehen die Argumentationen von Ferdinand Shoeman (1980), Francis Schrag (1980), Onora O'Neill (1988) oder Barbara Arneil (2002).

O'Neills Überlegungen, auf die hier zunächst eingegangen werden soll, sind geprägt von grundsätzlichen theoretischen Vorbehalten gegenüber ethischen Theorien, welche den Begriff der *Rechte* als vorrangig behandeln. Im Anschluss an Kant argumentiert sie für den *Vorrang des Pflichtbegriffs*. Ihre Argumentation beruht in hohem Masse auf der Unterscheidung verschiedener Typen von Verpflichtungen (O'Neill 1988, S. 447ff).

Die *allgemeinen vollkommenen* Verpflichtungen betreffen das Handeln *jeder* Person gegenüber *jeder* anderen Person. Jeder Erwachsene beispielsweise ist verpflichtet, Kinder nicht sexuell zu missbrauchen. Entsprechend haben Kinder ein *Recht*, nicht missbraucht zu werden. Die *speziellen vollkommenen* Verpflichtungen betreffen das Handeln bestimmter Personen gegenüber bestimmten anderen Personen. So sind Personen, welche elterliche Verantwortung übernommen haben, gegenüber ihren Kindern in besonderer Weise verpflichtet, und Kinder haben entsprechend bestimmte Rechte. Diese Verpflichtungen und Rechte sind nach O'Neill aber nicht *fundamental*, da sie in hohem Masse auf sozialen Arrangements beruhen.[13] Sie existieren im Rahmen solcher Arrangements, nicht aber im *Naturzustand*. Fundamental sind hingegen die *unvollkommenen* Verpflichtungen:

„[W]e may have a fundamental obligation to be kind and considerate with childern - to care for them - and to put ourselves out in ways that differ from those in which we must put ourselves out for adults. This obligation may bind all agents, but is not one that we owe either to all children [...] or merely to antecedently specified children" (ebd., S. 448).

Diese Formulierungen lassen zunächst an Fälle wie denjenigen des Kindes denken, das weinend im Supermarkt umherirrt, weil es seine Eltern aus den Augen verloren hat. Das Kind hat, folgt man O'Neill, *kein Recht*, dass ihm geholfen wird. Eine Ethik, die den Begriff der Rechte als Grundbegriff betrachtet, kann Fälle wie

13 Vgl. dazu auch die Argumentation von Francis Schrag (1980, S. 238ff). Einem allfälligen kindlichen Recht auf Fürsorge, so Schrag, entspreche *keine Pflicht*, da unklar sei, wer eine solche Pflicht zu übernehmen hätte. Eine Pflicht zur Übernahme der *sozialen* Elternrolle ergebe sich nicht aus der *biologischen* Elternschaft. Was also nützt es dem Kind, so Schrag, ein *Recht* zu haben, wenn niemand da ist, der entsprechend verpflichtet ist?

diesen, so O'Neill, nicht angemessen einordnen. Dies ist ein wichtiger Grund für sie, den Begriff der Pflichten als vorrangig zu behandeln. Aber O'Neill hat offensichtlich nicht nur Fälle wie diesen im Blick, wenn sie von unvollkommenen Verpflichtungen spricht. Ihre Kritik an der *Verengung des ethischen Blicks*, die mit der Sprache der Rechte verbunden sei, bezieht sich auch auf die Eltern-Kind-Beziehung, wie folgende Äußerung zeigt:

„This narrowing of ethical vision makes it hard for rights-based approaches to take full account of ways in which children's lives are particularly vulnerable to unkindness, to lack of involvement, cheerfulness or good feeling. Their lack may be invisible from the perspective of rights. This may not seem significant if we think only of children in danger but is vital if our concern is the quality of the lives children lead. Cold, distant or fanatical parents and teachers, even if they violate no rights, deny children ‚the genial play of life': they can wither children's lifes. Children can hardly learn to share or to show ‚the unbought grace of live', if we are concerned only with their enforceable claims against others" (O'Neill 1988, S. 450f).

Dieser Abschnitt ist aus sich heraus leicht zugänglich, aber es fragt sich, wie er im Ganzen von O'Neills Argumentation einzuordnen ist. Wenn Eltern nicht nett oder fröhlich sind, sagt O'Neill hier, wenn sie sich nicht für das Leben ihrer Kinder interessieren, wenn sie gar kalt, distanziert oder fanatisch sind, so verletzen sie nicht notwendigerweise die *Rechte* der Kinder, vernachlässigen aber ihre *Pflichten*. Dies könnte folgendermaßen verstanden werden: Kinder haben ein (spezielles) *Recht* auf grundlegende Versorgung durch die Eltern, und diese haben eine entsprechende *Pflicht*. Jedoch haben Kinder *kein Recht* darauf, dass die Eltern sich ihnen gegenüber liebevoll verhalten. Die Eltern jedoch *haben* eine entsprechende (unvollkommene) *Pflicht*.

Diese naheliegende Interpretation stößt auf folgendes Problem: O'Neill ist, wie oben deutlich wurde, nicht der Auffassung, dass Kinder ein *fundamentales* Recht auf Versorgung durch ihre Eltern besitzen. Ein solches Recht erlangen sie erst im Rahmen sozialer Arrangements zur Kinderbetreuung. Erst mit Blick auf solche Institutionalisierungen kann gesagt werden, dass Eltern ein (spezielles) Recht der Kinder verletzen, wenn sie diese nicht angemessen ernähren oder kleiden. Allenfalls können die entsprechenden Rechte und Pflichten aus einer (fundamentalen) unvollkommenen Pflicht zur Versorgung hilfsbedürftiger Personen abgeleitet werden. Dann aber stellt sich die Frage, warum nicht auch ein *Recht auf liebevolle Behandlung* institutionalisiert werden kann. In der Eltern-Kind-Beziehung würde die spezielle elterliche Pflicht zu liebevollem Umgang mit den Kindern dem entsprechenden speziellen Recht der Kinder gegenüberstehen. In diesem Fall aber wäre die obige Argumentation O'Neills, nach der Eltern, die nur die Rechte der Kinder achten, diesen etwas Wichtiges vorenthalten, obsolet. Denn dann würden die *Rechte* der Kinder deren Wohl vollständig schützen.

Die Sorge um das umfassende kindliche *Wohl* nämlich scheint ein wichtiger Antrieb in O'Neills Argumentation zu sein. Sie argumentiert, das Wohl der Kinder werde nur durch eine Pflichtethik umfassend geschützt, da durch Rechte allenfalls grundlegende Interessen geschützt werden können. Angesichts dieser Bedeutung des Begriffs des Wohls fragt es sich, warum nicht *dieser* Begriff, anstatt des Pflichtbegriffs, zum ethischen Grundbegriff erhoben werden kann.

Betrachten wir die Überlegungen von Harry Brighouse (2002, S. 34) zu O'Neills Aufsatz: „As O'Neill observes", schreibt er, „any parent who refrains from doing anything more that the child has a right against her to do, will be failing to discharge all the obligations of parenthood". Soweit trifft Brighouse zweifellos O'Neills Position; in den weiteren Ausführungen jedoch weicht er in einem relevanten Punkt davon ab: „[T]he child will be better off, and the relationship better and more fulfilling, if the parent's attitude toward this relationship is one of a loving-caring relationship, not as a merely right- *or even obligation-based* set of interactions" (Hervorhebung J.G.).

Damit tritt ein weiterer möglicher Kritikpunkt an der Anwendung der Sprache der Rechte auf Kinder zu Tage. Dieser Kritikpunkt kann jedoch auch auf die Sprache der *Pflichten* bezogen werden. Dem kindlichen *Wohl*, so deutet Brighouse an, ist mehr gedient, wenn Eltern dem Kind in einer liebenden Einstellung begegnen, anstatt an Rechte und Pflichten zu denken.

A loving-caring relationship – damit ist das Stichwort für die weiteren Überlegungen gegeben. Arneil (2002, S. 88ff) richtet ihren *für-*

sorgeethischen Ansatz nicht gegen die Pflichtethik O'Neills, deren Überlegungen sie teilweise aufnimmt, sondern gegen die liberale Ethik der Rechte. Diese, so sagt sie, sei zwar zur Regelung der Beziehungen zwischen autonomen Erwachsenen geeignet, nicht aber zur Regelung der Beziehungen zu besonders verletzlichen und abhängigen Wesen. Arneil bestreitet nicht, dass solche Wesen, insbesondere Kinder, Träger von Rechten sein können, sondern meint – ähnlich wie O'Neill –, dass eine Ethik der Rechte kindlichen Bedürfnissen nicht gerecht wird.

Wird das Modell der Rechte durch das Modell der Fürsorge ersetzt, so besteht nach Arneil die Chance, das Leben von Kindern zu verbessern. Fürsorgliches Handeln nämlich erschöpft sich nicht in der Bereitstellung einer Grundversorgung, sondern geht einher mit einer liebevollen und aufmerksamen Einstellung gegenüber den umsorgten Personen (ebd., S. 90). Diese bekommen, eingebettet in Fürsorglichkeitsbeziehungen, alles, was sie für ein gutes Leben brauchen.

Die Fürsorgeethik spricht zum einen von den Einstellungen (oder *Tugenden*) der sorgenden Personen, zum anderen vom *Wohl* oder den *Bedürfnissen* der umsorgten Personen – anstatt von deren *Rechten*. Was aber, so ein Einwand, wenn diese Bedürfnisse von Eltern *nicht* erfüllt werden, wenn also Eltern dem Ideal der Fürsorglichkeit nicht entsprechen? Die Sprache der Rechte ist zweifellos für diesen Fall besonders geeignet: Die moralischen Ansprüche der Kinder, die allenfalls eine Intervention des Staates rechtfertigen, können in dieser Sprache besonders gut betont werden. Die Fürsorgeethik, so Arneil demgegenüber, sieht den Staat nicht primär als Instanz, welche zu Gunsten von Individuen in das Familienleben eingreift. Der Staat erscheint als fürsorgende Instanz, die Eltern in ihrer fürsorgenden Tätigkeit unterstützt: „[B]y taking care as the fundamental objective of both families and states, this model would attempt to help parents, through a myriad of different kinds of support, who might be likely either to abuse or to neglect their children before it gets to that point" (ebd.).

Es muss eingeräumt werden, dass das Paradigma der Fürsorge besser zur Charakterisierung des idealen Geschehens in der Eltern-Kind-Beziehung geeignet ist als das Paradigma der Rechte. Das gilt vor allem dann, wenn der Begriff der Rechte im traditionellen liberalen Sinn, also entsprechend der Freiheitstheorie verstanden wird. Sobald der Begriff in der oben vorgeschlagenen Weise ausgeweitet wird, kann davon ausgegangen werden, dass grundlegende Interessen von Kindern durch Rechte einen angemessenen Schutz erfahren. Aber hier haben O'Neill und Arneil Recht: Rechte schützen das kindliche Wohl nicht *umfassend*. Ein *Recht auf Liebe* beispielsweise kann es kaum geben. Auf dieses Problem soll im Weiteren näher eingegangen werden.

Fürsorgliches Handeln beruht nicht notwendig auf *Liebe*. Allenfalls kann eine Verknüpfung von *agape* (universaler Nächstenliebe) und Fürsorglichkeit hergestellt werden. Fürsorglichkeit ist aber wohl ohne persönliche emotionale Bindung an die umsorgte Person möglich, also ohne diejenige Art von Liebe, die in der griechischen Tradition als *philia* bezeichnet wird. Ein Charakteristikum dieser Liebe ist, das sie auf ein bestimmtes Individuum gerichtet ist, also nicht auf Personen allgemein und auch nicht auf bestimmte Eigenschaften von Personen. Das Individuum wird als dasjenige Individuum geliebt, das es ist. Diese persönliche Liebe überträgt sich nicht auf Individuen mit ähnlichen oder gar identischen Eigenschaften. Individuelle Bindung, so die gängige Auffassung, ist wesentlich für die Eltern-Kind-Beziehung. Elterliche Liebe sollte demnach das primäre Motiv für Fürsorglichkeit gegenüber Kindern darstellen. Diese Liebe selbst ist für die Kinder ein grundlegendes Gut. Ohne liebende Umsorgung durch stabile Bezugspersonen ist ihr Gedeihen in Frage gestellt.

Ferdinand Schoeman (1980) sieht die emotionalen Nahbeziehungen in der Familie durch die Betonung von kindlichen Rechten in Gefahr. Durch den Gebrauch der Sprache der Rechte, so Shoeman, könnte der Eindruck entstehen, bei der Eltern-Kind-Beziehung handle es sich um eine „abstrakte" Beziehung, eine Art „Vertragsbeziehung" zwischen Personen, die voneinander separiert leben. Dem Vertragsmodell entspricht die Eltern-Kind-Beziehung nach Shoeman in keiner Weise: „Ideally the relationship between parent and infant involves an awareness of a kind of union between people [...]. We *share our selves* with those with whom we are intimate" (ebd., S. 8). Diese ideale Einheit der Familie wird nach Schoeman *zum einen* von der Sprache der Rechte nicht angemessen erfasst, *zum anderen* besteht die Gefahr einer Störung dieser Einheit, wenn man Kindern Rechte zugesteht.

Schoeman sorgt sich darum, dass dadurch staatliche Eingriffe in die Familie begünstigt werden. Auch wenn er solche Interventionen in Extremfällen billigt, meint er doch, die Privatheit der Familie müsse, zum Schutz der für alle Beteiligten wertvollen Nahbeziehungen, bestmöglich gewahrt werden. Schoeman räumt ein, dass er insbesondere das Interesse von *Eltern*, ungestört mit ihren Kindern zu leben, geschützt haben möchte und gibt sogar zu, dass dies bisweilen auf Kosten von *kindlichen* Interessen gehen kann (ebd., S. 14). Entsprechend – und explizit gegen Shoeman gerichtet – begründen Samantha Brennan und Robert Noggle (1997, S. 15) die Bedeutung der Rede von kindlichen Rechten damit, dass Kinder dadurch in den öffentlichen Raum gerückt würden und somit nicht mehr der elterlichen Willkür ausgeliefert seien.

Schoeman (1980, S. 7) möchte die kindlichen Interessen primär dadurch schützen, dass er – ähnlich wie O'Neill und andere (etwa Goodin/Gibson 1997 oder Benporath 2003) – den Eltern *Pflichten* zuschreibt. Francis Schrag (1980) hingegen, der wie Schoeman und Arneil den Begriff der Rechte für ungeeignet zur Regelung persönlicher Nahbeziehungen hält, weitet diese Kritik auf den Begriff der Pflicht aus:

„[E]ven the notion of an ‚imperfect' or ‚supererogatory' *duty* does not adequately characterize the attitude some adult(s) must assume towards an infant if he is to develop properly. For it does not seem that one can have a *duty* to *love* someone inasmuch as loving someone is not something which one can determine to do or not to do" (ebd., S. 243f).

Eine Pflicht zu lieben, so das hier vorgebrachte Argument, kann es nicht geben, weil Liebe nicht unter unserer rationalen Kontrolle steht. Wir sind nicht *verantwortlich*, ob wir lieben oder nicht, folglich können wir auch nicht dazu *verpflichtet* werden. Es ist Schrag zuzustimmen, dass Liebe, selbst elterliche Liebe, letztlich etwas Unverfügbares ist. Jedoch haben Eltern eine gewisse Kontrolle darüber, ob sie die Beziehung zu ihren Kindern in einer Weise gestalten, die das Gedeihen von Vertrauen und Liebe überhaupt ermöglicht. Schrag (ebd., S. 249) fordert, es müssten soziale Arrangements geschaffen werden, innerhalb derer es Eltern erleichtert werde, die emotionalen Bindungen zu ihren Kindern zu stärken.

Ein anderes Argument gegen die enge Verknüpfung der Begriffe *Liebe* und *Pflicht* wird von Hugh LaFollette (1996, S. 145) formuliert, allerdings primär bezogen auf Nahbeziehungen zwischen Erwachsenen. Von Freunden oder Liebespartnern erwarten wir demnach nicht eine abstrakte Form von Respekt, wir wollen nicht, dass sie *aus Pflicht* oder *aus einem Gerechtigkeitsgefühl* heraus unsere Bedürfnisse berücksichtigen. Wir wollen, dass sie diesem tun, *weil sie uns lieben*. Ähnliches kann bezogen auf die Eltern-Kind-Beziehung gesagt werden. Im Gegensatz zur kantischen Auffassung, nach der ausschließlich der *Pflicht* ein moralischer Wert als Handlungsmotiv zukommt (Kant 1785/1977, S. 22), erscheint Liebe als *moralisch* angemessenes Motiv von Eltern. Eltern, die ihr Kind nur aus Pflichtgefühl umsorgen, sind als *moralisch* defizitär zu betrachten. Hier, wie bei LaFollette, ist von Liebe als *Motiv* die Rede. Es scheint demgegenüber nicht ausgeschlossen, *aus Liebe* bestimmte substanzielle *Verpflichtungen* wahrzunehmen oder Rechte zu respektieren.

In diesem Sinne sind Liebe und die Achtung von Rechten nicht unvereinbar. Jedoch kann es keine Pflicht zur Liebe und kein Recht auf Liebe geben. Schrag ist darin rechtzugeben, dass elterliche Liebe nicht durch Rechte gesichert werden kann. Die Sprache der Rechte hat also tatsächlich eine beschränkte Reichweite, denn bei der Liebe handelt es sich um ein *grundlegendes* Interesse von Kindern. Rechte schützen nicht *alle* grundlegenden Interessen von Kindern.

Fazit: Elterliche Verantwortung und kindliche Rechte

Eltern, die ausschließlich die moralischen Rechte von Kindern achten, werden deren Bedürfnissen nicht gerecht. Vor diesem Hintergrund ist klar, dass sich der Gehalt elterlicher Verantwortung nicht in der Achtung von Rechten erschöpfen kann.

Um das aufgetretene Problem nochmals zu verdeutlichen, kann auf die Unterscheidung zwischen *moralischer* und *individueller* Wertschätzung zurückgegriffen werden (vgl. Kapitel 1.2). Moralische Wertschätzung ist universal in dem Sinne, dass sie auf alle Personen bezogen ist. Individuelle Wertschätzung, Liebe zum Beispiel, bezieht sich auf ein bestimmtes Individuum *als Individuum*. Die moralische Sprache der Rechte ist der Sphäre der universalen moralischen Wertschätzung zuzuordnen. Rechte kommen *Personen* auf Grund ihrer Personalität und ungeachtet ihrer individuellen Eigenheiten zu. Die fundamentalen Rechte, so auch O'Neill, sind diejenigen, die jede Person gegenüber jeder anderen beanspruchen kann. Insofern Kinder als Personen gelten können, ist es möglich, sie als Inhaber von Rechten zu sehen. Und es ist meines Erachtens *sinnvoll*, die individuellen Belange von Kindern durch Rechte zu schützen. Auf Grund ihrer besonderen Verletzlichkeit sind Kinder in spezieller Weise auf solchen Schutz angewiesen. Dies gilt gerade auch für den Bereich der Familie, in der viele Kinder moralischen Übergriffen ausgesetzt sind. Kindliche Rechte begrenzen die elterliche Herrschaft in sinnvoller Weise.

Schoemans Befürchtung, dass die Rede von Kinderrechten staatliche Interventionen zum Schutz von Kindern erleichtert, kann kaum ausgeräumt werden. Solche Eingriffe jedoch werden (idealerweise) nur Familien betreffen, deren internes Gefüge ohnehin aus den Fugen geraten ist: In diesen Familien ist durch elterliches Fehlverhalten die emotionale Einheit bereits zerstört. In Familien, die von gelingenden Beziehungen geprägt sind, wird es selbstverständlich sein, dass die Familienmitglieder einander *auch als Personen* achten. „[I]n good relationships", so Brennan und Noggle (1997, S. 15), „people will respect each others' rights as a matter of course, with no need to become obsessed with ‚legalistic' thinking that emphasizes distinctions between persons at the expense of relationships".

Moralische Wertschätzung ist mit Liebe nicht unvereinbar (vgl. auch Archard 1993, S. 91). Beiden ist gemeinsam, dass das Gegenüber nicht nur *als Mittel zum Zweck*, sondern in seinem Eigenwert („als Selbstzweck") wertgeschätzt wird. Trotzdem besteht hier, wie oben deutlich wurde, ein Problem: Moralische Wertschätzung, die in der Achtung von Rechten ihren Ausdruck finden kann, *ist nicht genug*. Individuelle Wertschätzung ist zwar mit moralischer Wertschätzung kompatibel, aber individuelle Wertschätzung kann kaum *durch Rechte* gesichert werden. Liebe ist ein kindliches Grundbedürfnis, dem aber kein Recht entsprechen kann. Der Grund ist, wie gesagt, dass moralische Rechte der Sphäre allgemeiner Wertschätzung zugehören, wogegen Liebe eine Form individueller Wertschätzung ist. Die Ethik der Rechte neigt dazu, diese Art von Wertschätzung *außerhalb* des moralisch relevanten Bereichs anzusiedeln. Das ist ein Fehler. Gerade der Blick auf die

Eltern-Kind-Beziehung zeigt, dass Liebe ein moralisch relevantes Phänomen ist, das aber von einer Ethik der Rechte nicht angemessen erfasst werden kann. Es ist sinnvoll, Kinder als Inhaber von Rechten zu sehen. Aber es ist nicht angebracht, auf die Eltern-Kind-Beziehung *ausschließlich* die Sprache der Rechte anzuwenden.

Die Frage ist jedoch, welche moralischen Begriffe hier angemessen sind. Wie lässt sich das Phänomen der Elternliebe in angemessener Weise als moralisch relevantes Phänomen erfassen? Diese Fragestellung, das ist einzuräumen, ergibt sich primär im Rahmen der ethischen Paradigmen der Neuzeit, welche auf die Regelung allgemeiner Beziehungen zugeschnitten sind. Auch das hier vertretene kommunikative Modell der Moral ist zweifellos von diesem Erbe belastet.

Nach diesem Modell erscheint es immerhin unproblematisch, Eltern eine *spezielle Verantwortung* (Rollenverantwortung) zuzuschreiben, für das kindliche *Wohl* zu sorgen. Um dieser gerecht zu werden, ist also die Errichtung einer *speziellen moralischen Beziehung* vonnöten, in der die Beteiligten in besonderer Weise aufeinander bezogen sind. Diese Beziehung bietet den angemessenen Rahmen für die Ausbildung (wechselseitiger) individueller Wertschätzung, die für das kindliche Wohl (aber auch das elterliche Wohl) von zentraler Bedeutung ist. Eltern, die ihrem Kind Liebe verweigern, werden ihrer sozialen Rolle aus moralischer Sicht nicht gerecht. Kann man sagen, dass sie ihre elterliche *Verantwortung* vernachlässigen? Ist Elternliebe Bestandteil dieser Rollenverantwortung? Zumindest soviel ist klar: Wer elterliche Verantwortung übernimmt, erklärt sich bereit, für das kindliche Wohl zu sorgen. Das impliziert seine Bereitschaft und sein Bemühen, das Kind individuell wertzuschätzen und seine elterlichen Verpflichtungen nicht nur *aus Pflicht*, sondern auch *aus Liebe* zu erfüllen. Auch wenn man von einer *Pflicht zur Liebe* nicht ausgehen kann, führt kein Weg daran vorbei zu sagen, dass Eltern, die ihre Kinder nicht lieben, das *moralische Ideal* der Eltern-Kind-Beziehung verfehlen.

O'Neill ist darin Recht zu geben, dass solche Eltern nicht notwendig gegen kindliche *Rechte* verstoßen. Das kindliche Bedürfnis nach Liebe ist meines Erachtens so fundamental, dass das Fehlen von Elternliebe in gewissen Fällen gar eine *Intervention in die Fami-*

lie rechtfertigen kann, auch wenn keine Rechte verletzt sind. Die Frage der Intervention entscheidet sich also nicht ausschließlich daran, ob gegen Rechte verstoßen wird, sondern daran, ob für das kindliche Wohl umfassend gesorgt ist.

Fazit: Der moralische Status von Kindern

Kindern kommt innerhalb der Moral ein besonderer Status zu, ein Status, den sie mit keiner anderen Gruppe von Lebewesen teilen. Kinder sind, so die gängige Meinung, moralisch vollwertige Wesen. Eine theoretische Begründung dieser intuitiven Auffassung wurde in diesem Buch versucht: Kinder sind als werdende Personen moralisch verletzlich, und in ihrer moralischen Verletzlichkeit sind sie zu achten. In dieser Hinsicht unterscheiden sie sich moralisch nicht von Personen, die als erwachsen gelten.

Trotzdem ist es moralisch falsch, einen Erwachsenen *wie ein Kind* zu behandeln. Eine Person wie ein Kind zu behandeln, das bedeutet in der Alltagssprache insbesondere, sie zu bevormunden und allenfalls zu erziehen. Wenn die alltägliche Auffassung korrekt ist, nach der es erlaubt ist, eine Person, die *tatsächlich* ein Kind ist, in dieser Weise zu behandeln, so verweist dies auf einen tiefgreifenden moralischen Unterschied zwischen Erwachsenen und Kindern. Der Unterschied, sofern er besteht, muss zunächst auf der Ebene der *Tatsachen* angesiedelt werden, und diese Tatsachen müssen sich als *normativ relevant* erweisen. Gemäss den Überlegungen in diesem Buch *gibt es Kinder tatsächlich.*

Von Kindern kann gesagt werden, dass ihnen, weil sie noch wenig verletzlich im Sinne der Autonomie-Verletzlichkeit sind, durch Eingriffe in ihre Autonomie keine schwerwiegende Verletzung zugefügt wird. Aus diesem Grund ist ihre Bevormundung und Erziehung moralisch erlaubt. Es gibt auch sogenannte Erwachsene, welche in ihrer Entwicklung die Schwelle zur Autonomie nicht überschritten oder die entsprechenden Fähigkeiten temporär oder dauerhaft verloren haben. Dies ist *nicht* der Punkt, in dem sich Kinder von *allen* anderen unterscheiden. Auch die besondere Interessen-Verletzlichkeit von Kindern, die primär durch ihre umfassende Unselbständigkeit bedingt ist, findet man bei anderen Menschen, wie auch bei Tieren. Das Besondere an Kindern ist, dass sie als Naturwesen zur Welt kommen und im Prozess des Hineinwachsens in die menschliche Lebensform eine zweite Natur, ein autonomes Selbst entwickeln können. Anderen nicht-autonomen Menschen fehlt dieses Potenzial. Wieder andere haben die entsprechenden Fähigkeiten temporär oder dauerhaft verloren. Kinder verfügen über dieses natürliche Potenzial, aber ob und in welcher Weise es sich entfaltet, wird in hohem Masse von ihrem sozialen und kulturellen Umfeld bestimmt. Als kulturelle Wesen sind sie in besonderer Weise bildsam und weisen in ihrem Bildungsprozess eine besondere Verletzlichkeit (Bildungs-Verletzlichkeit) auf. Diese Art von Verletzlichkeit ist bei Kindern ausgeprägter als bei allen anderen Lebewesen, und dieses Faktum ist normativ bedeutsam. Nicht nur müssen Kinder, wie hilfsbedürftige Erwachsene, umsorgt werden. Nicht nur müssen sie, wie geistig Behinderte oder psychisch Kranke, bevormundet werden. Bei Kindern kommt es in besonderer Weise darauf an, sie im Prozess der Bildung ihres Selbst zu begleiten, zu unterstützen, zu schützen und zu leiten. Kinder sind auf Erziehung angewiesen.

Ihre Umsorgung, Bevormundung und Erziehung muss von bestimmten Personen, von sozialen Eltern, übernommen werden. Diesen werden die Kinder normativ untergeordnet. So entsteht eine Herrschaftsbeziehung, und das ist im Rahmen der modernen Ethik, welche auf der Idee der moralischen Gleichheit beruht, problematisch. Die elterliche Herrschaft kann nicht als gegeben betrachtet werden, sondern muss besonders legitimiert werden. Kinder sind als Personen moralisch vollwertig. Auf Grund ihres Mangels an Autonomie und Kompetenz sind sie jedoch darauf angewiesen, dass eine andere Person stellvertretend für sie handelt. Sie benötigen einen *Stellvertreter*, keinen Herrscher, der nach Belieben mit ihnen verfährt. Und dieser Stellvertreter ist verpflichtet, sie gemäss ihren Fähigkeiten an Entschdungsprozessen partizipieren zu lassen.

Die Berechtigung zu elterlicher Stellvertretung ist an die angemessene Wahrnehmung elterlicher Verantwortlichkeiten geknüpft. Ist dies erfüllt, so kann gesagt werden, dass das Kind durch Paternalismus und Erziehung nicht in seinem moralischen Wert verletzt wird. Im Gegenteil: Ein Kind *nicht* wie ein Kind zu behandeln, wäre moralisch falsch.

Literatur

Archard, David (1993): Children. Rights and Childhood, London: Routledge.

Ariès, Philippe (1960/1975): Geschichte der Kindheit (*L'enfant et la vie familiale sous l'ancien régime*), München: Hanser.

Aristoteles (1981): Politik, übers. v. Eugen Rolfes (4. Aufl.), Hamburg: Meiner.

Arneil, Barbara (2002): „Being versus Becoming: Children in Liberal Democratic Theory". In: David Archard/Colin Macleod (Hg.), The Moral and Political Status of Children, Oxford: Oxford University Press, S. 70–95.

Aviram, Aharon (1990): „The Subjection of Children". Journal of Philosophy of Education 24, S. 213–234.

Aviram, Aharon (1991): „The Paternalistic Attitude Toward Children". Educational Theory 41, S. 199-211.

Benporath, Sigal (2003): „Autonomy and Vulnerability. On Just Relations Between Adults and Children". Journal of Philosophy of Education 37, S. 127–145.

Bieri, Peter (2001): Das Handwerk der Freiheit. Über die Entdeckung des eigenen Willens, München: Hanser.

Blustein, Jeffrey (1979): „Child Rearing and Family Interests". In: Sara Ruddick/Onora O'Neill (Hg.), Having Children. Philosophical and Legal Reflections on Parenthood, New York: Oxford University Press, S. 115-122.

Blustein, Jeffrey (1982): Parents and Children. The Ethics of the Family, Oxford: Oxford University Press.

Bouchard, Nancy (2002): „A Narrative Approach to Moral Experience Using Dramatic Play and Writing". Journal of Moral Education 31, S. 407–422.

Brandt, Richard (1979): A Theory of the Good and the Right, Oxford: Clarendon Press.

Braunmühl, Ekkehard von (1975): Antipädagogik. Studien zur Abschaffung der Erziehung, Weinheim: Beltz.

Brennan, Samantha (2002): „Children's Choices or Children's Interests: Which do their Rights Protect?". In: David Archard/Colin Macleod (Hg.), The Moral and Political Status of Children, Oxford: Oxford University Press, S. 53-69.

Brennan, Samantha/Noggle, Robert (1997): „The Moral Status of Children. Children's Rights, Parents' Rights, and Family Justice". Social Theory and Practice 23, S. 1–26.

Brighouse, Harry (2002): „What Rights (if Any) do Children Have?". In: David Archard/Colin Macleod (Hg.), The Moral and Political Status of Children, Oxford: Oxford University Press, S. 31-52.

Brighouse, Harry (2003): „How Should Children be Heard?" Arizona Law Review 45, S. 691-711.

Brock, Dan (1983): „Paternalism and Promoting the Good". In: Rolf Sartorius (Hg.), Paternalism, Minneapolis: University of Minnesota Press, S. 237–260.

Brumlik, Micha (1992): Advokatorische Ethik. Zur Legitimation pädagogischer Eingriffe, Bielefeld: Böllert/KT-Verlag.

Callan, Eamonn (2002): „Autonomy, Child-Rearing, and Good Lives". In: David Archard/Colin Macleod (Hg.), The Moral and Political Status of Children, Oxford: Oxford University Press, S. 118-141.

Carruthers, Peter (1992): The Animals Issue. Moral Theory in Practice, Cambridge: Cambridge University Press.

Carter, Rosemary (1977): „Justifying Paternalism". Canadian Journal of Philosophy 7, S. 133–145.

Chapell, Timothy D.J. (1998): Understanding Human Goods. A Theory of Ethics, Edinburgh: Edinburgh University Press.

Daniels, Norman (1996): Justice and Justification. Reflective Equilibrium in Theory and Practice, Cambridge: Cambridge University Press.

Dehn, Karl-Heinz (2005): „Erzählung - Wirklichkeit - Identität". In: Rüdiger Gollnick (Hg.), Schulische Mobbing-Fälle. Analysen und Strategien, unter Mitarbeit von Tina Böcker, Karl-Heinz Dehn, Sabrina Schroeder, Münster: LIT, S. 159–183.

Dijk, Teun van (1975): „Action, Action Description and Narrative". New Literary History 6, S. 273–294.

Drane, James F. (1985): „The Many Faces of Competency". Hastings Center Report 15, S. 17–25.

Dworkin, Gerald (1972/1983): „Paternalism". In: Rolf Sartorius (Hg.), Paternalism, Minneapolis: University of Minnesota Press, S. 19–34.

Dworkin, Ronald (1977/1984): Bürgerrechte ernstgenommen *(Taking Rights Seriously)*, Frankfurt: Suhrkamp.

Elgin, Catherine Z. (1996): Considered Judgment, Princeton: Princeton University Press.

Feinberg, Joel (1970/1980): „The Nature and Value of Rights". In: Ders., Rights, Justice, and the Bounds of Liberty, Princeton: Princeton University Press, S. 143-158.

Feinberg, Joel (1971/1983): „Legal Paternalism". In: Rolf Sartorius (Hg.), Paternalism, Minneapolis: University of Minnesota Press, S. 3–18.

Feinberg, Joel (1980): „The Child's Right to an Open Future". In: William Aiken/Hugh LaFollette (Hg.), Whose Child? Children's Rights, Parental Authority and State Power, Totowa N.J.: Littlefield/Adams, S. 124–153.

Foot, Philippa (2001/2004): Die Natur des Guten (*Natural Goodness*), Frankfurt: Suhrkamp.

Frankfurt, Harry (1971/1981): „Willensfreiheit und der Begriff der Person" (*„Freedom of the Will and the Concept of a Person"*). In: Peter Bieri (Hg.), Analytische Philosophie des Geistes, Königstein: Hain, S. 287-302.

Frisch, Lawrence E. (1982): „On Licentious Licensing: A Reply to Hugh LaFollette". Philosophy and Public Affairs 11, S. 173-180.

Fuhr, Thomas (1998): Ethik des Erziehens. Pädagogische Handlungsethik und ihre Grundlegung in der elterlichen Erziehung, Weinheim: Deutscher Studien Verlag.

Fuhr, Thomas (2003): „Weiterbildung als Paternalismus und Vertrag. Zur Ethik der Erwachsenenbildung und Weiterbildung in der liberalen Gesellschaft". Vierteljahrsschrift für wissenschaftliche Pädagogik 79, S. 376–394.

Gauthier, David (1987): Morals by Agreement, Oxford: Clarendon Press.

Gewirth, Alan (1978): Reason and Morality, Chicago: University of Chicago Press.

Giesecke, Hermann (1986): Das Ende der Erziehung. Neue Chancen für Familie und Schule, Stuttgart: Klett-Cotta.

Giesinger, Johannes (2004a): „Leben und Tod. Zur Methode des Überlegungsgleichgewichts". Zeitschrift für Didaktik der Philosophie und Ethik, 26/1, S. 30-37.

Giesinger, Johannes (2004b): „Der Anfang der Geschichte. Erziehung und die narrative Rationalität des Handelns". Zeitschrift für Pädagogik 50, S. 392–405.

Giesinger, Johannes (2006a): „Autonomie und Verletzlichkeit. Auf dem Weg zu einer normativen Konzeption von Kindheit". Pädagogische Rundschau 60, S. 27-40.

Giesinger, Johannes (2006b): „Paternalismus und Erziehung. Zur Rechtfertigung pädagogischer Eingriffe". Zeitschrift für Pädagogik 52, S. 66-85.

Giesinger, Johannes (2006c): „Erziehung der Gehirne? Willensfreiheit, Hirnforschung und Pädagogik". Zeitschrift für Erziehungswissenschaft 9, S. 97-109.

Giesinger, Johannes (2007): „Die moralischen Rechte von Kindern". Internationale Zeitschrift für Erziehungswissenschaft/International Review of Education 53, S. 73-91.

Goodin, Robert E./Gibson, Diane (1997): „Rights, Young and Old". Oxford Journal of Legal Studies 17, S. 185-203.

Griffin, James (1986): Well-Being. Its Meaning, Measurement, and Moral Importance, Oxford: Oxford University Press.

Griffin, James (2002): „Do Children Have Rights?". In: David Archard/Colin Macleod (Hg.), The Moral and Political Status of Children, Oxford: Oxford University Press, S. 19-30.

Gutmann, Amy (1980): „Children, Paternalism, and Education". A Liberal Argument. Philosophy and Public Affairs 9, S. 338–358.

Habermas, Jürgen (1983): „Diskursethik. Notizen zu einem Begründungsprogramm". In: Ders., Moralbewußtsein und kommunikatives Handeln, Frankfurt: Suhrkamp, S. 53–125.

Habermas, Jürgen (1991): „Erläuterungen zur Diskursethik". In: Ders., Erläuterungen zur Diskursethik, Frankfurt: Suhrkamp, S. 119–226.

Hare, Richard M. (1981/1992): Moralisches Denken (*Moral Thinking*), Frankfurt: Suhrkamp.

Herbart, Johann Friedrich (1806/1964): Allgemeine Pädagogik aus dem Zweck der Erziehung abgeleitet. In: Ders., Sämtliche Werke, hg. v. Karl Kehrbach und Otto Flügel, Aalen: Scientia, Bd. 2.

Herbart, Johann Friedrich (1835/1964): Umriß pädagogischer Vorlesungen. In: Ders., Sämtliche Werke, hg. v. Karl Kehrbach und Otto Flügel, Aalen: Scientia, Bd. 10.

Hobbes, Thomas (1651/1996): Leviathan, Hamburg: Meiner.

Hodson, John (1977): „The Principle of Paternalism". American Philosophical Quarterly 14, S. 61–69.

Höffe, Otfried (1999): Demokratie im Zeitalter der Globalisierung, München: Beck.

Höffe, Otfried (2005): „Soziale Gerechtigkeit. Über die Bedingungen realer Freiheit". Neue Zürcher Zeitung, Nr. 128, 4./5. Juni, S. 67.

Honneth, Axel (2005): Verdinglichung. Eine anerkennungstheoretische Studie, Frankfurt: Suhrkamp.

Houlgate, Lawrence D. (1979): „Children, Paternalism, and Rights to Liberty". In: Sara Ruddick/Onora O'Neill (Hg.), Having Children. Philosophical and Legal Reflections on Parenthood, New York: Oxford University Press, S. 266–278.

Hügli, Anton (1999): Philosophie und Pädagogik, Darmstadt: Wissenschaftliche Buchgesellschaft.

Jonas, Hans (1979): Das Prinzip Verantwortung. Versuch einer Ethik für die technologische Zivilisation, Frankfurt am Main: Insel.

Kagan, Shelly (1998): Normative Ethics, Boulder: Westview Press.

Kant, Immanuel (1781/1977): Kritik der reinen Vernunft. In: Ders., Werkausgabe, hg. v. Wilhelm Weischedel, Frankfurt: Suhrkamp, Bde. 3 und 4.

Kant, Immanuel (1785/1977): Grundlegung zur Metaphysik der Sitten. In: Ders., Werkausgabe, hg. v. Wilhelm Weischedel, Frankfurt: Suhrkamp, Bd. 7.

Kant, Immanuel (1788/1977): Kritik der praktischen Vernunft. In: Ders., Werkausgabe, hg. v. Wilhelm Weischedel, Frankfurt: Suhrkamp, Bd. 7.

Kant, Immanuel (1797/1977): Metaphysik der Sitten. In: Ders., Werkausgabe, hg. v. Wilhelm Weischedel, Frankfurt: Suhrkamp, Bd. 8.

Korsgaard, Christine M. (1986/1996a): „Kant's Formula of Humanity". In: Dies., Creating the Kingdom of Ends, Cambridge: Cambridge University Press, S. 106–123.

Korsgaard, Christine M. (1988/1996a): „Two Arguments Against Lying". In: Dies., Creating the Kingdom of Ends, Cambridge: Cambridge University Press, S. 335–362.

Korsgaard, Christine M. (1996b): The Sources of Normativity, Cambridge: Cambridge University Press.

LaFollette, Hugh (1980): „Licensing Parents". Philosophy and Public Affairs 9, S. 182-197.

LaFollette, Hugh (1982): „A Reply to Frisch". Philosophy and Public Affairs 11, S. 181-183.

LaFollette, Hugh (1996): Personal Relationships, Oxford: Blackwell.

Lessing, Gotthold E. (1766/1964): Laokoon oder die Grenzen der Malerei und Poesie, Stuttgart: Reclam.

Löwisch, Dieter-Jürgen (1995): Einführung in pädagogische Ethik, Darmstadt: Wissenschaftliche Buchgesellschaft.

Locke, John (1690/1977): Zwei Abhandlungen über die Regierung *(Two Treatises of Government)*, Frankfurt: Suhrkamp.

MacCormick, Neil (1976): „Children's Rights: A Test-Case for Theories of Rights". Archiv für Rechts- und Sozialphilosophie, Bd. 62/3, S. 305-316.

MacIntyre, Alasdair (1999/2001): Die Anerkennung der Abhängigkeit. Über menschliche Tugenden (*Dependent Rational Animals*), Hamburg: Rotbuch.

Mackie, John L. (1978/1984): „Can there be a Right-Based Moral Theory?". In: Jeremy Waldron (Hg.), Theories of Rights, Oxford: Oxford University Press, S. 168-181.

Martinez, Matias/Scheffel, Michael (1999): Einführung in die Erzähltheorie, München: C.H. Beck.

Masschelein, Jan (1991): Kommunikatives und pädagogisches Handeln: die Bedeutung der Habermasschen kommunikationstheoretischen Wende für die Pädagogik, Weinheim: Deutscher Studien Verlag.

Masschelein, Jan/Ricken, Norbert (2003): „Do We (Still) Need the Concept of *Bildung*?". Educational Philosophy and Theory 35, S. 139–154.

McDowell, John (1994/2001): Geist und Welt (*Mind and World*), Frankfurt: Suhrkamp.

McDowell, John (1995/2002): „Zwei Arten von Naturalismus" (*„Two Sorts of Naturalism"*). In: Ders., Wert und Wirklichkeit, Frankfurt: Suhrkamp, S. 30–73.

Melden, A. I. (1980): „Do Infants Have Moral Rights?". In: William Aiken/Hugh LaFollette (Hg.), Whose Child? Children's Rights, Parental Authority and State Power, Totowa N.J.: Littlefield/Adams, S. 199-220.

Meyer-Drawe, Käthe (2001): „Erziehung und Macht". Vierteljahrsschrift für wissenschaftliche Pädagogik 77, S. 446–457.

Mill, John S. (1859/1988): Über die Freiheit (*On Liberty*), Stuttgart: Reclam.

Murphy, Jeffrie G./Hampton, Jean (1988): Forgiveness and Mercy, Cambridge: Cambridge University Press.

Narveson, Jan (1988): The Libertarian Idea, Philadelphia: Temple University Press.

Nemitz, Rolf (1996): Kinder und Erwachsene. Zur Kritik der pädagogischen Differenz, Berlin: Argument.

Nida-Rümelin, Julian (1996): „Tierethik I. Zu den philosophischen und ethischen Grundlagen des Tierschutzes". In: Ders. (Hg.), Angewandte Ethik. Die Bereichsethiken und ihre theoretische Fundierung, Stuttgart: Kröner, S. 459–483.

Nida-Rümelin, Julian (2001): Strukturelle Rationalität. Ein philosophischer Essay über praktische Rationalität, Stuttgart: Reclam.

Nida-Rümelin, Julian (2005): Über menschliche Freiheit, Stuttgart: Reclam.

Noggle, Robert (2002): „Special Agents. Children's Autonomy and Parental Authority". In: David Archard/Colin Macleod (Hg.), The Moral and Political Status of Children, Oxford: Oxford University Press, S. 87–117.

O'Neill, Onora (1979): „Begetting, Bearing, and Rearing". In: Sara Ruddick/Onora O'Neill (Hg.), Having Children. Philosophical and Legal Reflections on Parenthood, New York: Oxford University Press, S. 25-38.

O'Neill, Onora (1988): „Children's Rights and Children's Lives". Ethics 98, S. 445-463.

Olafson, Frederick A. (1973): „Rights and Duties in Education". In: James F. Doyle (Hg.), Educational Judgments. Papers in the Philosophy of Education, London: Routledge and Kegan Paul, S. 173-195.

Palmeri, Ann (1980): „Childhood's End. Toward the Liberation of Children". In: William Aiken/Hugh LaFollette (Hg.), Whose Child? Children's Rights, Parental Authority and State Power, Totowa N.J.: Littlefield/Adams, S. 105–123.

Parfit, Derek (1984): Reasons and Persons, Oxford: Clarendon Press.

Peters, Richard S. (1965): „Education as Initiation". In: Reginald D. Archambault (Hg.), Philosophical Analysis and Education, London: Routledge and Kegan Paul, S. 87–112.

Pieper, Annemarie (2003): „Freiheit als Selbstinitiation". In: Bernard Schumacher (Hg.), Jean-Paul Sartre. Das Sein und das Nichts, Berlin: Akademie Verlag, S. 195–210.

Postman, Neil (1982/1983): Das Verschwinden der Kindheit (*The Disappearance of Childhood*), Frankfurt: S. Fischer.

Purdy, Laura M. (1992): In their Best Interest? The Case against Equal Rights for Children, Ithaca/London: Cornell University Press.

Railton, Peter (1986): „Moral Realism". The Philosophical Review 95, S. 163–207.

Rawls, John (1971/1979): Eine Theorie der Gerechtigkeit (*A Theory of Justice*), Frankfurt: Suhrkamp.

Richmond, Haley (1998): „Paternalism and Consent. Some Educational Problems". Journal of Philosophy of Education 32, S. 239–251.

Rousseau, Jean-Jacques (1755/1995): Abhandlung über die Ungleichheit (*Discours sur l'origine de l'inégalité parmi les hommes*). In: Ders., Schriften zur Kulturkritik, übers. und hg. v. Kurt Weigand (5. Aufl.), Hamburg: Meiner.

Rousseau, Jean-Jacques (1762/1971): Emil oder über die Erziehung (*Emile ou de l'éducation*), übers. v. Ludwig Schmidts, Paderborn: Schöningh.

Scanlon, Thomas M. (1998): What We Owe to Each Other, Cambridge: Harvard University Press.

Scarre, Geoffrey (1980): „Children and Paternalism". Philosophy 55, S. 124.

Schaber, Peter (1997): Moralischer Realismus, Freiburg/München: Alber.

Schapiro, Tamar (1999): „What is a Child?". Ethics 109, S. 715–738.

Schapiro, Tamar (2003): „Childhood and Personhood". Arizona Law Review 45, S. 575–594.

Scheiber, Karin (2006): Vergebung. Eine systematisch-theologische Untersuchung, Tübingen: Mohr Siebeck.

Schleiermacher, Friedrich D. E.: (1826/2000): „Grundzüge der Erziehungskunst" (Vorlesungen 1826). In: Ders., Texte zur Pädagogik, hg. v. Michael Winkler u. Jens Brachmann, 2 Bde., Frankfurt: Suhrkamp, Bd. 2.

Schlink, Bernhard (1995): Der Vorleser, Zürich: Diogenes.

Schrag, Francis (1977): „The Child in the Moral Order". Philosophy 52, S. 167-177.

Schrag, Francis (1980): „Children: Their Rights and Needs". In: William Aiken/Hugh LaFollette (Hg.), Whose Child? Children's Rights, Parental Authority and State Power, Totowa N.J.: Littlefield/Adams, S. 237-253.

Seel, Martin (1995): Versuch über die Form des Glücks, Frankfurt: Suhrkamp.

Shiffrin, Seana V. (2000): „Paternalism, Unconscionability Doctrine, and Accommodation". Philosophy and Public Affairs 29, S. 205–250.

Shoeman, Ferdinand (1980): „Rights of Children, Rights of Parents, and the Moral Basis of the Family". Ethics 91, S. 6-19.

Strawson, Peter F. (1962/1978): „Freiheit und Übelnehmen" (*„Freedom and Resentment"*). In: Ulrich Pothast (Hg.), Seminar: Freies Handeln und Determinismus, Frankfurt: Suhrkamp, S. 201-233.

Thomä, Dieter (1992): Eltern. Kleine Philosophie einer riskanten Lebensform, München: Beck.

Thomä, Dieter (1998): Erzähle dich selbst. Lebensgeschichte als philosophisches Problem, München: C.H. Beck.

Tomasello, Michael (1999/2002): Die kulturelle Entwicklung des menschlichen Denkens. Zur Evolution der Kognition (*The Cultural Origins of Human Cognition*), Frankfurt: Suhrkamp.

Tomasello, Michael/Carpenter, Melinda/Call, Josep/Behne, Tanya/Moll, Henrike (2005): „Understanding and Sharing Intentions. The Origins of Cultural Cognition". Behavioral and Brain Sciences 28, S. 675–735.

Tomasello, Michael/Rakoczy, Hannes (2003): „What Makes Human Cognition Unique? From Individual to Shared to Collective Intentionality". Mind and Language 18, S. 121–147.

Tugendhat, Ernst (1989): „Die Hilflosigkeit der Philosophen". Die neue Gesellschaft 36, S. 927–935.

Tugendhat, Ernst (1993): Vorlesungen über Ethik, Frankfurt: Suhrkamp.

VandeVeer, Donald (1980): „Autonomy Respecting Paternalism". Social Theory and Practice 6, S. 187–207.

Verschraegen, Bea (1996): Die Kinderrechtskonvention, Wien: Mainz.

White, John (1990): Education and the Good Life. Beyond the National Curriculum, London: Cogan Page.

Wittgenstein, Ludwig (1953/1971): Philosophische Untersuchungen, Frankfurt: Suhrkamp.

Wolf, Jean-Claude (1990): „Paternalismus". Studia Philosophica 49, S. 49-59.

Wolf, Jean-Claude (2006): „Stellvertretung und Paternalismus". In: J. Christine Janowski/Bernd Janowski/Hans P. Lichtenberger (Hg.), Stellvertretung, Neukirchen-Vluyn: Neukirchener, S. 267-286.

Wolf, Ursula (1990): Das Tier in der Moral, Frankfurt: Klostermann.

Worsfold, Victor (1980): „Student's Rights. Education in the Just Society". In: William Aiken/Hugh LaFollette (Hg.), Whose Child? Children's Rights, Parental Authority and State Power, Totowa N.J.: Littlefield/Adams, S. 254–273.

Wright, Georg Henrik von (1994): „Das Verstehen von Handlungen. Disputation mit Georg Meggle". In: Ders., Normen, Werte und Handlungen, Frankfurt: Suhrkamp, S. 166–208.

Zweig, Arnulf (1998): „Immanuel Kant's Children". In: Susan M. Turner/Gareth B. Matthews (Hg.), The Philosopher's Child.

Critical Perspectives in the Western Traditon, Rochester: University of Rochester Press, S. 121–135.

Pädagogik

Ellen Schwitalski
»Werde, die du bist«
Pionierinnen der Reformpädagogik. Die Odenwaldschule im Kaiserreich und in der Weimarer Republik

2004, 394 Seiten,
kart., 28,80 €,
ISBN: 978-3-89942-206-1

Thomas Brüsemeister,
Klaus-Dieter Eubel (Hg.)
Zur Modernisierung der Schule
Leitideen – Konzepte – Akteure. Ein Überblick

2003, 426 Seiten,
kart., 26,80 €,
ISBN: 978-3-89942-120-0

Thomas Höhne
Pädagogik der Wissensgesellschaft

2003, 326 Seiten,
kart., 25,80 €,
ISBN: 978-3-89942-119-4

Werner Friedrichs,
Olaf Sanders (Hg.)
Bildung / Transformation
Kulturelle und gesellschaftliche Umbrüche aus bildungstheoretischer Perspektive

2002, 252 Seiten,
kart., 24,80 €,
ISBN: 978-3-933127-94-5